普通高等教育"十四五"规划教材

21世纪职业教育规划教材

新媒体营销

(第二版)

主　编　肖　凭
副主编　施　薇　李灿辉
参　编　李　想　贾晓博

图书在版编目(CIP)数据

新媒体营销/肖凭主编. —2 版. —北京：北京大学出版社，2023.10
ISBN 978-7-301-34363-0

Ⅰ.①新… Ⅱ.①肖… Ⅲ.①传播媒介–市场营销学–高等学校–教材 Ⅳ.①G206.2

中国国家版本馆 CIP 数据核字(2023)第 160462 号

书　　　名	新媒体营销（第二版）
	XIN MEITI YINGXIAO（DI-ER BAN）
著作责任者	肖　凭　主编
策 划 编 辑	周　丹
责 任 编 辑	周　丹
标 准 书 号	ISBN 978-7-301-34363-0
出 版 发 行	北京大学出版社
地　　　址	北京市海淀区成府路 205 号　100871
网　　　址	http://www.pup.cn　新浪微博：@北京大学出版社
电 子 邮 箱	编辑部 zyjy@pup.cn　总编室 zpup@pup.cn
电　　　话	邮购部 010-62752015　发行部 010-62750672　编辑部 010-62704142
印　刷　者	三河市北燕印装有限公司
经　销　者	新华书店
	787 毫米×1092 毫米　16 开本　17.25 印张　464 千字
	2014 年 1 月第 1 版
	2023 年 10 月第 2 版　2023 年 10 月第 1 次印刷（总第 11 次印刷）
定　　　价	68.00 元

未经许可，不得以任何方式复制或抄袭本书之部分或全部内容。
版权所有，侵权必究
举报电话：010-62752024　电子邮箱：fd@pup.cn
图书如有印装质量问题，请与出版部联系，电话：010-62756370

第二版前言

数字经济在各行各业焕发勃勃生机,数字技术也推动着各行各业加快转型升级。视频超清技术、元宇宙赋能内容的生产,人机交互、虚拟仿真、场景升维等推动新媒体生产结构变革。短视频成为主流信息传播方式,直播平台专业化垂直化账号蓬勃发展,全景流量布局成为企业发展共识。党的二十大报告指出:"加快发展数字经济,促进数字经济和实体经济深度融合。"在数字经济时代,新媒体营销已经成为企业营销策略的重要组成部分。培养数字经济时代"懂营销、擅实战、精技术、会运营"的新媒体营销应用型人才已是当务之急。

本书改版后的特色体现在以下方面。

1. 内容重构,突出实操演练

通过调研论证新媒体营销典型工作岗位人才需求,以新媒体营销典型项目的工作过程为逻辑主线,以主流的新媒体营销模式和典型的新媒体营销平台为对象,理论与实践相结合,注重实操演练,构建包括营销定位、视觉设计、内容编辑、活动策划、数据分析的内容结构,有助于学习者形成新媒体营销的职业能力,帮助企业培育新增长点、形成新动能。

2. 思政融入,发挥教材育人

本书立足"立德树人"的根本任务,将课程思政贯穿全书,每个模块都设置了"素养目标"。有机融入党的二十大报告中的文化自信、丰富人民精神世界、全面推进乡村振兴、加快建设法治社会、国家文化软实力、中华文化影响力、网络强国、数字中国等内容,使学习者在学习过程中深刻领会爱国主义、理想信念,树立法治观念,了解法治原则;书中还植入创新教育、文化教育、职业教育等内容,使学习者提升思想素养,传播正能量,坚定政治认同,培养法治思维。

3. 体例新颖,强调知行合一

每个模块以真实案例作引导,通过知识目标、能力目标、素养目标、思维导图、知识准备、案例分析、思政园地、职业技能任务、模块考核评价等形式,强化"从点到面、从理论到方法、从方法到策略"的知行合一的学习模式,帮助学习者读懂互联网时代新媒体营销新思路,轻松玩转四大新媒体平台。

4. 资源丰富,满足线上终身学习

在湖南省省级教学资源库中建设了"新媒体营销"课程,对应课程教学建设了微课视频、课件及拓展项目。此外,在超星线上课堂、学习通、学银在线、智慧职教、MOOC学院、微助教、华为云、腾讯云等教学平台开放共享课程资源,教材编写团队将根据产业升级对教学资源进行动态更新,以充分满足在校学生和社会学员终身免费学习的需求。

湖南大众传媒学院肖凭教授担任本书的主编,具体负责本教材的大纲制定、统筹及校正工作;湖南大众传媒学院施薇、李灿辉担任副主编。本书的编写分工如下:模块一由肖凭编写,模块二由施薇编写,模块三由贾晓博编写,模块四由李灿辉编写,模块五由李想编写,模块六由施薇、肖凭编写。

本书在编写过程中,得到了许多移动互联网企业的大力支持。编者吸取了许多热心于高等职业教育的专家和新媒体营销实战者的意见,参考和借鉴了新媒体营销界同人的有关文献和网络资料及部分高职院校的研究成果,谨向他们表示诚挚的谢意!

肖凭

2023 年 8 月 15 日于长沙

本书配套资源

为了让读者更好地使用本教材,我们针对每个模块的重点内容录制了相关的微课视频。读者扫描右侧二维码即可观看。本书采用一书一码的形式,相关资源仅供一人使用。

新媒体营销
(第二版)
请刮开后扫描获取本书资源
本码2028年12月31日前有效

本教材配有教学课件或其他相关教学资源,如有老师需要,可扫描右边二维码关注北京大学出版社微信公众号"未名创新大学堂"(zyjy-pku)索取。

• 课件申请
• 样书申请
• 教学服务
• 编读往来

目 录

模块一 新媒体营销概述	（1）
单元一 新媒体与新媒体营销	（3）
单元二 新媒体营销人员职业素养	（15）
模块二 微博营销	（31）
单元一 微博平台营销定位	（33）
单元二 微博内容营销设计	（38）
单元三 微博视觉营销设计	（45）
单元四 微博活动营销设计	（52）
单元五 微博营销数据分析	（62）
模块三 微信营销	（75）
单元一 微信营销定位	（77）
单元二 微信内容营销设计	（85）
单元三 微信视觉营销设计	（94）
单元四 微信活动营销设计	（110）
单元五 微信营销数据分析	（117）
模块四 今日头条营销	（131）
单元一 今日头条营销定位	（133）
单元二 今日头条内容营销设计	（141）
单元三 今日头条视觉营销设计	（150）
单元四 今日头条活动营销策划	（154）
单元五 今日头条营销数据分析	（159）
模块五 抖音短视频营销	（171）
单元一 抖音短视频营销概述	（174）

  单元二 抖音短视频定位与策划 …………………………………………… (188)

  单元三 抖音短视频制作 …………………………………………………… (196)

  单元四 抖音短视频营销策略 ……………………………………………… (208)

  单元五 抖音短视频营销案例 ……………………………………………… (212)

模块六 抖音直播营销 ………………………………………………………………… (219)

  单元一 抖音直播营销定位 ………………………………………………… (220)

  单元二 抖音直播环境搭建 ………………………………………………… (229)

  单元三 抖音直播内容策划 ………………………………………………… (238)

  单元四 抖音直播活动营销 ………………………………………………… (247)

  单元五 抖音直播数据分析 ………………………………………………… (258)

随着"元宇宙"概念的兴起,人类社会进入虚拟化时代,与互联网、大数据、人工智能、AR/VR 等新技术深度融合的领域都将是未来的"风口",营销工作者迫切需要树立新媒体营销意识,运用现代新媒体营销的新思维,掌握新媒体营销平台的新规则、新方法,深刻领会新媒体营销的内涵,把握新趋势,学习新媒体营销的必备技能,塑造新媒体营销的基本素质,聚焦新技术、新商业下的新趋势,探索新媒体领域的星辰与大海,为赋能企业长远发展做好充分的准备。

模块一　新媒体营销概述

【学习目标】

1. 知识目标

(1) 了解新媒体、新媒体营销的概念、内涵。
(2) 理解新媒体营销的核心理论、营销方式和常用思维。
(3) 明确并掌握优秀新媒体营销人员应具备的基本素养和技能。

2. 能力目标

(1) 具备辨析新媒体营销模式、预测与分析新媒体营销发展趋势的能力。
(2) 具备资料收集汇总能力、软文写作能力、学习能力、创新管理能力。

3. 素养目标

从认识新媒体平台入手,了解我国新媒体技术在世界科技舞台上的地位,感悟中国力量、中国速度和中国精神,激发每一个学习者的民族自豪感和国家荣誉感。

【思维导图】

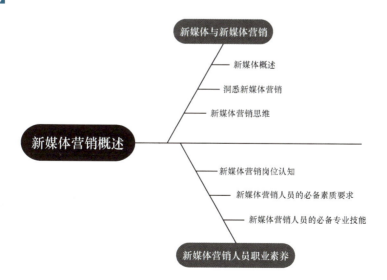

【引例】

元宇宙时代,科技助力企业品牌营销

随着社会的发展和技术的进步,人们线上生活时间大幅增长,"宅经济"快速发展,人们的现实生活开始大规模向虚拟世界迁移。元宇宙成为各企业争相进入的下一个风口。从当前的产业基础出发,品牌与元宇宙之间有哪些可能性?

1. 虚拟人:不会"翻车"的代言人

虚拟人产业是元宇宙中最成熟的商业化应用之一,能够带来丰富的内容和沉浸式的体验。虚拟人分为四类:服务型虚拟人、虚拟偶像、数字化身、创作载体。四类虚拟人在制作上技术相通,但应用上有完全不同的发展路径。例如:奈雪的茶在六周年之际推出虚拟人物NAYUKI为其品牌大使,在其官方介绍中,NAYUKI是一个宇宙共生体,将在虚拟空间和现实生活中穿梭。

2. NFT营销:全新体验的数字商品

NFT全称为Non-Fungible Token,即非同质化代币。相关专家表示,从技术上来看,NFT是一种基于区块链技术的契约的数字化凭证,具有可验证、唯一、不可分割和可追溯等特性,可以用来标记特定资产的所有权。例如:2022年北京冬季奥运会期间,国际奥委会官方授权的冰墩墩数字盲盒,发售标价是99美元,被秒抢。

3. 融合游戏:加强品牌展示,传递品牌理念

爱奇艺云演出在2021年3月推出THE9"虚实之城"沉浸式虚拟演唱会,融合了真实与虚拟的场景,通过XR虚拟现实舞台、线上虚拟座席、专属虚拟分身、现场大屏连线实时互动、现场同频实体应援棒、粉丝共创舞台等形式,在为观众打造堪比影视大片的视听效果的同时,增添游戏互动内容,增强目标受众忠实度。

4. 扩展现实:打造平行世界,提供定制体验

元宇宙可以利用虚拟和增强现实技术带给人身临其境的数字体验。品牌可以通过XR技术打造"平行世界",为客户提供高度个性化的体验,摆脱物理世界的局限性。例如:国内首个家居元宇宙平台"南康家居元宇宙",汇聚家具的生产、销售、电商、设计等众多企业,消费者无须进店,通过虚拟现实设备,"身临其境"自由选择家居、自由布设家装、全天候畅游家居展馆,实现一体化采购、全屋化定制。

(资料来源:腾讯网.元宇宙营销指南:4点设想,5大挑战,15个案例[EB/OL].(2021-12-29)[2023-2-15]. https://new.qq.com/omn/20211229/20211229A05E4H00.html. 有改动)

【模块分析】

元宇宙使利用现代创新科技[人工智能(Artificial Intelligence,简称AI)、延展实境技术(Extended Reality,简称XR)、5G、大数据、云计算、数字孪生]打破营销常规成为必然。对于营销人员而言,只有想不到,没有做不到;对于消费者而言,未来将获得身临其境的奇妙体验,元宇宙将为品牌带来令人兴奋的未来。

媒介素养应该是每个人的必修课。在新媒体时代,对新媒体的认知素养是我们每个人

的必备能力。那么,新媒体到底是什么?新媒体时代的到来对人们的生活方式、思想观念产生了哪些深刻的影响?如何利用新媒体开展营销?本模块介绍了新媒体与新媒体营销(单元一),深入解析了新媒体营销职业素养(单元二)。

单元一 新媒体与新媒体营销

【知识准备】

一、新媒体概述

(一)界定新媒体

"新媒体"一词最早可以追溯到20世纪60年代。1967年,美国哥伦比亚广播电视网(CBS)技术研究所所长P.戈尔德马克发表了一份关于开发电子录像(EVR)商品的计划书,他在计划中将"电子录像"称为New Media,新媒体概念由此诞生。1969年,美国传播政策总统特别委员会主席E.罗斯托向尼克松总统提交的报告书中多次使用New Media一词。从此,"新媒体"一词从美国开始流行,并扩展至全世界,成为时下最热门的词汇之一。

对于新媒体的界定,社会各界可谓众说纷纭。在众多的认识中,《新媒体百科全书》的主编斯蒂夫·琼斯更为深入而全面地向我们诠释了新媒体的本质。他认为:新媒体是一个相对的概念,相对于图书,报纸是新媒体;相对于广播,电视是新媒体;"新"是相对于"旧"而言的。新媒体又是一个时间的概念,在一定的时间段内,新媒体应该有一个稳定的内涵。新媒体同时又是一个发展的概念,科学技术的发展不会终结,人们的需求不会终结,新媒体也不会停留在任何一个现存的平台。

可见,要准确地界定新媒体,必须以历史、技术和社会为基础进行综合理解。科学技术的发展与人类不断探求新知、实践革新的需求,不断拓展着新媒体的功能,丰富着新媒体的内容,并让新媒体在与技术的互动发展中不断突破、不断建设、不断创新、不断进步、不断成熟。新媒体形态是不断发展变化的,就现阶段而言,新媒体是在现代信息技术主导下应运而生的一种全新的媒体形态,一般泛指利用数字技术、网络技术,通过互联网、无线通信网和卫星等渠道,以视频、音频、社交媒体、自媒体等为载体,向用户进行内容的传递和展现,以获取经济利益的一种传播形式或媒体形态。其视觉效果的呈现影响着企业公关、品牌推广、商品宣传和增粉引流的效果。随着新媒体技术的发展,传播载体日新月异,传播方式日益多元,内容更为丰富,受众选择更为主动。

本书后续内容中关于新媒体的概念,如未作特别说明,均特指以现阶段为背景的新媒体形态。

(二)新媒体的特征

进入互联网时代后,新的"新媒体"层出不穷,关于新媒体的特征的理论研究也一直在深化,总结归纳,新媒体具有以下特征。

1. 海量性

新媒体的出现不仅扩大了信息的传播主体,而且带来了海量的信息内容。每个人都可以使用各种各样的社交网络平台分享内容,而且内容的表现形式丰富多样,能够集文字、图片、音频、视频、动画等多种表现形式于一体,带给用户非常震撼的视听感受。同时,新媒体海量的信息内容没有得到有效的整合,而是零碎地堆砌在一起,呈现出碎片化的特点。

2. 交互性

在新媒体中,信息是双向传播的,没有绝对的权威和中心,可以说是"处处是边缘,无处是中心"。它包括两个含义:信息发布者和信息接收者之间的信息交流是双向的;参与个体在信息交流过程中都拥有控制权。相比于传统媒体"发布者单向发布信息,受众被动接收信息"的状态,新媒体使每个人既是信息的接收者,又可以成为信息的发布者。通过新媒体,用户不仅可以随时保持沟通,浏览符合自己喜好的信息,更能轻松发布信息或评论。

3. 精准性

传统媒体对广泛的接收者群体进行单向的"同质化传播",试图通过传播实现信息的大众化覆盖,因而难以有效满足接收者个性化的需求。而在新媒体时代,不仅不同的新媒体能够为不同的用户提供多样化的内容,进行"异质化传播",而且用户可以根据自己的兴趣爱好自主选择内容和服务。人们对信息不仅拥有选择权,还拥有控制权,人们可以创造信息的内容、改变传播的形式,进而提高信息传播的精准性和有效性。

4. 及时性

以网络技术、数字技术和移动通信技术为依托,新媒体拥有传统媒体无法比拟的信息传播速度,它既可以使用户实时接收信息,还可以让用户对信息作出及时反馈。如抖音、微博、微信等新兴移动社交应用的用户可以将想要分享的信息第一时间发布出去,让信息直达其他用户。

(三)新媒体的类型

相对于报纸、杂志、广播、电视四大传统媒体,新媒体被形象地称为"第五媒体"。根据新媒体平台功能的不同,新媒体可以分为复合类、门户网站、客户端类、搜索引擎类、社会化媒体类、个性化推荐类、专业化服务类、音频类、视频类、直播类等类型。如表 1-1 所示。

表 1-1 新媒体的类型及代表性平台

类型	内容信息的整合与传播机制	代表性平台
复合类	综合	QQ、微信、支付宝、淘宝
门户网站、客户端类	多源聚合+人工分发	门户网站:新浪、腾讯、搜狐、网易 客户端:腾讯新闻、搜狐新闻、网易新闻
搜索引擎类	多源搜索+算法调度	百度、搜狗、360 搜索
社会化媒体类	人际网络+大众传播	微博:新浪微博、腾讯微博 博客:新浪博客、腾讯博客 论坛、贴吧:百度贴吧 问答:知乎
个性化推荐类	个性分析+算法匹配	微信公众平台、头条号、百家号、大鱼号、腾讯内容开放平台、搜狐号、网易号、大风号内容开放平台、一点号
专业化服务类	生活场景+资讯推送	购物:拼多多、小红书、微淘 旅行:携程旅行、去哪儿旅行、同程旅行 医疗:丁香医生、爱问医生诊室 教育:叫叫、网易云课堂、有道精品课 政务:国家政务服务平台、交管 12123

续表

类型	内容信息的整合与传播机制	代表性平台
音频类	听觉感官体验+社交传播	音乐：网易云音乐、酷狗音乐 电台：荔枝、蜻蜓FM、喜马拉雅、懒人听书
视频类	视觉感官体验+社交传播	长视频：优酷、爱奇艺、腾讯视频、芒果TV、哔哩哔哩 短视频：抖音、快手、梨视频、美拍、秒拍
直播类	临场体验+社交传播	娱乐：映客、YY直播 游戏：虎牙直播、斗鱼、花椒直播 带货：淘宝直播、抖音直播

（四）新媒体发展趋势

在大数据、云计算、AI等技术推动下，新媒体领域呈现出前所未有的巨大变化。面对迭代变迁，我们只有清楚地认识与把握新媒体的变化趋势与发展特点，才能充分地运用新技术、新应用创新媒体传播方式。

1. 形式：从视频化到直播化

在线视频服务的兴起，极大地改变了人们尤其是年轻人的媒体消费习惯。中国互联网络信息中心(CNNIC)发布的第51次《中国互联网络发展状况统计报告》显示，截至2022年12月，我国网络视频(含短视频)用户规模达10.31亿，较2021年年底增长5586万，占网民整体的96.5%。其中短视频用户规模为10.12亿，较2021年年底增长7770万，占网民整体的94.8%。如图1-1所示。目前，短视频电商产业生态逐渐形成，网络视频市场呈现出精品迭出、新业务与技术加速探索应用、环境日益清朗的态势。

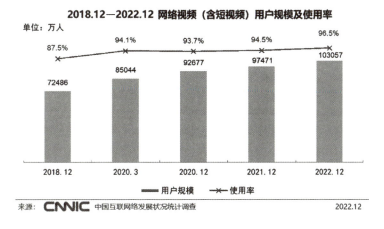

图1-1 网络视频用户规模及使用率

在线视频服务的内容也实现了迭代式发展，从早期的电视界面在线收看，到原创视频发布，再到目前流行的网络直播，这种自下而上的互动社交方式，帮助普通用户获得了更多的话语权。然而，视频直播的弊端也很快暴露出来，诸如突发事件现场记录、知识性直播等真正有价值的直播内容仅占少数，大多数直播平台都以生活化、娱乐化内容为主，日常生活的直播不可避免地出现了同质化倾向,这为直播平台和视频发布的管理带来一定挑战。

2. 内容:从移动社交到移动新闻

移动互联网的出现带来了信息传播方式的颠覆性变革。如今,不仅信息接收者可以随时随地获取信息,信息发布者也已实现随时随地上传信息,整个社会已经进入移动传播时代,从初期的移动社交,发展到移动阅读、移动音视频,再到移动新闻资讯,移动媒体已经完成从即时通信工具向新闻发布平台身份的转变,成为人们获取新闻信息的重要来源。

3. 用户:从年轻化到全年龄化

伴随着移动设备成为人们日常获取信息的主要手段,中老年人也开始加入这股新媒体使用浪潮之中。2018年以前的数据反复证明年轻群体是新兴媒体普及过程中的主力军,2018年以来的数据却显现出中老年群体使用新媒体的强烈意愿与行为。第51次《中国互联网络发展状况统计报告》显示,截至2022年12月,50岁及以上网民群体占比由2021年的26.8%提升至30.8%,互联网进一步向中老年群体渗透。2022年网民年龄结构如图1-2所示。

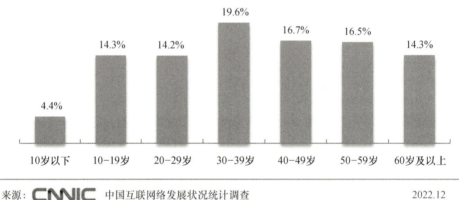

图1-2 2022年网民年龄结构

要想进一步帮助老年群体跨越"数字鸿沟",还需要全社会关注老年群体深层次的心理需求,加强人本关怀,促使老年群体安心、舒心地使用网络产品,参与网络活动,从而推进老年群体更好地融入数字社会,共享信息化发展成果。

4. 技术:从移动化到智能化

当AI技术、物联网等新技术的爆发式发展与媒体信息的爆炸式增长相结合时,"智媒时代"应运而生,机器协作、个性化推送、传感器新闻等都成为"智媒时代"的重要产物。尤其是AI技术,它被认为是人类历史上神奇、伟大、有发展前途,却又难以准确预料后果的颠覆性技术。对AI技术的研究与应用不仅在传媒业,更在全社会成为热议焦点。从某种意义上讲,移动互联网已经进入下半场,智能移动互联网正在蓄势待发。

5. 服务:从个性化到多渠道

个性化信息服务的兴起,也是"智媒时代"的重要标志之一。在年轻一代的用户群体中,越来越多的人开始基于个人兴趣来进行信息内容的消费。这种以兴趣为导向的用户内容偏好成为算法推荐的重要发展动力,今日头条、天天快报等基于算法推荐的个性化新闻App

的人均使用时长逐年攀升,新榜《2023 内容产业年度报告》预测,随着未来 AI 技术的成熟化发展,生成式人工智能(Artificial Intelligence Generated Content,简称 AIGC)必将引发内容生产力变革,内容平台将成为数字经济时代的新基础设施。品牌内容营销向专业精细化发展,从产品视角转化为用户视角,将品牌语言转译为用户语言,把每一个产品卖点落在实际场景中,并为不同类型的关键意见领袖(Key Opinion Leader,简称 KOL)匹配不同的内容创作方向,发力"有效公域营销"。

知识延展 1-1
《生成式人工智能服务管理暂行办法》

虽然个性化信息推送能够帮助用户在纷繁复杂的多元化信息中快速取舍,但是算法技术的发展水平与用户的主观性,仍然会制约个性化推送的匹配精准度与用户满意度。此外,社交媒体自身的传播属性,决定了以情感为导向的主观信息比中立严肃的客观报道更能引起共鸣。因此,在个性化信息推送的过程中,难免会存在为迎合目标用户口味而改变原内容、增加倾向性信息的行为。于是,许多用户开始从多个渠道获取信息,以保证信息的可信度。

二、洞悉新媒体营销

(一)新媒体营销的内涵

随着互联网经济的快速发展,新媒体营销活动呈现出蓬勃发展的态势。越来越多的企业借助新媒体收集、分析目标用户信息,打造自己的品牌,推广产品或服务,从局部市场走向世界。与此同时,企业的营销观念与营销战略也随之出现了巨大变革。新媒体营销已经不单单是一种营销手段,更是一种信息化社会的新文化。

新媒体营销是指基于特定产品的概念诉求与分析,利用各类新媒体平台和舆论热点,对消费者进行有针对性心理引导的一种营销模式,也可以理解为企业通过新媒体平台和渠道所开展的营销活动,是企业在信息化、数字化、网络化环境下开展的一种营销活动。

新媒体营销属于营销战略的一种,是企业不可忽视的一种网络营销活动方式,也是一种基于现代营销理论,利用新技术的信息营销方式,能够最大限度地满足企业及顾客的需求,从而实现利益的最大化。

新媒体营销是通过"三步走"来实现的。新媒体营销步骤如图 1-3 所示。

图 1-3　新媒体营销步骤

1. 策划

根据产品的具体特征提取消费者的核心诉求,采用合理的方式和表现形式开展营销。全面了解消费者的需求,充分利用人们的从众心理,使消费者在对事件的讨论中产生共鸣。

2. 舞台定位

选择合适的新媒体操作平台开展新媒体营销。企业或个人可以在抖音、今日头条、微信、微博等平台上制造话题,引导人们参与其中;也可以利用人群聚合效应,使产品的宣传得到更广泛的扩散。

3. 持续跟进

在完成前两步后,要持续跟进消费者变化情况,通过企业或个人账号的慢慢渗透使新媒体营销的效果得到延伸。

> **【案例分析 1-1】**
>
> ### 5G 时代新媒体营销的新范式
>
> 　　2021 年春节期间,云听联合比亚迪,利用 AI 黑科技推出一支"定制"的 H5 春节祝福贺卡。该 H5 贺卡从祝福对象、祝福语的编辑、AI 语音的类别和背景音的选择,再到全家福的合成,每一步都可以自由组合,并且在新年贺卡生成的过程中,用户可以选择"女主播""男主播""童声"和"方言"四种 AI 语音,用一种更加生动的方式帮用户"说出"祝福。在 H5 贺卡中,可选的祝福语几乎覆盖每个年龄圈层,比如,针对银发一族的"寿比南山"、为上班族准备的"升职加薪"、契合 Z 世代沟通语境的"拿到五杀"等。这些反差感、趣味性较高的春节祝福文案配上 H5 提供的句式模板,重新组合搭配出"魔性"的效果,为内容提供了破圈的基础。这支 H5 贺卡一经发出,刷爆朋友圈、微信群、微博、抖音、今日头条等众多新媒体平台,成为春节拜年新风尚。
>
> 　　(资料来源:营销兵法.春节营销收官,云听如何借一支 H5 成功出圈[EB/OL].(2022-2-23)[2022-3-15].https://www.sohu.com/a/525097682_627765.有改动)
>
> **【分析提示】**
>
> 　　"云听"针对目标受众在春节期间的核心诉求,采用 H5 祝福贺卡的形式策划本次营销活动。借助微信、微博、抖音等新媒体平台的分享、传播效应,使云听快速聚集大量粉丝,并通过持续输出优质内容吸引用户成为忠实粉丝。

(二)新媒体营销的主要方式

由于新媒体类别的多样性,新媒体营销方式也多种多样,其中,主要的营销方式有微博营销、微信营销、今日头条营销、短视频营销、直播营销等。

1. 微博营销

微博作为当前主流的社交媒体平台之一,已是众多商家开展商品推广和宣传的主要阵地。微博营销是指个人或商家通过微博平台进行宣传的方式来进行营销的手段。企业将微博作为营销平台,以微博粉丝作为潜在的营销对象,通过微博平台与粉丝进行互动沟通,向用户传递企业品牌、产品卖点等营销信息,帮助企业树立良好的品牌形象,实现产品或服务的转化和购买,最终为企业带来经济收益。结合微博开放式社交平台的特点,企业开展微博营销活动主要有形式多样化、信息传播快、覆盖群体广、宣传成本低等优势。

例如:奥迪 RS 上市时,利用微博的社交属性,通过官方微博、微博话题、微博直播等多元化渠道,打造社交营销热点,最终话题阅读量达 7.8 亿以上,官方微博增粉 4.1 万多人次。"奥迪 RS"微博营销如图 1-4 所示。

图 1-4 "奥迪 RS"微博营销

2. 微信营销

微信作为复合类媒体平台,具备沟通互动、加粉、交易、公众号资讯推送、小程序、视频号等多元化功能,受众人群基本实现全年龄层覆盖。微信营销是一种基于用户群体与微信平台的全新的营销方式,即通过微信平台与微信用户之间搭建一个类似"朋友"的关系链,并在该社交关系中借助移动互联网特有的功能而制造全新的营销方式。例如:微信群营销、朋友圈营销、公众号营销等,来达到传播产品信息、传达品牌理念,从而实现促进产品销售、强化企业品牌的营销目的。由于微信具有封闭式社交的特点,故微信营销具备"一对一"互动营销、信息到达率高、强关系营销等特色。

例如,国货彩妆品牌"完美日记"通过开展"小完子"个人微信号知识产权(Intellectual Property,简称 IP)营销,仅 4 天总交易额高达 1000 万元。通过搭配私域运作,打造"微信个人号+微信公众号+小程序"的矩阵营销路径的方式与用户互动,让用户持续留存,提高产品的复购率。

3. 今日头条营销

今日头条是当前主流的强推荐类资讯媒体平台之一。今日头条营销是指个人或商家利用今日头条平台高效精准的信息分发机制,向今日头条用户传播企业或产品资讯,开展营销活动的方法。个人或商家一般需要先申请入驻今日头条平台,才能发布原创优质内容。今日头条基于对移动端海量用户的数据分析,通过强大的智能推荐算法,使优质内容获得更多在精准用户面前曝光的机会。此外,企业还可以利用今日头条的开屏 H5 广告、文章嵌入式广告等信息流广告开展营销宣传活动。

例如,2021 年 8 月,今日头条以"寻找真知派"作为大赛主题,面向金融财经、科技数码等垂直领域的专业创作者发出专业内容创作邀请。在近20天内,大赛累计报名1.5万人次,共收到3.7万篇投稿,参赛作品曝光总计10亿+。"寻找真知派"今日头条营销如图1-5所示。

图1-5 "寻找真知派"今日头条营销

4. 短视频营销

随着抖音、快手等短视频App的迅速崛起,短视频营销已经成为商家营销的必争之地。短视频营销是指用户或商家借助短视频形式,创意策划内容,展现产品卖点的一种营销手段。开展短视频营销,首先要找到一个能引爆用户群的"社交话题",搜集一个目标受众切实关心的问题,然后借助短视频丰富的表现力给予解答,从用户的角度与受众对话,从而吸引用户注意,打动用户并让用户乐意分享,最终达到营销目的。因此,"多场景+短内容+无缝化"的短视频内容,更能满足用户强互动和高体验的视觉需求。

例如,"叮叮懒人菜官方旗舰店"抖音号主打"免洗免切免调理"的预制餐食,主打产品有虾饼、湘西外婆菜、懒人酸菜鱼、胡椒猪肚鸡等,其抖音小店30天内的商品交易总额(Gross Merchandise Volume,简称GMV)超过3000万元。如图1-6所示。

(a)　　　　　　　　　　(b)

图1-6 "叮叮懒人菜官方旗舰店"短视频营销

5. 直播营销

直播融合了图像、声音、文字等多种元素,通过真实生动的实时传播和强烈的现场感,达到使用户印象深刻、记忆久远的传播效果。直播逐渐成为互联网的主流表达方式。直播营销是指企业以视频、音频直播为手段,以广播、电视、互联网为媒介,在现场随着事件的发生与发展进程,同时制作和播出节目,最终达到品牌提升或产品销售的目的。直播营销的核心价值在于它聚集注意力的能力,其因即时事件推送、内容直达观众的特点,已成为企业品牌提升或产品营销推广的标配。

例如,由国家新闻出版广电总局宣传司指导的浙江广播电视集团"贯彻党的二十大精神大型融媒直播"特别策划《放歌》系列第三季之《放歌大运河》(浙江篇),在大运河全流域北京、天津、江苏等地设立慢直播点位,实时展现运河全貌。同时,在大运河浙江段,自北而南设置嘉兴、湖州、杭州、绍兴、宁波等多个直播点,以"文艺活动+专家访谈+网友互动"的创新形式,让观众零距离体验运河沿线新业态、新潮流,见证创新文化和文化创新双向促进的发展活力,开启一趟充满新锐创意和艺术气息的思想之旅。循足迹、学精神、看变化,领略千年运河的人文底蕴,乘着创新深化、改革攻坚、开放提升的东风,续写新时代文化繁荣的崭新篇章。"贯彻党的二十大精神大型融媒直播"《放歌大运河》(浙江篇)宣传图如图1-7所示。

图1-7 "贯彻党的二十大精神大型融媒直播"《放歌大运河》(浙江篇)宣传图

(三)新媒体营销的新方法

目前,除了已被大众所熟知的口碑营销、病毒营销、事件营销、饥饿营销、借势营销、软文营销、互动营销、情感营销、会员营销等九种常见的新媒体营销方法外,企业在新媒体营销实施过程中,衍生出更多的新方法。

1. 跨界营销

跨界营销是指某品牌自主或联合其他品牌根据相同或相似的消费群体及一致的目标,相互取长补短,推出非某品牌主营业务的产品,以此来吸引大众目光,并满足消费者的需要,以此达到双赢的效果。这种方式不仅可以为本品牌赚足话题度,提高品牌的美誉度,还可以打破圈层,吸引一些本领域之外的群体,拓宽市场。一般来说,推出跨界文创周边产品、品牌推出跨界产品、品牌与品牌之间联合推出联名款等是目前常见的跨界营销合作形式。

(1)跨品牌的界。即传统品牌通过与年轻品牌联合,借其他品牌之力产生形象溢价,强化或优化品牌形象。品牌跨界的核心诉求是:跨界合作后必须让原有品牌形象有所加强或改善。例如,蒙牛作为乳制品供应商,选择成为2018 FIFA 世界杯全球官方赞助商、中国航天事业战略合作伙伴、NBA 中国官方市场合作伙伴,使其"打造中国乳业品牌"等品牌发展目标更加深入人心。

(2)跨用户的界。即通过合作方的粉丝群体、渠道来获取更多有价值的用户。手段可以体现为跨界一个比较火的 KOL 或娱乐 IP,如丝芙兰携手漫威推出系列合作款潮流美物,当下比较流行的各式各样的影视剧植入等;或者跨界合作方,如网易云音乐和农夫山泉推出"乐瓶"等,核心目的是"圈粉"。

(3)跨场景的界。即通过跨界延伸或强化用户的使用场景记忆。例如,腾讯视频跨界吉野家。因为很多人喜欢在用餐时看剧,腾讯视频洞察到这一用户习惯后,在京、津、冀等地区300多家吉野家线下门店,打造"在吉野家,看腾讯视频"场景记忆点,并提供"嗨乐季专属手机支架"服务用户。

2. IP 营销

IP 营销是指根据作品(IP)的类型和特点进行宣传,使得该作品(IP)不断累积大量忠实粉丝的一种营销手段。其本质是让品牌与用户之间架起沟通桥梁,赋予产品温度与人情味。IP 一般可以是已经被大众所熟知的,也可以是打造的新的。

要做好 IP 营销,首先,需要将虚拟或实际存在的产品拟人化,让品牌与用户互动起来。其次,IP 营销也需要在表达意义、呈现形式上具备原创性和独特性。最后,IP 的形象要通过长期持续的内容输出才能做到生动鲜活,才有可能发挥出最大价值。

3. 社群营销

目前,微信、QQ 等在线化的社群社交方式,基本成为我国社会主流社交方式。表现是:用户数量多、占用时间长。现在越来越多人的主要社交活动基本都转移到移动社交平台。社群营销作为一种维系用户关系、提高用户黏性的运营手段,被越来越多的公司所重视。也正是因为社群营销有着很理想的复购数据,企业纷纷投入社群营销中。要想做好社群营销,必须做到以下几点。

(1)找准社群定位。一个优质的社群,在社群建立时定位往往非常清晰,因为这样才能更精准地进行社群营销。例如,一个目标用户为年轻女性的社群,在运营时就会重点针对年轻女性这一群体的需求特点,在引流的时候会送出这一群体普遍喜欢的化妆品等,以保证引来的用户足够精准。

(2)社群运营目标清晰。社群的运营目标应包括长期目标和短期目标,短期目标为长期目标服务。有了清晰的运营目标,社群营销团队才能把力往一处使,运营效果才会更好。

(3)严格的社群规则。无规矩不成方圆,再好的社群也离不开规则的约束,清晰明确的规则再配上有力度的执行,可以对社群成员起到约束作用,保证社群环境始终处于比较和谐的状态,这是留住社群成员的前提。

(4)灵活使用社群工具。社群发展到一定规模后,需要接入社群工具分担一些日常工作,使群主把更多的精力放在社群的运营上。

三、新媒体营销思维

在互联网时代,企业或商家要想实现新媒体营销的价值最大化,必须首先具备新媒体营销思维。

(一)社交思维

随着社交媒体、社交平台的大量产生,越来越多的网民成为这些媒体和平台的忠实用户。基于这些用户的忠诚度,有些企业开始做社交性的营销,将这些媒体或平台当作宣传产品、树立品牌、提供服务的媒介。如微信已经成为微商销售产品的工具,抖音、快手等视频平台也被很多企业或商家用于营销和推广。

在互联网发展异常迅速的大形势下,社交媒体逐渐从一个单纯的交流平台向具有综合作用的站点发展,其内容提供也由商家直接提供的形式向以用户自愿提供为主的形式转变,信息流动也由单向传播向双向互动转变。这就要求企业或商家在营销时具有社交思维。社交思维主要体现为以下几个方面。

1. 做好关系链

做好关系链是社交思维最关键也是最基础的要素。关系链是社会中人与人之间关系的总称。社交思维就是要求企业或商家想办法把用户与用户之间的联系建立起来,形成关系链条,并进行沉淀。

在社交属性日益增强的互联网中,关系链自然是社交媒体最重要的组成部分。只有很好地利用了用户的关系链,企业或商家才能发挥新媒体营销的优势。

2. 增大传播动力

在用户之间既有关系链的某一个点注入信息,通过关系网迅速传播是社交思维实行的基本手段。但是要实现营销信息在社交关系链中的快速传播,需要具备一个核心前提,即:拥有具备传播动力的营销内容。对于新媒体营销者来说,最困难和最重要的就是增大营销内容的传播动力。

3. 实现多样化的传播

营销内容有了传播动力后,企业或商家只需要依靠自己的优势资源将内容的"石块"投入用户关系链组成的"池塘"中,便可以迅速传播出去。营销内容传播的方式可以是多样化的,这要企业或商家根据自己的优势和能够利用的资源而定。

有了具备传播动力的营销内容,依托既有的社交关系链进行传播,加上社交关系链附加的高信任度,内容传播带来的营销效果就会越来越好。

(二)用户思维

营销的核心就是体现用户需求,以满足用户需求为终极目标。用户需求永远是营销工作的导向,是企业或商家开发、研制产品、服务的基础。无论做什么产品,做什么服务,都必须坚持用户至上的原则,坚持以用户思维去考虑问题、分析问题。

那么,如何利用好用户思维呢?一般来说,在具体运用用户思维过程中,可以从以下几点入手。

1. 研究用户消费心理

从心理学角度来说,人们最容易关注到的是跟自身利益直接相关的那部分信息,如免费、省钱、吃亏、赔本等关键词信息。因此,能为用户提供直接利益的传播,才是用户眼中的"好传播"。

利用用户思维的较典型案例是"抢红包"活动,自微信红包推出以后,"抢红包"成为各企业或商家"贺岁档"争抢的主战场,通过发起贴合用户消费心理的营销活动,企业或商家获得了大量关注,可谓赚足了用户眼球。

2. 分析用户需求

一步到位、一劳永逸的传统营销思想已经不再适合互联网时代。只有用户的不断变化的需求得到满足才能使产品具有生命力,产品的每一个版本,越早面对用户就意味着离用户的需求越近一步,因为可以早一天得到反馈、早一天进行迭代和改进。

快速更新的用户需求对研发速度提出了更高的要求,快速满足用户需求成为互联网时代新媒体营销的核心竞争力。

3. 引导用户参与

用户只有在被引导后才能真正参与到营销活动中来,创造出良好的传播效果。这是由网络的交互性、互惠性决定的。用户是营销网络中的一个个节点,新媒体营销人员的主要任务就是让每个节点参与进来,使信息在用户之间相互交换、传递。

"以用户为中心"的用户思维,不仅体现在销售环节,还体现在其他很多方面,如市场定位、品牌规划、产品研发、生产销售、售后服务、组织设计等各个环节。因此,新媒体营销人员需要在营销链的各个环节做到引导用户参与营销活动,让用户有完美体验。

(三)大数据思维

新媒体以其形式丰富、互动性强、渠道广泛、覆盖率高、精准到达、性价比高、推广方便等特点,在各行各业中占据越来越重要的位置。新媒体平台积累的大量用户和用户行为数据成为做用户分析的大数据基础。对于新媒体营销人员来说,大数据几乎无处不在,只有重视数据,善于用数据进行分析,才能创作出更受欢迎的新媒体产品或内容。

运用大数据思维的重点是进行数据分析。根据数据分析的时间段,数据分析可以分为事前分析和事后分析。

1. 事前分析

事前分析是指在开展新媒体营销之前,新媒体营销人员根据以往的大数据信息,分析市场的容量、竞争状况、用户的属性、偏好、行为、需求情况、平台的用户情况、功能特点等,为进入新媒体平台、精准定位目标人群、规避竞争风险、搭建营销矩阵奠定基础。

2. 事后分析

事后分析是指新媒体平台运营一定周期后,新媒体营销人员根据后台提供的实际数据进行总结分析,为下一次营销活动做准备。同时,事后分析也致力于探索一种为目标用户提供个性化服务的新媒体营销方式。

大数据思维是时代发展的产物,是全新的思维理念,是进行基于大数据的商业经营模式的基础。大数据思维的运用,能够帮助企业或商家分析趋势、分析市场、分析用户,提高核心竞争力。

(四)爆品思维

爆品是某个极致的单品。爆品思维是指把一个卖点、一款产品卖到极致。爆品思维意味着专注于某一类用户,意味着以用户思维为导向的设计、研发、生产与销售过程,意味着找到用户的"痛点"。

进行爆品的生产、制作、营销必须满足以下几个条件才有可能实施。

1. 拥有核心资源和技能

核心资源是打造爆品的一个重要条件,资源包括两个方面内容:一是"我是谁",二是"我拥有什么"。具体来说,资源包括生产者、经营者的兴趣、个性、知识、经验、人际关系,以及其他有形和无形的资源或资产。

打造爆品的第二大条件是技能,它也包括两个方面:能力与技术。能力有与生俱来的天赋成份,也有后天习得的;技术是通过大量实践和学习习得的。企业或商家专注于自身所擅长的核心技能点,并将其发挥到极致,才可能打造成功的爆品。

2. 定位关键业务

定位关键业务是指要做什么关键业务,这取决于企业或商家拥有的核心资源和技能。也就是说,"我是谁"必然影响着"我要做什么"。

需要注意的是,关键业务是指企业或商家实施的基本的体力或脑力活动,而不是实施这些活动所创造的更重要的价值服务。

3. 明确用户群体

明确用户群体,即要明白"我能帮助谁"这个问题。私人定制领域内的用户群体比较特殊,一般指的是那些愿意付费获得某种享受的群体,也包括那些可以免费获得享受但必须通过其他人付费补贴的群体。

单元二 新媒体营销人员职业素养

【知识准备】

随着大量传统企业积极开展线上运营活动,新媒体营销成为一个热门职业。那么,作为新媒体营销人员,到底要具备哪些职业素养呢?

一、新媒体营销岗位认知

在互联网用户数量日益激增的背景下,越来越多的企业尤其是中小企业,越来越重视互联网市场。与此同时,企业对新媒体营销岗位的设置也越来越普遍。目前,新媒体营销工作的主要参与部门有技术部、市场部、运营部等,根据地区经济发展、行业发展、企业规模的不同,新媒体营销人员所属岗位也有所不同。归纳起来,主流的新媒体营销岗位主要包括新媒体推广专员、微营销专员/新媒体营销专员、新媒体营销运营专员、新媒体营销经理/运营经理、新媒体营销总监/运营总监等。

（一）新媒体营销初级岗位

1. 新媒体推广专员

新媒体推广专员主要负责企业在新媒体平台上的免费推广和付费推广工作，其岗位说明如表1-2所示。

表1-2 新媒体推广专员岗位说明

岗位名称	新媒体推广专员
岗位描述	负责企业的线上免费推广和付费推广工作，利用新媒体推广方式，提升品牌的网络曝光度、知名度和美誉度，并对推广效果进行分析和总结，对有效流量负责
岗位职责	(1) 整合线上各种渠道(如微博、微信、社区、博客、新闻、资讯、论坛等)推广企业的产品和服务。 (2) 负责企业自有新媒体宣传平台(官方网站、官方微博、官方博客、官方网店、官方App)的管理和维护。 (3) 熟悉网站排名、流量原理，了解搜索引擎优化、外部链接、网站检测等相关知识。 (4) 跟踪新媒体营销推广效果，分析数据并反馈，总结经验
岗位要求	(1) 熟练掌握各种新媒体营销工具，包括第三方网络平台(微博、微信及公众号平台、博客等)、网络视频剪辑软件、网络监控及统计软件等。 (2) 了解各种新媒体营销方法、手段、流程，并有一定实操经验。 (3) 具备优秀的文案写作能力，能撰写各种方案、文案。 (4) 对网络文化、网络特性、网民心理具有深刻洞察和敏锐感知的能力

2. 微营销专员/新媒体营销专员

微营销专员/新媒体营销专员主要负责各类新媒体平台或营销工具的日常运营和维护，其岗位说明如表1-3所示。

表1-3 微营销专员/新媒体营销专员岗位说明

岗位名称	微营销专员/新媒体营销专员
岗位描述	负责企业微信、微博、微网站、App等营销工具的日常内容维护，并利用上述工具策划、执行微营销活动，撰写优质原创文案并进行传播
岗位职责	(1) 负责微博、微信、微网站、App等运营推广工作，负责策划并执行日常活动，以及后续的追踪、维护。 (2) 挖掘和分析用户的使用习惯、情感及体验感受，及时掌握新闻热点，与用户进行互动。 (3) 提高企业用户活跃度，并对微营销运营现状进行分析和总结
岗位要求	(1) 深入了解互联网，尤其是微营销工具的特点及资源，有效运用相关资源。 (2) 热爱并擅长新媒体推广工作，具备创新精神、持续学习能力、严谨态度和良好沟通能力。 (3) 具有创造性思维，文笔好，书面和口头沟通能力强，熟悉网络语言写作特点。 (4) 学习能力强，兴趣广泛，关注时事

3. 新媒体营销运营专员

新媒体营销运营专员主要负责各类新媒体平台上的文案策划与撰写，提升新媒体平台的用户转化及变现等工作，其岗位说明如表1-4所示。

表 1-4 新媒体营销运营专员岗位说明

岗位名称	新媒体营销运营专员
岗位描述	负责新媒体运营部产品、品牌、深度专题的策划文案、创意文案、推广文案的撰写工作,能帮助企业迅速提高在新媒体平台上的综合排名和访问量,协助业务部门进行产品方案的推广,帮助业务团队有效提升产品销售额
岗位职责	(1) 负责产品文案、品牌文案等各类文案的撰写工作,对新媒体销售力和传播力负责。 (2) 从事新媒体营销研究、分析与服务工作,评估与产品相关的关键词。 (3) 负责推广方案和推广渠道的开发。 (4) 制订新媒体营销的总体及阶段性推广计划,完成阶段性推广任务。 (5) 负责执行企业新媒体网站的规划。 (6) 协助部门经理筹划建立部门管理体系,协助员工招聘、考核、管理工作,协助部门规划、总结工作
岗位要求	(1) 具备项目管理、营销策划、品牌策划、新媒体营销等理论知识和一定的实践经验。 (2) 具有优秀的新媒体营销数据分析能力和丰富的分析经验。 (3) 具备一定的文案撰写能力和活动策划能力,对用户体验有深刻认识和独特领悟。 (4) 对新媒体营销活动全流程具备一定的认知和执行能力

(二) 新媒体营销晋升岗位

1. 新媒体营销经理/运营经理

新媒体营销经理/运营经理主要负责企业营销或运营部门的整体工作,其岗位说明如表 1-5 所示。

表 1-5 新媒体营销经理/运营经理岗位说明

岗位名称	新媒体营销经理/运营经理
岗位描述	负责本部门整体运营工作,对新媒体营销策划、内容、推广等业务进行指导,负责部门员工的工作指导、监督、管理、考核
岗位职责	(1) 负责新媒体营销项目总策划,对战略方向规划、商业全流程的规划和监督控制负责,对部门绩效目标的达成负责。 (2) 负责新媒体方案的策划指导和监督执行。 (3) 负责对新媒体产品文案、品牌文案、资讯内容、专题内容等的撰写进行指导和相关方案的监督执行。 (4) 负责新媒体推广策略制定、执行指导和监督管理工作。 (5) 负责新媒体运营数据分析,提升绩效。 (6) 负责本部门的策划团队建立,员工招聘、考核、管理、部门规划、总结
岗位要求	(1) 具备 5 年以上新媒体营销工作经验,3 年以上项目策划、运营经验。 (2) 具有项目管理、营销策划、品牌策划、新媒体营销等系统的理论知识和丰富的实践经验。 (3) 具备优秀的新媒体营销项目策划、运营能力,熟悉网络文化及其特性,对各种新媒体营销推广手段都有实操经验。 (4) 具备卓越的策略思维和创意发散能力,具备扎实的策划功底。 (5) 具备优秀的文案撰写能力,能撰写各种方案、文案。 (6) 对新媒体营销商业全流程具备管控能力。 (7) 具备丰富的业务管理经验、优秀的团队管理能力

2. 新媒体营销总监/运营总监

新媒体营销总监/运营总监主要负责企业新媒体平台营销运营的整体规划和运营管理,

其岗位说明如表1-6所示。

表 1-6 新媒体营销总监/运营总监岗位说明

岗位名称	新媒体营销总监/运营总监
岗位描述	负责企业自有的新媒体平台及第三方新媒体平台整体规划和运营管理,包括产品市场定位和推广方案、产品功能及卖点策划并组织落实,根据企业平台运营模式组建并管理运营团队
岗位职责	(1) 制定各类新媒体平台的年度经营目标、预算及年度、季度、月度计划。 (2) 制定各类新媒体平台的整体规划和运营管理目标,并组织落实。 (3) 组建并管理新媒体营销团队。 (4) 掌握各类新媒体平台的各项销售指标、运营指标的预测与达成情况,对网站排名、流量点击情况进行详细统计分析,策划、组织新媒体推广活动并进行活动复盘和效果评估。 (5) 通过新媒体渠道和媒介资源进行宣传推广工作。 (6) 负责内部团队整体建设及专业能力提升,优化业务流程,合理配置人力资源,开发和培养员工能力。 (7) 负责工作方案的落地执行质量,加强团队绩效管理,提升部门工作效率
岗位要求	(1) 具有本科以上学历,5年以上新媒体营销运营经验,2年以上管理经验。 (2) 熟悉官方新媒体平台和第三方新媒体平台的运营流程、营销模式、合作模式等。 (3) 具备优秀的沟通能力,勇于创新,不拘一格,注重团队凝聚力和执行力的打造

总之,随着5G、区块链、云计算、物联网、AI等新技术的不断发展,元宇宙、NFT、虚拟现实(VR)等新形态的不断涌现,数字经济已上升为国家战略,新媒体营销人员需求巨大。如何利用新技术、新媒体让更多消费者知道、认可、信任企业品牌,积累品牌资产,是新媒体营销人员需要面对的问题。

二、新媒体营销人员的必备素质要求

新媒体营销工作虽然分工不同、岗位不同,但从整个行业来说,新媒体营销人员必备的素质要求具有一定的共性。

(一)必备职业素质

职业素质是工作质量的保证,只有具备良好的职业素质,才能保证工作内容被高质量地完成。与新媒体营销岗位相关的职业素质主要包括以下五种。

1. 执行能力

新媒体营销工作事无巨细,需要新媒体营销人员有足够的规划管理和执行能力。优秀的执行能力能保证营销工作执行到位,从而实现营销效果。新媒体营销人员的执行能力是营销工作得以进行的基础保证。

2. 沟通能力

新媒体营销人员应该具备良好的沟通能力,既能与用户良好沟通,维护好与关注者及用户的关系,又能在工作中与同事保持顺畅沟通,使工作协同达到最佳效果。

3. 审美能力

审美能力既是个人的综合能力要求,又是新媒体营销人员的必备职业素质要求。新媒体营销人员需要具备基本的审美能力,使产出的内容质量达标,能满足用户的消费需求,能引导用户互动并主动传播。新媒体营销人员的审美能力是营销内容质量的基础保证。

4. 创意能力

创意包含内容产出创意和活动创意两大类。新媒体营销人员需要思维活跃,能紧跟热点趋势,进行热门话题的创意发散,产出优质的创意内容,同时还需要在营销过程中策划出有创意的活动,让用户积极主动地参与。

5. 抗压能力

新媒体营销工作任务多、变化多,新媒体营销人员需要具备一定的抗压能力,才能面对新媒体营销工作的挑战。新媒体营销人员要时刻保持高执行力,时刻精益求精,才能胜任新媒体营销工作。

以上五种职业素质是新媒体营销人员必须具备的,也是新媒体营销人员的底蕴,可以保证新媒体营销工作高效、高质量地完成。新媒体营销人员除了依靠职业技能完成工作外,还要通过这些"看不见的能力"让工作完成得更出色。

(二)必备综合提升能力

综合提升能力是个人职业发展的助推器,只有具备了综合提升能力,才能实现个人在职场的持续发展。综合提升能力主要有以下三大类型。

1. 自我管理能力

自我管理能力主要包含时间管理能力、学习管理能力、情绪管理能力。

时间管理能力是执行力的保证。时间管理能力要求新媒体营销人员具备较强的自制力和良好的工作、生活习惯。

学习管理能力是个人能力提升的保证。该项能力要求新媒体营销人员一方面在工作中积累实践经验,另一方面要主动进行知识学习及培训进修,让自身的专业知识储备不断提升。

情绪管理能力是沟通合作的保证。不论面对何种工作,不论在何种场景下与何人进行工作沟通,都要学会管理及释放工作的压力及负面情绪,保持理性、积极的健康情绪。

2. 团队管理能力

团队管理能力是个人职业能力的一种提升,包括工作管理能力和人员管理能力。

工作管理能力是指既要管理好自己的本职工作,又要对团队成员进行合理的工作规划和分配,并监督团队成员高效、高质量地完成工作。

人员管理能力是指不仅要安排好团队成员的工作并监督执行,还要创造好的团队工作氛围,提升团队凝聚力。

3. 自我意识能力

自我意识能力是指基本的自我关照和反省能力。自我意识主要包括职业意识、利他意识和自我实现意识。

职业意识包括专业精神和敬业精神两种,即要求新媒体营销人员在工作中精益求精地完成本职工作。

利他意识是指在团队合作中要尊重同事意见,在工作中要思考如何为公司创造价值,在对外合作中要考虑合作伙伴的需求和利益。

自我实现意识指明白自己要成为什么样的人,明确自己的职场规划。

三、新媒体营销人员的必备专业技能

(一)图片处理技能

在新媒体文案中,图片是视觉化呈现的重要一环。无论是微信公众号、微博,还是今日头条,都需要为文章配图。图片处理主要有:一是文章的配图筛选;二是图片的处理、修改,以及海报的设计与制作。图片处理技能具体包括搜集图片能力、拍摄图片能力及处理图片能力。

1. 搜集图片能力

搜集图片素材是制作封面图、配图等各类新媒体文案图片的必备技能,从网络上搜集图片素材时,新媒体营销人员必须掌握如何找到无版权、可商用高清图片的技能。新媒体营销人员可以在以下网站上找到符合要求的图片。

(1) Gratisography:Gratisography 网站仅支持英文关键词搜索,图片分类包括动物、自然、物体、人物、城市、搞怪等。如图 1-8 所示。

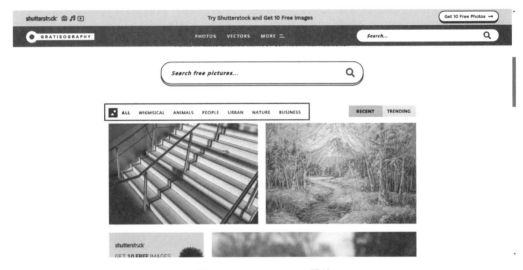

图 1-8 Gratisography 网站

(2) 摄图网:摄图网成立于 2015 年,隶属于上海韩众网络科技有限公司,专注于正版可商用的视觉内容服务。其提供的内容涵盖照片、视频、创意背景、设计模板、GIF 动图、免抠元素、办公文档、插画、音乐等大类。如图 1-9 所示。

该网络公司自建开放式摄影棚,签约人像模特,组建创作团队,为摄图网平台持续不断地输送新鲜、优质素材。对全平台所有素材均拥有版权,作品均有国家版权局出具的作品登记证书,版权归属明确,来源可追溯,保证正版商用零风险。

图 1-9 摄图网网站

（3）FreeImages：FreeImages 网站提供多种语言展示。其图片分类包括野生动植物、建筑、艺术与设计、汽车、商业与金融、名人、教育、时尚与美容、花草树木、游戏与卡通、健康与医疗、假日休闲、家居设计、工业、自然风光、电子乐器、户外活动、人物、科技、符号标志、运动健身、纹理与样式、道路与交通等。如图 1-10 所示。

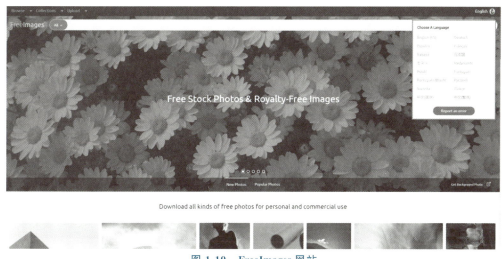

图 1-10　FreeImages 网站

（4）plxabay：plxabay 是一家高质量图片分享网站，最早在德国发展起来，图片分类包括交通运输、产业技术、人物、动物、健康医疗、商业金融、地标、宗教、建筑、教育、旅游度假、科学技术、美妆时尚、背景、花纹、自然风景、表情、计算机、运动、音乐、食物与饮料等。如图 1-11 所示。

图 1-11　plxabay 网站

此外，还有 Photo Pin、SplitShire、昵图网、花瓣网等网站也提供了大量的图片素材。

2. 拍摄图片能力

很多时候，网络上搜集的图片素材并不能完全满足新媒体营销的个性化需求，因此，如果新媒体营销人员具备一定的摄影基础,可以考虑自己拍摄所需要的图片。

拍摄图片需要基本掌握单反相机的使用,掌握利用自然光、利用天气环境、布置拍摄场地、基本的构图方法等基本的拍摄技巧。在拍摄的基础上,需要具备基本的审美能力。

3. 处理图片能力

不同的新媒体平台对图片的要求各不相同,有的对图片格式有要求,有的对图片尺寸有要求。例如:

微博头条文章的封面图尺寸要求为1000像素×562像素,信息安全区尺寸为1000像素×400像素,格式为JPG、PNG、GIF,大小不超过20MB。

微信公众号封面图尺寸要求为900像素×500像素,格式为JPG、PNG、GIF,大小不超过5MB。

头条号对封面图的尺寸没有要求,封面可选择自动、单面模式、三图模式等三种。

除了会搜集、拍摄图片,新媒体营销人员应具备使用Photoshop、美图秀秀等软件处理图片的能力,以及利用图怪兽、创客贴等在线图片制作网站处理图片的能力。

(二)图文排版技能

文字是新媒体信息传播的重要载体。大部分新媒体的传播形式都是以文字表现为主,即使是漫画或视频,也都是以文字为基础的,因此,学会图文排版对于新媒体营销人员至关重要。

1. 图文排版工具

当前,在线图文排版的工具有135编辑器、壹伴、365编辑器、91编辑器、速排小蚂蚁、秀米、i排版、易点等,常用的有以下几种。

135编辑器演示

(1)135编辑器:135编辑器是一款简单易上手的在线图文排版工具,具有丰富的排版样式、模板、图片素材,并提供秒刷、一键排版、全文配色、云端草稿、企业定制等强大功能。主要用于微信排版、图文内容排版、邮件排版等场景,同时还提供表单制作、提议征集、报名等模块。如图1-12所示。

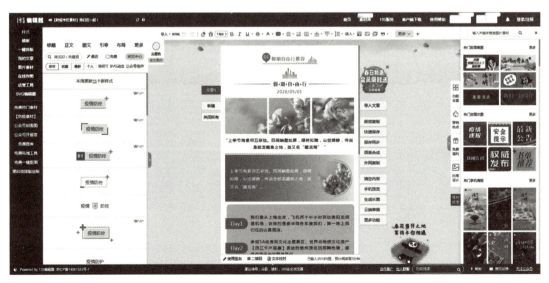

图1-12　135编辑器主页界面

（2）壹伴：壹伴是一款帮助新媒体营销人员提升微信公众号的图文编辑效率的新媒体插件工具。具有编辑增强、图片增强、一键转载、图片点传、关键词消息提醒、编辑提醒等多样化的功能。不仅能帮助新媒体营销人员实现图文快速排版、素材搜寻，还可以实时统计公众号粉丝增长情况等数据。如图1-13所示。

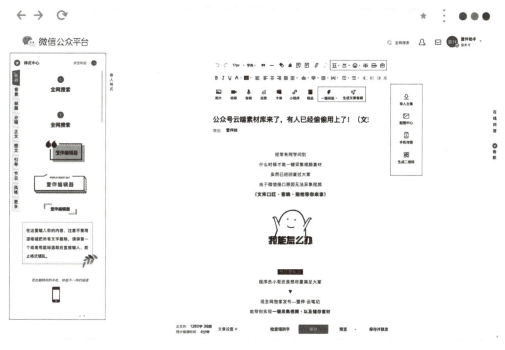

图1-13　壹伴编辑界面

2．图文排版基础

新媒体营销人员应掌握图文排版的字体、字号、颜色搭配、间距设置、对齐方式、文字链等基本的设置技巧。

不同的手机，屏幕尺寸不同，展现出的图文视觉效果也不同，合适的字体、字号可以提升读者的阅读体验。一般来说，较大字号用于标题或需要强调的内容，较小字号可用于辅助信息和页脚等内容。

字体颜色方面，正文使用灰色较为适宜。例如，"♯7f7f7f""♯3f3f3f""♯595959"是常用的灰色。

间距方面，主要是指行间距、段间距、字间距、页边距的设置。一般设置为：行间距1.5倍，段间距10或15像素，字间距范围为1～2像素，页边距为10～15像素。

（三）音视频处理技能

文字和图片是内容的基础，用于表达观点或发布资讯，音频和视频则是内容的加分项，能使内容的表达更丰富。

1．音视频下载渠道

当前，常用的音视频下载渠道有声音网、觅知网等。

（1）声音网：声音网是国内专业声音制作机构，为广大多媒体和广告行业从业者提供全方位、一站式声音信息技术服务。常见的声音作品类型有：广告片、专题片、宣传片、企业彩铃、企业专题介绍、游戏配音、少儿配音作品、汽车广告、医药广告、门店促销、产品直销片、公共语音等。如图 1-14 所示。

图 1-14　声音网

（2）觅知网：觅知网虽是国内提供原创版权图片素材网站，但其还有 300 万精品 PPT 模板、视频素材、简历模板、音效素材、字体素材、表格模板等办公素材，覆盖多种行业需求，为设计师、新媒体营销人员、企业用户等提供创意设计服务。如图 1-15 所示。

图 1-15　觅知网

此外，还有包图网等图片素材提供网站，也提供了大量的正版的视频、音频、源文件素材。

2. 音视频制作工具

下载的音视频还需要通过一些专业的软件进行编辑才能完美呈现，当前，除了 Premiere、Vegas、乐秀、小影、美剪辑等众多视频剪辑软件外，常用的有以下几种。

（1）After Effects：简称 AE，是 Adobe 公司推出的图形视频处理软件，适用于从事设计和视频特技的机构，可以帮助用户高效且精确地创建大量引人注目的动态图形，呈现震撼人心的视频效果。如图 1-16 所示。

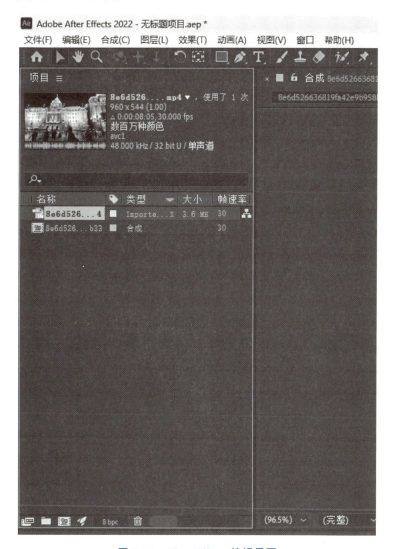

图 1-16　After Effects 编辑界面

（2）爱剪辑：爱剪辑是一款易用、强大的手机端视频剪辑软件，其操作简单，还提供了大量的模板和工具，用户不需要具备视频剪辑基础，不需要理解时间线、非线性等专业概念，就可以精准地剪辑出自己需要的视频。如图 1-17 所示。

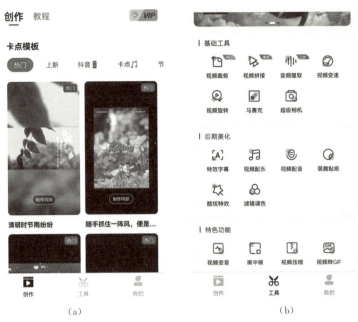

図 1-17　爱剪辑创作界面和工具界面

3. 音视频格式转换工具

每个新媒体平台对格式的要求不同,个别平台还有特殊要求,因此,当使用从网络上下载的音视频,或使用设备拍摄的音视频时,掌握音视频格式转换工具的使用也是新媒体营销人员的必备技能之一。常用的音视频格式转换工具包括魔影工厂、格式工厂等。

魔影工厂是免费的全能视频格式转换工具,支持几乎所有流行的视频格式,如 AVI,MPEG/1/2/4,RM,RMVB,WMV,VCD/SVCD,DAT,VOB,MOV,MP4,MKV,ASF,FLV 等。如图 1-18 所示为魔影工厂界面。

图 1-18　魔影工厂界面

（四）文案写作技能

一位优秀的新媒体营销人员必须具备优秀的文案写作能力。要想写出吸引用户点击阅读的文案，新媒体营销人员需要从热点选题和文案编辑两个角度提升技能。

1. 搜寻热点选题

通过搜寻热点话题和资讯，新媒体营销人员能迅速了解当前用户的关注点是什么，从而为快速找到合适的选题奠定基础。搜寻热点选题的渠道有各大新闻门户网站。例如，搜狐新闻、今日头条、新浪微博热搜榜、百度热搜、清博舆情等媒体平台，能实时提供当前热点新闻资讯。如图1-19所示为百度热搜界面。

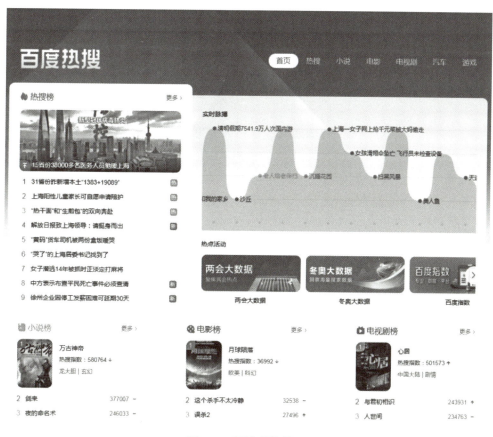

图1-19　百度热搜界面

此外，新媒体营销人员还必须对各类新媒体平台用户进行调查、访谈，了解用户是什么样的人、喜欢什么、反感什么，完成精准的用户画像。只有在深入了解产品竞品、目标用户、客户需求、品牌风格等资料信息的基础上，才能创作出吸引精准粉丝的文案。

2. 文案内容编辑

一篇优质的新媒体文案，除了吸引用户阅读外，还需要引导用户点击关注、留言、转发或评论，这才能起到进一步传播推广的作用。因此，新媒体营销人员应学会在文章的开头或结尾部分设计引导性内容。例如，可以利用草料二维码编辑器对微信公众号二维码进行设计和美化，以起到吸引用户扫描关注的作用，如图1-20所示。

图 1-20　草料二维码编辑器界面

【思政园地】

解读网络媒体行业发展趋势

2022年4月25日，国家信息中心发布《2021中国网络媒体发展报告》，报告指出："2021年是历史交汇、波澜壮阔的一年。正值中国共产党成立100周年，以习近平同志为核心的党中央团结带领全党全国各族人民，在'两个一百年'的历史交汇点，如期打赢脱贫攻坚战，如期全面建成小康社会、实现第一个百年奋斗目标，开启了全面建设社会主义现代化国家、向第二个百年奋斗目标进军的新征程。"也正是这一年，我国互联网普及加速，移动客户端和社交媒体加速融合，网络媒体承担起了更重的社会责任。随着网络媒体影响力和传播力的增强，呈现出更科技、更开放和更实效的"三更"特征。

"更科技"体现在：数智科技平台助力网络媒体创新发展，打造"智能＋智慧＋智库"的智媒体；内容科技加速网络媒体深度融合，助力网络媒体"策、采、编、发、评、审"环节实现全智能化发展。网络媒体推动传播平台、传播内容、传播方式等全链条实现由"数字化"向"数智化"转型，为网络媒体注入新动能。

"更开放"体现在：网络媒体注重提供定制化及高价值内容，逐步打破"信息茧房"；网络媒体深度整合生态链，优化平台建设，逐步向用户开放。网络媒体通过整合内容生态链、全面开放生态布局，为打造开放性平台与高质量内容提供良好生态环境，为媒体业态创新注入新的活力。

"更实效"体现在：网络媒体持续发挥引导作用，进一步贴近民生、倾听民意；网络媒体承担更大责任与更多功能，在国家治理中发挥重要作用。网络媒体逐步向"新闻宣传＋社会服务"角色转变，实现媒体功能的延伸，助力国家治理体系和治理能力现代化。

党的二十大报告中提出未来五年主要目标任务之一是："人民精神文化生活更加丰富，中华民族凝聚力和中华文化影响力不断增强。"展望未来，随着5G、大数据、云计算、物联网、区块链、AI等信息技术进一步融入网络媒体发展全链条，网络媒体发展将不断向数字化、网络化、智能化方向转型，追求科技革新、开放业态、实效益民的媒体新业态，网络媒体必将抓住新机遇，在中国可持续发展之路上发挥出凝心聚力、催人奋进的精神价值。

【模块一职业技能任务】

任务名称	新媒体营销概述
任务目的	通过对比新媒体营销和传统媒体营销两种营销模式,理解两种模式各自的特点。通过对比新媒体营销的几个典型平台,深入剖析各平台营销案例,了解各平台特点及营销形式。理解当前新媒体发展趋势。
任务提示	登录新媒体平台,了解各平台特点,在对比新媒体营销典型平台时,可以从各平台内容属性和传播特点、商家与消费者之间的互动特点等方面入手进行归纳。通过搜集新媒体行业发展趋势相关报告,掌握新媒体领域前沿信息,理解党的二十大报告提出的具体任务要求,深入分析新媒体在丰富人民精神文化生活,提升中华文化影响力方面做出的成就。

第( )组	学号					
	姓名					

任务实操	(1) 从以下六个方面对比新媒体营销和传统媒体营销两种模式的优缺点。将结论填入下表。 | 项目	传统媒体营销	新媒体营销 | |---|---|---| | 媒体形式 | | | | 传播者 | | | | 目的 | | | | 特点 | | | | 优势 | | | | 劣势 | | | (2) 对比新媒体营销中的典型平台,了解各平台特点及营销形式。将结论填入下表。 | 平台名称	平台类型	特点	主要营销形式 | |---|---|---|---| | 微信公众平台 | | | | | 今日头条号 | | | | | 新浪微博 | | | | | 抖音 | | | | | 快手 | | | | | 小红书 | | | | | 哔哩哔哩 | | | | (3) 根据上述各新媒体平台特点,以小组为单位收集企业或商家利用这些平台开展营销的成功案例,剖析这些企业或商家开展新媒体营销的成功经验,分析该企业或商家新媒体营销岗位的入职基本技能和素养要求,制定自己的职业规划。 要求:① 每个平台寻找一个企业营销案例,并对案例内容进行描述。 ② 案例剖析需深入具体,有理有据。 ③ 岗位需求描述清晰,职业规划目标明确。 ④ 以 PPT 形式呈现小组作品。 (4) 通过对《2021 中国网络媒体发展报告》的解读,你体会到哪些科技的力量?结合二十大报告提出的"人民精神文化生活更加丰富,中华民族凝聚力和中华文化影响力不断增强"的具体目标,谈一谈,新媒体营销人员应以怎样的精神状态担负起实现中华民族伟大复兴的历史使命,抓住新机遇、迎接新挑战。

【模块一考核评价】

评价说明：在本次任务完成后，由任课老师主导，采用学习过程评价与学习结果评价相结合的方法，综合运用自我评价、小组评价及教师评价三种方式，由教师确定三种评价方式分别占总成绩的比例，并加权计算出学生个人本次任务的考核评价分。

模块任务完成考核评价表			
任务名称	新媒体营销概述		
班级		学生姓名	
评价方式	评价内容	分值	成绩
自我评价	职业技能任务工单完成情况	70	
	对知识和技能的掌握程度	10	
	我胜任了小组内的工作	20	
	评价意见：		
小组评价	本小组的本次任务完成质量	30	
	个人本次任务完成质量	30	
	个人参与小组活动的态度	20	
	个人的合作精神和沟通能力	20	
	评价意见：		
教师评价	个人所在小组的任务完成质量	30	
	个人本次任务完成质量	30	
	个人对所在小组的参与度	20	
	个人对本次任务的贡献度	20	
	评价意见：		
总评＝自我评价×（　）％＋小组评价×（　）＋教师评价×（　）％＝			

在情绪价值成为大趋势的时代，微博多元化垂直领域让品牌拓宽了商业道路，优质作品的代言人为品牌增加了信用程度，"二创"话题打造热点给品牌带来一定曝光量与销量。新媒体营销人员利用微博开展营销能够更科学化、更精细化，内容营销若能尽力做到稳抓热点、巩固社交、发酵情绪，就能令品牌方和项目方在传播上实现1＋1＞2的效果。

模块二　微博营销

【学习目标】

1. 知识目标

（1）了解微博、微博营销的概念、微博的五大类型。

（2）理解微博营销的价值、微博平台营销定位。

（3）掌握微博内容、视觉营销、活动营销设计技巧和微博营销数据分析。

2. 能力目标

（1）能够开通并装修好微博，并独立运营个人微博。

（2）能够配合营销目的，运用营销推广技巧策划并实施微博营销方案。

3. 素养目标

通过微博营销的学习，使学习者认识到，用户在主流网络社交平台上享有言论自由的权利的同时，若是故意编造、传播虚假信息同样需要承担法律后果。

【思维导图】

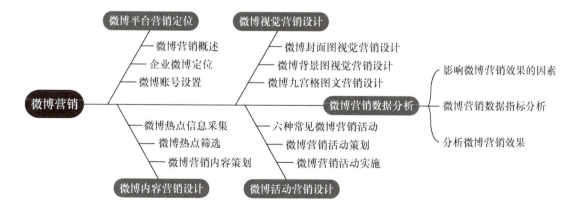

【引例】

古滇名城"全民云家宴",筑就文旅 IP 营销新标杆

2020年,"七彩云南·古滇名城"微博号从生命健康的角度出发,在特殊时期开启"全民云家宴"话题,打造四大寻味创作主题。"新浪旅游"微博号联动国外旅游局微博号,蓝V、达人持续扩散,主播连麦好友云端聚餐,引爆第三届"古滇家宴"线上声量,"七彩云南·古滇名城"品牌推荐意愿提升40.3%,生命力焕新绽放。"七彩云南·古滇名城"微博号以社交属性为基础,引领文旅IP破圈!

1. 前宣总起,发起长线预热战

微博建立"七彩云南万物家园""全民云家宴""拥抱万物"等家园家宴系列话题,蓄起话题流量池,刺激用户产出原创内容。"全民云家宴"有奖互动H5页面在新浪微博开屏页投放,官方微博的相关专栏上线,集中展示品牌的事件和内容。《新周刊》联合"七彩云南·古滇名城"微博号发起"什么是家园"微博超话,深度解读家园理念。"七彩云南·古滇名城"微博号发布"大厨美味倒计时"短视频、"明星大咖倒计时"视频,"新浪旅游"微博号发布第三届家宴倒计时海报,多方联动预热家宴活动。

2. 全方位传播渠道,搅动受众流量池

抖音/微博双直播平台同步直播。大平台上明星、"大咖"直播吸引大流量,运用两种直播形式,优质体验强势输出。微博开屏、微博热搜位、粉丝通、直播广场等微博硬广大面积投放,强势引流造声势。"七彩云南·古滇名城"微博号实时传播现场精彩内容,《新周刊》以"理想家园"为主题分享活动现场精彩内容,同步进行有奖活动刺激粉丝互动,扩大活动影响力,为古滇官博持续引流。

3. 内容解读,沉淀声量

直播数据海报持续扩大活动声量,新浪旅游发出优质家宴内容长图,讲述每场家宴背后的故事,并展示亮点内容。《新周刊》《南方人物周刊》等媒体总结发声,各行业媒体多维度多角度围绕"古滇家宴"创作内容,深度解析传播内核。

最终,活动当日"古滇家宴"直播实时观看量420万人次以上,6位博主直播累计观看量1580万人次。"全民云家宴"话题阅读量2.9亿人次。古滇品牌认知提升率34.1%,好感度提升35%。

(资料来源:一点资讯.看七彩云南·古滇名城:如何用一年时间打造万物家园[EB/OL].(2021-1-13)[2023-1-15].http://www.yidianzixun.com/article/0Sq8Zh0w.有改动)

【模块分析】

"七彩云南·古滇名城"基于家园生活仪式感与旅游文化共鸣,打造"古滇"即"家园"的认知基础,通过微博社交平台充分展现古滇旅游文化价值,在消费者心目中树立"七彩云南·万物家园"文旅品牌形象,同时植入"拥抱万物,这就是家园"的核心传播概念。党的二十大报告提出:"坚持以文塑旅、以旅彰文,推进文化和旅游深度融合发展。"作为重要的社交媒体平台,微博未来将在我国文旅产业发展中发挥更加正向的作用,承担社会责任。

微博作为我国具有重要影响力的社交媒体之一,因其参与人数多、及时性强和互动性强等社交属性,逐渐成为洞察产业发展的重要窗口。微博作为新型的传播媒介承载着数亿用户的访问,对企业来说,在微博上开展营销活动的意义不言而喻。本模块从微博平台营销定位(单元一)入手,深入解析了微博内容营销设计和微博视觉营销设计(单元二、单元三),解构了微博活动营销设计(单元四),分析了微博营销的具体数据(单元五)。

单元一 微博平台营销定位

【知识准备】

随着互联网技术的飞速发展,云技术的不断成熟和广泛应用,微博已经成为亿万用户参与和众多企业或商家营销的平台。企业或商家在进行微博营销之前应对微博营销的具体情况做出一定的了解,只有这样才能在营销过程中将微博账号运营得更好。

一、微博营销概述

(一)微博的概念及类型

微博是一种通过关注机制实现用户之间分享和传播简短实时信息的广播式社交媒体平台。它是一个基于用户关系的信息分享和传播的社交平台,允许用户通过PC、手机等多种移动终端接入,以文字、图片、音视频等多媒体形式,实现信息的即时分享、传播互动。

根据微博账号的注册类型,微博可以划分为以下五类。

1. 个人微博

个人微博是以个人名义发布的微博,这类微博占据了新浪微博的绝大部分。个人微博中,名人的微博关注度非常高。此外,除了以个人名义发布的微博外,还有以动物语气发布的微博、以虚拟人物名义发布的微博等多种形式。

2. 企业微博

很多企业都开设了自己的官方微博账号,并将微博平台作为企业宣传和品牌推广的窗口。有些企业以产品、服务、地域等为基点,将业务精准拆分,开设企业领导人微博、高管微博、官方微博、产品微博等不同功能的企业微博账号,构建企业微博矩阵,充分发挥微博优势,形成传播合力。如小米公司设置了小米公司、小米手机、小米洪锋、小米智能生态等微博账号,各账号既相互独立,又彼此关联。

3. 政务微博

政务微博是政府机构或公务人员开设的官方微博账号。政务微博在树立政府形象、创新社会管理、引导社会舆论等方面发挥着重要作用。政务微博可以即时公开新出台的政策和规定,有利于政府信息公开,接受群众对党政机关和公职人员的监督。

4. 校园微博

微博作为信息分享和传播的社交平台,吸引了各地学校尤其是高校的关注。自2009年起,各大高校纷纷开设官方微博账号,将微博打造成为学校和学生之间、学校和社会之间、学生和学生之间沟通的纽带与桥梁。通过微博这种全新的传播手段,高校搭建了能更顺畅地与社会进行信息交流、思想沟通和资讯互动的平台。

5. 其他类微博

有些微博涉及内容比较庞杂，不便分类。如电影、电视剧上映前，制片方或剧组会开设一个微博账号；企业的某个重要活动也可能会单独开设一个微博账号。这类微博有一定的时效性，过了上映期或者是活动发布期，微博的关注度就会下降，但其发挥的作用是不可忽视的。例如，2021年国庆档电影票房冠军《长津湖》的热映，就离不开微博的助力。

（二）微博营销的概念及特点

微博营销是指企业或商家通过微博平台发现并满足用户的各类需求，为创造自身价值而执行的一种营销方式。通过微博营销，企业或商家只需要用很短的文字就可以达到发布信息的目的，满足用户的需求，进而获得商业利益。

从微博的特点来看，每个微博用户都有自己的独特粉丝，每个粉丝都可能成为微博营销的对象。因此，简单来说，微博营销即通过某个热点或某个事件，将内容分享给粉丝，进行多层传播，扩大曝光量，从而带来评论转发，最后转化为实际销售的过程。

微博营销注重价值的传递、内容的互动、系统的布局、准确的定位，涉及的范围包括认证、有效粉丝、话题、开放平台、整体运营等。目前，国内主要有四大微博平台：新浪、腾讯、网易和搜狐。其中，新浪微博用户基数最多、流量占比最大，本模块以新浪微博为例进行介绍。

微博营销相对于传统的营销方式来说，具有立体化、高速度、便捷性、广泛性、低成本的特点。

（三）微博营销的功能

1. 品牌传播

品牌传播是微博营销的重要功能，实现品牌形象的管理和传播也是微博营销的最终目标之一。新浪微博专门开辟了品牌馆，方便用户进行分类搜索和关注，据统计，65%的微博用户关注过品牌信息。三分之一的用户会主动关注其喜欢的品牌，转发和评论品牌有关的信息，参与品牌发起的各种活动。这些数据都说明，微博上的用户对商业品牌并不反感，甚至很多商业品牌还会有自己的粉丝群。

2. 市场调研

企业在开展新项目或做新产品研发之前都会做一个详细的市场调研，这也是营销工作中最基础的工作之一。在传统营销方式中，市场调研是一项工程浩大的工作，因为它势必要花费大量人力、财力及时间在市场上做调研。而微博营销的崛起，能在一定程度上帮助企业节省成本。在微博上发起市场调研，使人们主动参与进来，可以减少调研活动的人力和时间成本。微博营销为企业提供了一个低成本、高效率的新营销方式。

3. 危机公关

企业碰到危机时，传统的做法是通过媒体进行危机公关。但是我们知道，无论是电视媒体还是纸质媒体都具有时效性，企业的公关信息很少能够在第一时间呈现在人们眼前。而微博是实时更新的，企业在遭遇危机时可以在第一时间发布公关信息，企业微博的粉丝大部分都是企业产品用户，他们与企业有着切实的利益关系。企业通过微博公关，往往能取得不错的效果。

4. 客户管理

微博作为一个营销平台，拉近了人与人的距离，自然也可以拉近企业与用户的距离。在微博上，企业可以掌握用户的状态和需求，根据用户的需求将用户进行分类，然后有针对性地分类，并精确管理，这样能够更有效地维护和管理用户关系，这是传统的营销方式无法做到的。

二、企业微博定位

企业微博定位是指确定企业微博形象及功能。企业微博定位确定后，就要根据具体的定位要求设计微博账号、发布相应内容来开展微博营销活动。企业微博的定位是企业实施微博营销的前提，定位清晰与否将会直接影响微博营销活动的效果。

（一）企业微博的类型

企业微博的类型主要分为品牌推广型微博、内容互动型微博、业务型微博。

1. 品牌推广型微博

该类型的微博定位于推广企业品牌，达到树立企业品牌形象的目的。例如，一汽红旗官方微博发布的主要是红旗公司的重大新闻活动、新品发布、产品新功能等内容，通过微博传递红旗的品牌形象，提高企业知名度和美誉度。

2. 内容互动型微博

内容互动型微博定位于维系企业、各类组织与粉丝之间的关系，其主要内容是组织向用户传递关怀。例如，河北经贸大学在微博上开展"二十大党章修正案学习问答"，激发大学生参与活动的同时，以润物细无声的方式，将二十大精神融入学生生活、学习中。

3. 业务型微博

业务型微博直接定位于产品销售或服务购买，通过微博直接为企业带来经济收益，这也体现了企业开展微博营销的最终目的是盈利。例如，完美日记官方微博发布的内容主要以产品促销活动信息、产品购买链接为主，可以吸引粉丝直接在官方微博中购买产品。

（二）企业微博的定位策略

企业微博的定位，主要从功能定位和角色定位两个方面进行。其中，功能定位是指确定微博营销的目标，而角色定位是指确定微博在企业营销中充当的角色。

1. 功能定位

微博营销能实现不同的企业目标，从产品曝光到产品销售，甚至是企业的客服工作都能够通过微博来实现。不同的企业有不同的品牌和产品，因此在微博平台的营销应该有不同的侧重。企业在进行微博功能定位时，应将产品的品牌、产品的特色、微博平台的特点予以综合考虑，由此确定企业微博营销的核心目的，完成功能定位。如奔驰、宝马、奥迪等非在线消费型产品，应该侧重品牌宣传，定位于品牌推广型微博；而腾讯、支付宝等企业官方微博，应侧重发挥好企业宣传的作用，当好"新闻发言人"，定位于内容互动型微博；手机、空气净化器、护肤品等快销品的企业微博，应该侧重实现销售转化，定位于业务型微博。

2. 角色定位

角色定位是指从企业战略层面思考企业微博的定位，把企业微博营销放到企业整体营销体系中去考察，最终确定企业微博的角色定位。企业营销是一个完整的体系，线上营销要完成哪些营销环节，特别是确定企业微博平台要承担整个体系的哪部分环节和责任，这就需要结合企业的营销需求和企业微博平台的特点进行综合考量。

【实例分享 2-1】

　　"虾胡闹小厨"是一个专门经营湖湘美食的小店。主打小龙虾、罗氏虾等海鲜产品。口味多样,菜品丰富。为扩大小店的影响力,经过慎重考虑,小店选择在新浪微博平台开展营销活动。

　　通过调研了解,小店发现"虾胡闹小厨"的食客大部分是晚上经常加班的上班族或学生群体,此群体生活轨迹简单,社交圈子狭窄,更习惯打包、外卖,喜欢刷微博。结合小店的产品特色,小店明确了在微博营销初期的主要目标是:利用微博强大的传播力,开展宣传活动,增强小店的知名度。因此,该小店微博账号的功能定位为内容互动型微博,在角色定位上侧重于与粉丝的情感交流,主要承担强化粉丝关联度的任务。企业微博定位思路如下图所示。

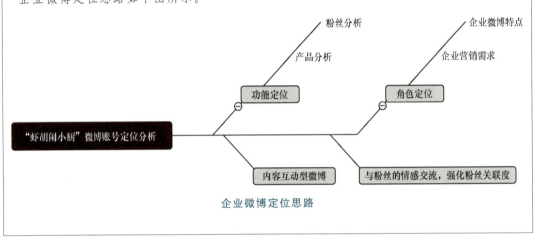

企业微博定位思路

三、微博账号设置

微博专门推出网红电商平台,开放了微博用户画像分析等数据支持和舆情服务功能等,还开通了各类营销产品,包括粉丝通、粉丝头条、热门搜索等。

(一)注册微博账号

如果已经注册新浪邮箱、新浪博客的账号,用户可直接登录新浪微博。另外,如果用户有淘宝网、QQ、中国移动、中国电信、360等账号,则可以将这些账号和微博绑定,注册成功后微博可以同步这些账号信息。

注册微博账号的基本流程如下:

(1)打开微博首页 http://weibo.com/,单击右上角的"立即注册"。

(2)在注册页面有两种注册类型,分别是"个人注册"和"官方注册"。填写信息后单击"立即注册"。如图 2-1 所示。

(3)注册完成后系统会给所填写的邮箱发送一封注册确认信,收到确认信后,用户单击确认账户链接地址即可完成注册。

(a) 个人注册信息填写　　(b) 官方注册信息填写

图 2-1　填写注册信息

（二）设置微博账号

1. 设置微博昵称

微博昵称最多只能使用 2—15 个汉字或 4—30 个字符(可设置中文、英文、数字、特殊符号等)。微博昵称的设置可以在电脑端或手机端进行,一般来说,设置昵称需要遵循以下原则。

（1）品牌统一。微博的昵称应尽量与企业在自媒体网站的名称和微信名称保持一致,方便品牌化运营。

（2）紧扣内容。昵称最好体现主题,不要和内容完全不相关。

（3）简短明了。一是要短,最好不超过 7 个字,建议控制在 4 个字以内,如"百草味"等;二是要好听,便于传播。

（4）避免重复。为证明身份和不重复,建议进行账号认证。

2. 设置个性域名

个性域名是指微博提供给用户的个人网址,每个微博账号只能对应一个个性域名。个性域名是微博唯一指定的特有地址,一旦开通不可更改。

新浪微博账号个性域名需在电脑端设置,主要操作步骤如下。

（1）登录新浪微博,点击"设置"→"账号设置",选择"个性域名",进入"个性域名"界面进行域名设置。在输入框中输入作为域名的相关字符或中文字符,然后单击保存。

知识延展 2-1
个人和官方
微博认证

（2）域名填写完成后,会提示是否保存。

3. 设置微博头像

微博头像既可以用自己的真人照片,也可以用卡通形象、风景照片等。对于企业、高校和政府机构来说,往往采用 LOGO、标志和徽章等来设置微博头像。

通过手机端设置微博头像操作步骤如下。

（1）打开微博,点击右下角的"我"。

（2）在个人中心页面点击左上角原微博头像,进入个人主页。

(3)进入个人主页后,再次点击头像,点击"更换头像",在相册中选择想要做头像的照片,移动选择框,对照片进行适当裁剪。最终确定。

(三)使用微博账号

1. 添加关注

关注是一种单向、无须对方确认的关系,只要你喜欢就可以关注对方,类似于"添加好友"。添加关注后,系统会将该用户所发的微博内容,立刻显示在微博首页中,帮你及时了解对方的动态。而对于"粉丝"来说,他们也一样会在第一时间看到所关注用户发的微博内容。你"关注"的人越多,则获取的信息量越大。"粉丝"越多,则表明你发表的微博会被越多的人看到。

2. 发布微博

你可以将生活中看到的、听到的、想到的,微缩成一句话或者一张图片,发到微博上,和朋友分享。一条微博内发表内容最多是 2000 个汉字,最多可发 18 张图片。图片要求:JPG、GIF、PNG 格式,建议小于 5M。此外,你也可以通过转发、评论或者是通过微博 App 发布微博。

3. 参与话题

新媒体营销人员可以发起或者参与话题讨论,认识更多的用户,和他们成为好友,分享更多的信息。微博发布话题页面如图 2-2 所示。

图 2-2 微博发布话题

单元二　微博内容营销设计

【知识准备】

微博具有强大的传播力,要想做好微博营销,新媒体营销人员日常要注意观察身边的各种事件、网上的热点事件,阅读各种资料和图片,并注意收集和积累,通过精心设计微博内容慢慢形成自己的风格,为后续利用微博开展营销活动积累粉丝奠定基础。

一、微博热点信息采集

微博作为一个信息分享和传播的社交平台,本身就是一个热点信息聚集地。因此,微博热点信息采集渠道可以分为内部渠道和外部渠道两种类型。

(一)微博内部热点采集

微博内部热点采集可以通过微博热搜榜、微博搜索和微博超话实现。

1. 微博热搜榜

微博热搜榜能够快速并准确地反映出微博用户对热点内容的关注度和方向,已逐渐成为微博运营者发现热点和参与讨论的主阵地之一,优质的内容通过热搜能够获得大量曝光和互动。除了微博热搜榜,微博还提供了话题榜、热门榜单、热门微博等,新媒体营销人员可以充分利用微博资源搜集所需要的热点信息。此外,在利用热搜榜选择微博营销内容时,需要十分注意当前热点与本账号角色定位之间的关联性。

2. 微博搜索

除了微博热搜榜,利用微博搜索工具搜索热点信息关键词,也是一种采集热点信息的渠道。例如,在搜索框中搜索关键词"敦煌",可查阅到敦煌相关微博账号,与敦煌相关的热门文章、视频、图片以及话题等内容,可以使新媒体营销人员快速、全面了解相关的最新动态。此外,我们可以在搜索工具中搜索"热搜"关键词,在"查看完整热搜榜单"页面中,可以搜索到热搜榜、要闻榜、文娱榜、好友搜等内容。

3. 微博超话

微博超话是在新浪微博里面的兴趣内容社区。对某个话题内容感兴趣的粉丝都会在超话中进行讨论分享,我们可以通过关注相关超话的内容动态来及时捕捉热点信息。

(二)微博外部热点采集

除了微博平台提供的热点信息采集渠道,还可以通过清博热点、百度热搜等数据分析工具,以及八爪鱼采集器、集搜客等第三方数据采集工具进行热点信息采集。

1. 清博热点

该数据分析平台提供了当前各新媒体平台关注度较高的热点事件的排名,并且对话题有具体的话题概况、主题脉络、传播路径、话题走势、平台分析、活跃渠道、首发文章、情感属性、热门主题词、发布和提及地区、人物和机构实体,以及相关文章等详细的内容分析与展示。新媒体营销人员能据此快速确定热点话题,为撰写微博内容奠定基础。

2. 八爪鱼采集器

八爪鱼采集器是一款通用网页数据采集器。其可采集各类平台的信息资源,并进行完全的可视化操作,数据可导出为多种格式。在微博平台上,可利用其采集博主主页博文、微博头条、超话、热搜榜、主页博文评论、微博搜索、微博博主信息、主页面信息、关键词搜索等多种内容。

八爪鱼采集器采集各类信息的基本方法类似,主要是采集的内容字段不同,因此这里以博主主页博文采集为例进行说明。

博主主页博文采集用于采集新浪微博下的具体某个微博博主的主页博文信息,即打开微博主页后采集该页面的内容,包括博文内容、发布时间、标签、转发数、评论数、微博数等文章内容信息,以及用户名称、个性域名、简介、地区或行业类别、粉丝数、关注数、介绍、性别等博主的基本信息。

采集方法如下。

(1)登录八爪鱼采集器,点击"立即使用"进入参数配置界面。

(2)输入要采集的网址,即某个博主的主页网站。该采集器支持多个网址采集,一行一个,用回车进行换行,网址输入最多可达100000个。

(3)设置翻页次数,即点击下一页的次数。例如:在次数框中输入数字"5",可实现只采集前5页的内容。此项如不填写可实现采集全部文章。填写后便于获取最新的文章。

(4)所有参数设置完毕后,单击"保存并启动"进行采集。

采集完的信息可保存为Excel格式。此外,需要注意的是:在采集界面必须用手机扫码登录微博才能实施采集。

二、微博热点筛选

在采集完微博热点信息后，由于并不是所有热点都值得我们花费精力，只有筛选出真正值得追的热点，才会让热点的作用最大化，因此，如何筛选出有价值的热点是值得新媒体营销人员重点关注的问题之一。

（一）微博热点分类

微博热点可以划分为可预测热点、不可预测热点和不定期的循环热点。

（1）可预测热点包含节日、节气、电影、电视剧、大型活动等固定的事件。可以通过制作营销日历的方式进行整理归纳。

（2）不可预测热点包含一些突发事件、娱乐圈八卦、政策类新闻内容等易爆的、不可预知的事件。

（3）不定期的循环热点包含"心灵鸡汤"类、怀旧复古风、自嘲反讽等可以被反复提及的事件。

一般来说，新媒体营销人员应该做到：充分利用可预测热点，慎用不可预测热点，囤一些不定期的循环热点。

【实例分享 2-2】

"虾胡闹小厨"在明确微博账号功能和角色定位的基础上，对 6 月的热点提前进行了规划。选择"营销日历小助理"小程序工具，查询制作营销日历，整理可预测热点。营销日历如下图所示。

营销日历

(二)评估微博热点级别

评估热点的级别可帮助新媒体营销人员判定哪些热点该投入较多精力,哪些热点需要投入较少精力,或是选择不跟进的基本方法。评估微博热点级别主要依据以下两个方面。

1. 热点的影响力程度

热点的影响力程度可以用微指数、百度指数、360趋势等工具帮助判断。

2. 与平台的相关程度

与平台的相关程度包括与微博平台用户、平台资源等的相关程度。

结合以上两点,可以判断某一个热点大概在哪个象限内,如图2-3所示,从而便于排出热点的优先级。

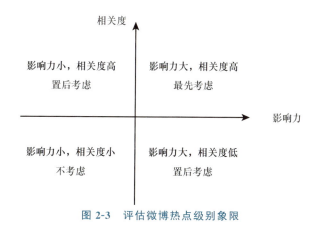

图2-3 评估微博热点级别象限

【实例分享2-3】

"虾胡闹小厨"提前规划6月热点,将梳理出的可预测热点放在表格中管理(如下表所示),并通过资源相关性、热点热度来评估该热点级别(S/A/B/C,其中S是最高级,是最出色的,A是优良的,B是良好的,C是一般的)。

热点级别表

热点	时间	级别	相关资源
芒种	6月6日	B	芒种虾皮的知识
全国高考日	6月7—8日	S	助力高考营养餐
618购物节	6月18日	B	节日营销热度高
父亲节	6月18日	S	啤酒配虾,父亲最爱
端午节	6月22日	A	端午吃"五红"习俗

最终确定出需要在6月关注的重点是"全国高考日""父亲节"。选择理由如下:

(1)进一步查询微指数可知,在历史数据中,与"高考""父亲节"相关的关键词在6月属于关注度较高、且持续时间较长的热点。

(2)"高考""父亲节"两个热点与"虾胡闹小厨"微博号的定位目标相关度高。

(三)确定微博热点话题

选定热点后,新媒体营销人员还需要做进一步分析,并最终拟定微博营销热点话题。

1. 舆情分析

舆情分析主要是分析大家的关注点都有哪些。对于一个热点事件,通常会出现多个方面、多种形式的话题。新媒体营销人员可以通过微博搜索、超话等渠道进一步了解最受关注的话题,梳理出正在热议的话题,拟定热点话题选题表。

2. 受众分析

受众分析主要是分析什么样的人在关注。不同维度的热点话题,其目标人群可能有不同。如"世界杯"热点,既有"冠军分析预测"等受资深球迷关注的话题,也有"最帅球星榜"等受女性关注的话题。了解关注不同话题人群的特征,便于我们筛选出与自己微博账号特征相关的话题。

3. 选题拟定

选题拟定主要是确定可以产出什么样的话题。通过前面两步,新媒体营销人员可以判断出最符合自己微博账号特征且热度较高的话题。

【实例分享 2-4】

"虾胡闹小厨"微博号当前选取的热点是"父亲节",那么父亲节的话题都有哪些?其受众都是什么样的?

通过微博搜索关键词"父亲节"查看相关话题,主要围绕祝福、送礼物等展开,其中"舌尖上的父亲节"话题排名第二,有9.2万人次的讨论,1228.5万人次阅读。通过对阅读并参与讨论的用户进行进一步分析,发现该话题用户主要以30岁以上的上班族为主。如下图所示。

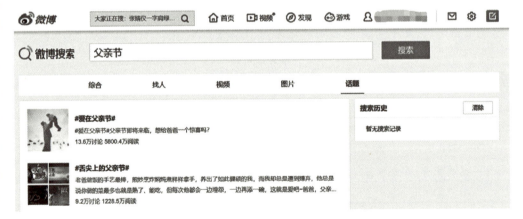

微博中"父亲节"相关精华话题截图

综上分析,最终确定"虾胡闹小厨"微博号6月的热点营销话题是:父亲节陪爸爸吃一次小龙虾。

三、微博营销内容策划

微博内容的质量决定了关注该微博的用户规模,进而影响营销的效果。微博发布的内容如果与用户生活贴合紧密、富有趣味性,往往更能够吸引人,容易被用户围观并转发。因此,新媒体营销人员要善于根据用户的喜好来策划微博内容,将营销内容巧妙地植入热门话题中,以增加转发量,吸引更多人的注意,从而达到营销的目的。这就要求新媒体营销人员首先要了解微博平台哪些内容是有"吸粉"特质的,然后再从中选择适合自己输出的形式。下面介绍比较受欢迎的四类微博内容。

(一)干货类内容策划

干货类内容受欢迎的原因主要在于其实用性和便利性两个方面。实用性指其能够解决用户某一方面的问题,使用户有解决问题的成就感;便利性指能让用户有及时的获得感。

1. 干货类内容分类

目前,微博平台上的干货内容主要分三类。

(1)专业内容普及。此类内容拥有一定的专业门槛,只有拥有专业背景的人才能写。例如:医学病理、心理咨询这一类的知识由有专业背景的人去写,才能保证准确且更具有权威性。

(2)实践经验分享。此类内容要求分享人拥有一定的实践经验,这样分享人才能写得既实用又让用户产生共鸣,此类内容在一定程度上不受专业门槛限制。如摄影教程、美食教程、穿搭技巧、美妆教程等一些日常生活类的内容。

(3)合集分享。此类内容要求分享人拥有一定的用户基础,以合集内容干货为主,覆盖范围较广,如一些办公软件快捷键合集、英语四六级必备短句、职场人必看书籍等。

2. 干货类内容创作

新媒体营销人员可以采用以下四种形式创作干货类内容,增加干货类内容的可读性和传播性。

(1)九图干货。九图干货是微博平台转化和提升互动较好的形式之一。因为统一的图片风格给用户带来了视觉冲击,同时,九图干货相对视频来说更省流量、更直观、更容易传播。优质的九图干货一般具备视觉统一和信息清晰两个特点。

(2)长文干货。发布长文干货对新媒体营销人员的专业度、内容的优质程度要求较高。优质的长文内容是非常"吸粉"的,但是长文的打开率与文章的标题、用户的积累都有关系。优质的长文内容具备"三个一"的特点,即:一个优质的标题、一个美观的文章封面、一个舒适的排版编辑。

(3)视频干货。随着5G时代的到来,短视频越来越受欢迎,它无疑是微博平台非常好的干货形式之一。它的优点在于可以更加清晰地表达细节,尤其是教程类的视频干货。在发布视频干货时,新媒体营销人员要注意以下两点。

一是视频时长。微博故事的时长要小于1分钟,微博视频及 Vlog 的时长一般为3~5分钟。

二是视频封面。一个好的视频封面可以提升视频的打开率。

此外,还需要关注视频的完播率。

(4)问答干货。问答干货具有很强的针对性,有利于新媒体营销人员精准吸引用户人群。新媒体营销人员在发布问答干货时要注意以下两点。

一是参与门槛不要过高。参与门槛如果过高,容易影响问答干货的热度。

二是话题应带有一定的讨论性,有利于结合热门话题设置一些问答。

(二)热点类内容策划

对于新媒体营销人员来说,跟踪热点是一个非常重要的提升阅读曝光的途径。跟踪热点有以下几个优点。

一是培养"网感",活跃思维。通过对微博热点内容的跟踪,新媒体营销人员可以培养自己在微博生态的"网感",对热点的敏感度。

二是提升阅读量,自然"涨粉"。新媒体营销人员可以在热点这个大的公域流量中,用好的方式和内容获取精准流量。

三是提升账号质量,提升权重。在微博平台,新媒体营销人员如果要获得一些称号,如"金V""签约自媒体"等,可以通过跟踪热点快速达成目标。

新媒体营销人员需要从及时性、精确性和高热度三个方面入手,开展借势热点的内容策划。

1. 及时性

及时性即发现热点及时跟上。微博热搜的热度顺序为:沸>热>新,当新热点出现时,新媒体营销人员要能够及时判断该热点是否会沸,从而及时调整内容策略。

2. 精确性

精确性即发布的内容符合账号定位。新媒体营销人员在"蹭热点"之前一定要考虑当前热点是否与自己的账号定位能很好地契合。如果"乱蹭"一些与自己账号定位无关的热点话题,将不利于可持续地获得粉丝。

3. 高热度

输出的内容要引起粉丝的关注。新媒体营销人员在"蹭热点"的过程中,要设计引起粉丝关注、转发、互动、点赞动作的内容。好的"蹭热点"内容,会带给粉丝参与和互动的空间。具体操作可参考以下两点。

一是图文并茂。新媒体营销人员发布的内容有配图的时候,更容易吸引粉丝的关注,一张好图可以发挥很大的作用。

二是文案简短。新媒体营销人员不论是发布自己的观点,还是发起讨论,微博的文案不宜写得太长,最好不超过140个字,否则粉丝就需要点击点开全文,影响阅读体验。

(三)美图类内容策划

美的图片总容易让人们产生对美好事物的喜爱之情,对美好生活的向往之情。具体来说,美的图片类微博内容有以下两类形式。

1. 秀才华

这类内容形式多针对不太愿意真人出镜,但是非常有才华、有才艺的微博博主。例如,练字、画画、手工制作类都可以吸引很多人的围观和点赞。

2. 秀实物

这类内容形式多为实地拍摄或者实物的展示。例如,我们经常看到的家居设计图、美食餐具图和一些饰品图片。

这几个分类会有交叉重合的地方,无论是真人出镜,还是风景或实物,只要新媒体营销人员发布的图片精美,持续输出,总能吸引到喜欢这一类风格的粉丝。

（四）推荐类内容策划

推荐类内容是目前微博平台"带货力"非常强的一种形式。目前,微博平台上比较常见的有以下三种推荐方式。

1. 测评推荐

目前非常流行的推荐方式之一就是真人测评。博主通过真人实测,向粉丝推荐产品。这种方式提升了内容的可信度,同时会让粉丝觉得,有人帮自己选好了,不用太费脑。久而久之,粉丝就喜欢跟着测评博主买东西。

2. 教程推荐

教程推荐一方面为粉丝提供了教学内容,另一方面也让粉丝产生一种和博主买了同款的工具或产品后,就能够做出和博主一样效果的感觉,所以粉丝更愿意去买单。

3. 晒图推荐

晒图推荐与美图类的内容非常接近,只是在内容的选择上会更具有"带货"的性质。

单元三　微博视觉营销设计

【知识准备】

微博中所需要的图片设计主要有 PC 端微博封面背景、手机端微博封面背景、微博焦点图、微博博文配图等。贴合用户审美需求的微博图片视觉营销设计能使新媒体营销人员的营销工作取得事半功倍的效果。由于焦点图只开放给企业认证的蓝 V 用户使用,且与封面图操作方法类似,故本书主要讲述封面图、背景图和九宫格博文配图三类图片营销设计。

一、微博封面图视觉营销设计

微博封面图是微博个人主页的顶端展示图片,当用户进入博主的个人主页时就能看到博主设置的宣传图片,因此微博封面图的视觉营销设计十分重要。

目前微博封面图只能通过手机端上传。手机端微博封面图尺寸为 640 像素×640 像素,一般要求为 JPG、PNG 格式的图片或者是 mp4 格式的视频,图片文件大小不得超过 5M,上传的视频不得超过 15 秒。如果同时上传了封面图和封面视频,微博将自动优先展示视频封面。除了 Photoshop、美图秀秀等作图工具外,我们还可以利用图怪兽、创客贴等在线图片制作网站寻找合适的模板进行简单修改调整后,快速制作出漂亮的封面图。

我们以用创客贴平台制作"父亲节,陪爸爸吃一次小龙虾"主题封面图为例来说明。

1. 登录创客贴平台,寻找合适的模板

创客贴按照不同使用场景、不同行业及不同模板的颜色、风格、版式、价格,分别提供了大量的不同模板。根据主题内容我们在搜索框中搜索关键词"父亲节",选择所需要的颜色"彩色"。

2. 选择合适的模板,进入编辑页面

根据主题内容,我们选择"父亲节了,带咱爸吃顿好的"父亲节实景合成活动促销模板,单击后直接进入编辑页面。

3. 自定义画布尺寸

单击编辑区域的"尺寸调整",创客贴提供了各种不同的海报尺寸,且可以智能调整元素大

小和位置,这里我们将画布调整到适合微博封面页的大小。自定义画布尺寸为640像素×640像素。

4. 修改调整素材内容

将图片中的文案内容调整为"父亲节,陪爸爸吃一次小龙虾",促销活动内容调整为自己的活动内容,图片调整为自己店铺的产品图片,调整后点击下载即可。

创客贴平台模板页面如图2-4所示。

图2-4　创客贴平台模板页面

5. 微博上传封面图

在手机端打开新浪微博App,依次点击"我"—"头像"进入个人主页后,再点击"封面图",即可打开更换封面图片入口,从手机相册中选择制作好的封面图或视频进行更换即可。手机端上传微博封面图或视频如图2-5所示。当然,上传之前需要将制作好的图片保存到手机相册中。

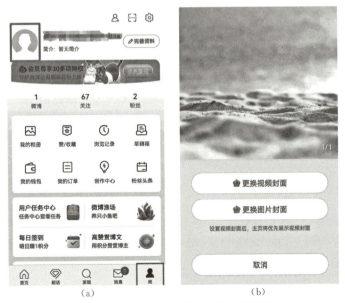

(a)　　　　　　　　　　(b)

图2-5　手机端上传微博封面图或视频

二、微博背景图视觉营销设计

微博背景图是个人主页展现整体风格的图片,当粉丝点击博主的头像进入微博主页时,首先看到的就是背景图和封面图,因此,微博背景图是一个很好的促销渠道,精心设计微博背景图会带来意想不到的流量。

(一)利用微博背景图做促销

微博背景图的尺寸为 1905 像素×1001 像素,一般要求为 JPG、PNG 格式的图片,图片文件大小不得超过 5M。

1. 找到合适的背景图片

新媒体营销人员应结合封面图的主题选择合适的背景图,当然,同样的微博背景图也可以利用 Photoshop、创客贴等作图工具来制作完成。例如,我们仍然以"父亲节"主题为例,结合封面图色调,在花瓣网采集背景图,并利用 Photoshop 进行图片尺寸的调整。采集背景图素材如图 2-6 所示。

图 2-6　采集背景图素材

2. 上传背景图

(1)登录微博,单击个人首页右上角的"模板设置"图标。如图 2-7 所示。

图 2-7　"模板设置"图标界面

(2)单击"模板设置"图标后,进入模板选择界面,然后单击"自定义"按钮,进入"自定义"界面。

(3)在"自定义"界面单击"自定义背景"选项,进入"自定义背景"选项界面。

(4)单击"上传图片"按钮,弹出"打开"对话框,选择要上传的文件。

(5)上传后可选择背景图的展示方式和对齐方式,这里我们选择居中对齐,其他按默认方式设置。

(6)上传文件后,单击"确认"按钮,该背景图即显示在微博主页上了。如图2-8所示。

图 2-8　背景图上传后效果展示

(二)微博背景图与封面图无缝衔接

为了使微博主页美观,以达到更好的促销效果,新媒体营销人员还需要尽可能地将背景图与封面图无缝衔接,使其看上去更为协调。

1. 制作微博背景图

用 Photoshop 打开需要设置的背景图片,按 1905 像素×1001 像素设置画布,编辑好背景图。

2. 用辅助线设计截取位置

按封面图尺寸 920 像素×300 像素,从背景图中截取一部分作为封面图。这里需要注意的是:截取的图片处于背景图居中位置,故我们可以通过做辅助线的方式确定具体需要截取的位置。一般来说,需要截取的图片高度为 66 像素,两边预留的宽度为 493 像素。具体宽度的计算方法为:由于辅助线两边宽度需要一致,故用背景图的宽度 1905 像素减去封面图的宽度 920 像素再除以 2,可得出需要预留的宽度。

3. 从背景图中切出封面图

使用切片工具沿着辅助线将封面图切出并保存。

4. 分别上传背景图和封面图

登录微博账号,按前述方法上传微博封面图和微博背景图,即可取得无缝衔接的效果。这样的微博主页既美观又能起到良好的促销宣传效果。如图2-9所示。

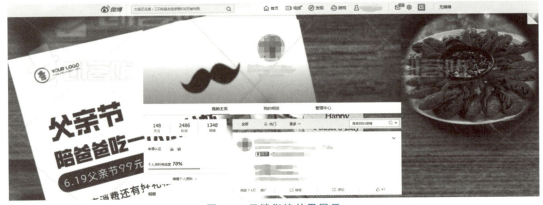

图 2-9　无缝衔接效果展示

三、微博九宫格图文营销设计

给一条好的微博文案配上合适的图片,可以起到画龙点睛的作用,图文并茂能极大地增大微博的阅读量和转发量。由于图片能够承载更为丰富的信息,具有强大的吸引力,新媒体营销人员更要注重图片在微博中的使用。

目前,虽然微博最多允许上传 18 张图片,但是粉丝阅读时真正能够直观看到的是 9 张,其余 9 张折叠在内,仅用数字显示,故做好九宫格的图文更为重要。九宫格图片具体又可分为切图九宫格和拼图九宫格。

(一)切图九宫格图文设计

切图九宫格即将一张图切为九张后再拼成一张完整的图。此类九宫格图片常见于促销互动活动中。当前切图工具非常多,我们既可以用 Photoshop 做辅助线的方式切图,也可以用美图秀秀、稿定设计、摄图网等作图工具实现完美的切图效果。这里我们介绍一款便捷的手机端切图工具九宫格切图制作的使用方法。

1. 选择图片

一般来说,需要切九宫格的图片最好是正方形的,且与主题活动相关联。这里我们仍以父亲节主题活动为例选择图片,并将此图片通过 QQ、微信等工具上传并保存到手机相册。

2. 使用九宫格切图制作工具切图

打开九宫格切图制作工具,点击"切图制作"按钮,进入选图界面;点击"图库",打开手机相册,寻找保存在手机相册中需要切图的图片。九宫格切图制作首页如图 2-10 所示。

图 2-10　九宫格切图制作首页

3．制作切图

选中需要切图的图片后，就进入了切图制作界面，这时工具已经将图片按九宫格形式等分标记好了，这里我们除了可以选择切图数量为九图、六图、四图和三图外，还可以对图片大小进行简单调整。调整完成后，点击右上角"保存"即可。切图界面如图2-11所示。

图2-11 切图界面

4．保存切图

点击"保存"后，切图会直接保存到手机相册中，手机相册中不仅有九张切好的图片，还给出了图片具体的顺序，并且可以直接转发到微博、微信或其他社交平台。

5．分享到微博

从九宫格切图制作工具中直接分享到微博的九张图片顺序是已经排列好的，为了增加营销活动的互动性，我们可以删除图片，重新打乱图片顺序，并配上合适的文案，以吸引更多的粉丝参加互动。

（二）拼图九宫格图文设计

拼图九宫格则是围绕一个主题制作九张不同内容的图片，按内容先后顺序拼到一起，形成一个完整文案，此类九宫格常见于传达较多内容的文案。一般的拼图工具有：美图秀秀、在线图片拼图等。九宫格切图不仅可以切图，也可以拼图。不过，使用图片制作工具制作的拼图最后保存的是一张拼接好的图片，不能实现单张图片放大展示的效果，故一般直接上传九张图到微博进行拼接即可。

仍以"父亲节"为主题，以展示多种小龙虾相关美食为例，展示拼图九宫格图文设计。

1. 选择图片

根据主题，我们除了选择活动海报为核心图片外，还需要再拍摄或收集八张关于小龙虾美食菜品的图片，并利用美图工具将收集到的图片进行美化，然后将这些图片从1至9排好顺序。

2. 按顺序上传图片到微博

登录微博，选择"图片"按钮，将排好顺序的图片依次上传。如果发现顺序有误，可以进行调整。

3. 编辑文案

上传图片并确认无误后，接下来就需要根据图片编辑合适的文案。这里围绕上传的美食图片和促销主题活动编辑文案，并且带上了"父亲节"的话题。

4. 发布微博

检查图片和文案并确认无误后就可以发布了。发布的拼图九宫格每张图都可以单独点击放大查看，内容也更为丰富。如图2-12所示。

图2-12 拼图九宫格效果展示

单元四 微博活动营销设计

【知识准备】

微博 2022 年第四季度及全年财报显示，截至 2022 年年底，微博月活跃用户达到 5.86 亿，较 2021 年同期净增约 1300 万人。如此庞大的用户群体，生产的信息浩如烟海，再好的内容也会容易被淹没，因此，新媒体营销人员必须通过有效的推广渠道来发布内容。对新媒体营销人员来说，微博活动必不可少，前期是为了吸引用户，后期则是通过活动推动品牌传播、留住老用户，并增强用户黏性。

一、六种常见微博营销活动

新媒体营销人员在微博平台上开展营销活动，具有面向用户群广、传播力强且能直接带来微博粉丝的特点。新媒体营销人员应围绕这些特点，策划出具有一定创意、有利于提升企业营销效果的活动。这里主要介绍六种常见的微博营销活动。

（一）转发抽奖

新媒体营销人员发布一条活动微博，公布活动内容，一般会设置一些条件，如关注博主、要求用户按一定格式转发、至少@3 个人并进行评论等。在规定时间内，参与活动的用户按照要求进行了转发等活动后，新媒体营销人员会在参与活动的用户中随机抽出一部分中奖用户发放奖品。这种方式主要适用于刚开通官方微博的企业或处于新产品发布时期的企业。例如，智联校园为推广智联校招小程序在微博开展抽奖活动，如图 2-13 所示。

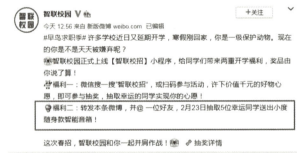

图 2-13　转发抽奖示例

（二）抢楼活动

新媒体营销人员发布一条活动微博后，要求用户按一定的格式回复和转发，一般要求至少@3个人，并进行评论。当用户回复的楼层正好是活动规则中规定的获奖楼时（如99楼、199楼），即可获得相应奖品。例如，超话社区发布的这条盖楼活动，以分享理想考研成绩＋盖楼为活动主内容，能极大地调动粉丝的参与热情。如图2-14所示。

图2-14　抢楼活动示例

（三）转发送资源

新媒体营销人员发布一条活动微博后，要求用户按一定格式转发，通常要求至少@3个人，并留下邮箱，或是私信博主QQ、微信账号。凡是转发者，邮箱中都会收到一份优质资源，或是与博主互加QQ、微信后会收到百度网盘的资源链接，如新媒体运营所需的各种工具安装包、优惠券等。例如，××书屋定期会组织转发＋关注送书活动。如图2-15所示。

（四）有奖征集

新媒体营销人员发布一条活动微博后，就某个内容发出征集令，如给淘宝店铺取名字、给某活动起标题、征集口号等，并通过一定的奖品来吸引用户参与，然后从众多参与者中选出优胜者给予奖励。这样既宣传了产品，又得到了某个名字、口号，提高了产品的曝光率。例如，上海发布在微博上征集市运动会会徽和主题口号，如图2-16所示。

图 2-15　转发送资源示例

图 2-16　有奖征集示例

（五）免费试用

新媒体营销人员通过微博平台发布免费试用的信息，要求参与用户首先填写试用申请，新媒体营销人员对用户的试用申请理由进行审核，从而挖掘那些有带货能力的用户，给其提供免费试用产品的机会，要求其在试用后撰写试用心得并发布在微博上。通过用户的试用心得微博文案，达到提升产品影响力的目的。例如，新浪众测组织的免费试用活动吸引了1501人次的转发，如图 2-17 所示。

图 2-17　免费试用示例

（六）预约抢购

在新产品发布期间，企业一般会通过微博等新媒体平台对新产品进行高度曝光宣传，引起用户关注，然后再以预约抢购的限量销售模式出售产品。此类活动非常适合企业在新上市产品或开展新业务时采用,比较典型的是 3C 数码类产品的预售活动。例如,××亲子摄影举办预约抢购活动,用户通过点击网页链接实现线上摄影预约,如图 2-18 所示。

(a)　　　　　　　　　　　　(b)

图 2-18　预约抢购示例

二、微博营销活动策划

(一)微博营销活动的准备工作

做好微博营销活动,必须做好以下准备工作。

1. 活动目的

新媒体营销人员开展微博营销活动的主要目的是增加粉丝数量、推广宣传品牌、宣传产品促成消费等,所以新媒体营销人员要明确想要达到何种目的,从而有针对性地开展微博活动。

2. 关键词

新媒体营销人员应找到最能代表需求的、符合活动目的的潜在关键词,从而找到最典型的目标受众。

3. 活动时间

新媒体营销人员应确立推广活动起止时间和最期望的"高潮时间点",便于各方资源配置。

4. 优化外链

新媒体营销人员应保证点击页面到位,针对手机客户端和 PC 端分别做优化,保证链接页面的时效和防止遭到封杀。

5. 实时监测

新媒体营销人员应建立监测基点,以利于实时数据反馈,便于执行调整和实时监测,并进行数据报告。

(二) 微博营销活动的关键点

1. 活动规则清晰、简单

如果微博活动规则过于复杂,用户在阅读上会消耗较多精力。要想使活动取得更好的效果,活动规则的描述应尽可能简单,以吸引更多的用户参与,在最大程度上提高品牌曝光率。因此,活动规则的介绍文字应控制在 100 字以内,并配以活动介绍插图。

2. 激发用户参与欲望

只有满足用户的某项需求,激发用户内心深处的欲望,用户才会积极踊跃地参加活动。激发用户欲望最好的方式就是设置微博奖励活动,微博活动的奖励机制包括一次性奖励和阶段性奖励,奖励要有新意,有吸引力,且成本不能太高。

3. 控制并拓展传播渠道

微博营销活动的初期最关键,如果没有足够的用户参与,很难形成病毒式营销效应。吸引用户参与可以通过内部渠道和外部渠道两种方式。内部渠道即在初期要求企业内的所有员工参与活动,并且邀请亲朋好友参与,初期积累了一定的参加人数,才会形成马太效应。外部渠道即一定要主动去联系那些有影响力的微博账号,并灵活掌握合作和激励的形式。

4. 沉淀粉丝和后续传播

微博营销活动在文案策划的起始阶段就要考虑沉淀优质粉丝和后续传播的问题。应鼓励用户去@好友,但是@好友的数量有讲究,不能太多,太多会导致普通用户遭受骚扰。另外,新媒体营销人员还可以通过关联话题引入新的激发点,带动用户自身的人际圈来增加品牌的曝光率,促进后续的多次传播。

【实例分享 2-5】

围绕选取的"父亲节"热点话题,"虾胡闹小厨"微博号需要开展一次微博营销活动。

首先,通过利用问卷星等平台对微博上潜在粉丝的调研发现:很多年轻的微博用户,更希望自己发布的信息能大范围传播,非常乐于分享自己的消费体验。

其次,围绕主题,我们通过微博提供的微热点数据分析工具中全网关键词云得知:围绕父亲节这个热点讨论度较高的关键词是"父亲节"和"爸爸",与之相关度较高的热词还有"父爱""父母""快乐""慢些""感恩"等。如下图所示。

全网关键词云

最后,结合微博内容的功能定位,我们初步明确了以下事项:

(1) 活动目的:基于该账号是新注册账号,此次活动的主要目的是增加微博账号粉丝数量。

(2) 关键词:此次活动的核心关键词是"感恩",活动营销文案可以从"父爱""时光慢些走"等角度出发撰写,基调是"快乐"。

(3) 活动主题:感恩父亲节,陪爸爸吃一次小龙虾。

(4) 活动时间:考虑父亲节当天是周末,消费者有到店参与活动的时间,故规划的活动运营时间从6月15日至21日,父亲节(6月18日)当天是活动的正式实施时间。

(5) 活动形式:主要以视频或图文形式,根据消费者的喜好,视频、图文内容形式不限,可以通过晒与父亲一起吃饭的照片参与抽奖。

(6) 活动设计:6月15日开始创建话题,并在6月18日之前每天至少发布一篇相关话题的微博内容,引导微博粉丝讨论和关注;6月18日当天发布转发抽奖的微博内容,监控活动执行情况;6月19日及时公布获奖名单,并私聊获奖粉丝,送出奖品。

活动预估:先核算大概有多少曝光量,然后按照以往经验估算保守的转化比例,进而推出估算的效果数据,数据往往会取一个最小值和一个最大值。

三、微博营销活动实施

(一) 微博营销活动预热

对于微博营销活动来说,活动预热是指告诉目标受众在微博上参与活动的具体内容和方法。活动预热涉及活动信息能否准确、及时地传递给目标受众,能否有效提高用户的预期值。因此,活动预热直接关系着整个微博营销活动的顺利实施,新媒体营销人员需要注意以下几个方面。

1. 参与方式

微博活动预热中所说明的参与方式应直白简洁,新媒体营销人员要充分发挥微博平台的功能,提高用户参与活动的便利性,减轻统计工作量。

一般来说,根据目标受众的具体情况,门槛越低越好。门槛越低,就能吸引越多的用户参与进来,有助于营造活动开展前良好的氛围,形成良性循环。

2. 活动规则

活动规则设置应简单,让用户一眼就能看出要做什么、能得到什么,避免造成用户理解困难或理解错误,打击用户参与的积极性,甚至引起用户的反感。

除了活动规则设置要简单外,规则的表达方式也应简洁,尽量使用精练的文字、简短的句子,实现活动信息的有效传达,防止用户因繁冗的语句而反感。

阐述活动规则时,新媒体营销人员可以把核心规则放在活动页面的显著位置,具体规则和其他说明放在页面底部。此外,还需要清晰地标出活动时间、营销活动具体开展的时间区间(最好具体到分钟),可以使用加粗、改颜色等形式来突出活动时间。

3. 关于奖项

微博预热活动内容一定要明确设置几个奖项、奖项的名称、奖品的获取方式等内容。选择活动奖品时要考虑用户需求、活动预算,活动奖品最好能与活动主题产生关联。此外,获奖概率的设置要合理,概率过小,用户缺乏参与激情;概率过大,用户获取成本太高。

在评奖规则方面,新媒体营销人员要根据用户的思考路径来引导用户完成设置好的活动。

在奖项公布方面,微博预热活动内容要说明获奖名单公布的时间、地点及领取奖品的时间、领取方式,证明活动的公正性。

总之,活动奖项的设置目的是激励用户参与活动,要把参与活动的奖励说明放在活动页面的显眼位置。

【实例分享 2-6】

　　根据前期活动策划,"虾胡闹小厨"微博号进一步明确预热期的内容如下,并制定预热期活动执行表如下所示。

　　参与方式:带话题词"感恩父亲节,陪爸爸吃一次小龙虾",并转发抽奖微博,晒照片或视频,参与抽奖。

　　活动规则:6月18日9:00开奖,开奖获得的优惠券可当天使用。

　　奖项设置:一等奖　一个月内的免单券一张。(10名)

　　　　　　　二等奖　一个月内的八折优惠券一张。(20名)

　　　　　　　三等奖　一个月内的九折优惠券一张。(30名)

预热期活动执行表

活动时间	微博文案内容	物料准备
6月15日	抽奖活动倒计时。带"感恩父亲节,陪爸爸吃一次小龙虾"话题,说明活动参与方式、规则与奖项	抽奖活动倒计时海报图,设置好微博话题,参与抽奖活动的示例图
6月16日		
6月17日		

(二)微博营销活动执行

1. 用活动运筹表协调团队工作

通过活动运筹表,新媒体营销人员可以直观地看到活动执行的进度,能够及时发现问题、解决问题。

【实例分享 2-7】

　　"虾胡闹小厨"微博号为了更好地执行此次微博营销活动,制定了活动运筹表如下所示。

活动运筹表

负责人	日期									
	12日	13日	14日	15日	16日	17日	18日	19日	20日	…
	筹备期			预热期			进行期	发酵期		
张三	话题制定			预热视频			抽奖活动执行	获奖名单核对发布		
李四	宣传海报制作			倒计时海报制作				发放奖品		
王五	宣传文案制订			宣传文案＋海报审定发布				优惠券兑换		
……										

2. 微博抽奖平台抽奖过程

微博抽奖平台是微博官方唯一的抽奖工具,目前支持单条微博多次开奖、定时抽奖、手机端、PC端抽奖等多种功能抽奖;转发抽奖、评论抽奖、点赞抽奖等多种方式抽奖;关注、@好友、关键字筛选、同时关注他人等多种筛选条件抽奖。微博抽奖平台支持实物奖品、虚拟卡券(优惠券、游戏码等)、现金、微博会员四种类型的活动奖品的发放。

一个完整的通过微博抽奖平台发起的有奖活动包括发布活动、活动备案、活动抽奖、活动发奖四个步骤。

(1) 发布活动。直接发布一条带有活动规则、活动奖品、抽奖时间的微博并@微博抽奖平台即可完成。

目前微博抽奖平台支持的活动规则有:关注微博、转发微博、评论微博、点赞微博、@好友(最多3位)、关键词、同时关注其他账号(最多支持1人)。活动规则的设定与用户的抽奖权限相关,只有开通了高级抽奖权限的用户在发起活动时才可设置对应权限的活动规则。

单个抽奖活动周期最长为30天。

活动奖品的设置必须真实、客观、准确,不得存在歧义、误导性、随机性和不确定性;不得设置无实际价值类、测试类、不可实现类活动奖品;单个现金奖品不得超过10000元,单个奖项奖品总价值不得超过5万元。

(2) 活动备案。根据活动奖品总价值不同,活动备案分为普通活动备案和大额活动备案两种。

对于奖品总价值小于5万元的普通活动有以下两种备案方法。

方法一:直接在活动微博文案中@微博抽奖平台即算活动备案。

方法二:私信@微博客服或@微博抽奖平台备案。

对于活动奖品总价值大于5万元的活动,活动发布前需先通过私信@微博抽奖平台,在"抽奖设置"中进行大额活动备案,备案通过后方可发起活动。

(3) 活动抽奖。设置完抽奖条件,点击确认抽奖后,该条微博抽奖状态将显示为"抽奖中"。因抽奖过程会校验参与用户是否满足抽奖人设置的抽奖条件,所以抽奖结果不会立即公布,抽奖时间与活动参与人数、抽奖条件有关,参与人数越多,设置的抽奖条件越多,抽奖时间越长,一般所有抽奖会在30分钟内完成,如果同一账号同一时间有多个抽奖,那么该账号抽奖时间将会有所延长。

PC端抽奖设置入口如图2-19（a）所示，依次单击"个人主页"—"管理中心"—"营销推广"—"抽奖中心"。手机端抽奖设置入口如图2-19（b）（c）所示，依次单击"我"—"创作中心"—"抽奖平台"。

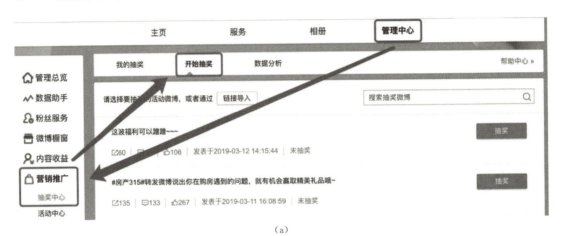

（a）

（b）　　　　　　　　　　　　（c）

图2-19　抽奖入口

（4）活动发奖。抽奖结束后，系统会自动发出一条带有抽奖结果公示链接的公示微博，公示链接会对所有用户公开展示抽奖人设置的所有抽奖条件，对应抽奖微博会自动匹配上公示链接；同时，系统也将自动给所有中奖人发送一条含有活动链接、收货信息链接、违规活动举报链接的中奖私信,中奖人需要在收到私信后5天之内填写并确认收货信息,超过5天未填写的视为放弃领奖且系统将自动关闭填写入口及举报入口。对于未在规定时间内确认收货地址的中奖人,抽奖人有权不予发奖。

（三）善于与用户互动

微博强调的是双向沟通,互动是微博营销推广最重要的功能之一。高效的互动能够增加粉丝的黏性,培养忠实粉丝,依靠粉丝的传播起到连锁效果,从而推广到更多的人群中。微博上的互动功能主要有转发、评论、@提醒、私信、点赞等,每个功能都各有不同的特点。在微博营销过程中,新媒体营销人员要善于与用户互动,建立良性的持续的互动关系。

1. 及时回复

如果用户的@提醒或者评论内容是你感兴趣的,第一时间回复很重要。快速反应往往能让刚刚发布评论和微博的人更容易感到贴心,仿佛感觉到博主在线和他实时互动,这种感觉会让粉丝对博主增添好感。有时候一些人会提到博主的名字但是不会用@,可以定期搜索"自己名字或相关信息",找出相关微博,主动和这些人互动。在微博上用更具人情味、幽默、专业的语言认真回复留言评论,用心感受粉丝的想法,才能得到粉丝情感的认同。

2. 主动转发

转发微博和评论微博的互动方式其实是类似的。要尽可能转发一些热门微博,转发的同时进行评论,能够提高自己微博账号的关注度。如果你转发评论的内容比较有吸引力,还有机会获得原博主的转发回复,这样的引流效果也是非常好的。

因此,如果粉丝的评论非常精彩,应该主动转发并评论,粉丝看到自己的微博被转发会非常高兴,假如博主是"大V"（"大V"是指在微博平台上获得个人认证并拥有众多粉丝和超高网络影响力的微博用户）,博主的转发会给粉丝带来几十次乃至上百次@提醒,这对他来说是一种难忘的体验。

3. 私信交流

巧用私信功能,能够提高互动率。新媒体营销人员可以在微博评论中或关注列表中寻找优质粉丝,向粉丝定向发送私信,和粉丝探讨双方共同关注的话题,也可以谈论对方感兴趣的相关话题,或者询问对方的需求,借此来拉近与粉丝之间的距离。

此外,如果粉丝在线@官方微博或"大V",但官方微博或"大V"不方便公开回复,也可以沟通私信,这也是一种让粉丝感动的方式,而且私信会让粉丝感觉更有亲密感。需要注意的是,不要轻易晒出私信,这样会失去私信的意义,可能对相关人员产生不好的影响。

4. 主动关注

主动关注别人也是一种很直接的微博互动营销方式,主动关注可能挖掘到潜在的客户,增加营销机会。新媒体营销人员可以找那些通过互粉增加粉丝数、活跃度高的用户,主动关注他们,这样回粉率会较高。另外,遇到一些志趣相投的粉丝,主动关注是最佳选择,这也是微博的魅力所在,可以认识不同的人,打开不同的世界。

5. 与微博"大V"互动

与"大V"互动,借"大V"的人气进行微博营销是一个非常好的方式,尤其是在微博营销初期,自己人气不高的时候,这个方法十分有效。

（1）持续输出有质量的博文并巧妙@"大V"得到转发。

（2）定期关注"大V"的微博,对他的微博写出精彩的评论,或者转发。

(3) 积极参与"大V"发起的微话题、微活动、微访谈、微直播,提出好问题。

(4) 使用统一的头像和昵称在"大V"的博客、专栏等多个领域出现。

(5) 在可能的情况下积极参加"大V"的线下培训或者访谈活动。

(6) 如果"大V"出版书籍,可以写一些有真实感悟的书评,发在各个网店还有豆瓣的书评区,可能的话要积极参与此类活动。

单元五　微博营销数据分析

【知识准备】

微博营销获得成功的根本是有足够多的用户与企业微博号进行互动,产生互动效应,最终实现产品或服务的销售。因此,企业的新媒体营销人员需要特别关注微博营销数据,以此为依据对微博营销效果做出正确的判断。

一、影响微博营销效果的因素

微博营销效果是指在微博营销和运营过程中,由有影响力的微博品牌、优质的微博客服印象、明显的微博销售效应及微博传播引起的消费行为循环链等组成的评价指标体系。在此评价指标体系中,微博品牌的影响力是基础,微博客服的质量是重点,微博销售效应是核心,微博传播引起的消费行为是根本。

(一) 信息传播定位——实现微博营销传播效果的前提

微博营销想要吸引和捕捉目标群体的眼球,关键在于其传播内容的定位能否调动目标群体的兴趣,有效地调动目标群体的兴趣是实现微博营销传播效果的基本前提。

具体来讲,微博营销信息传播的定位应注意以下几点。

一是研究和分析消费视觉动机,把握消费者视觉需求情况。

二是微博营销信息传播的价值点应聚焦于产品或服务独特的利益,凸显品牌核心价值。

三是微博营销信息的编辑忌采用平铺直叙,信息的编辑处理要具备消费者"摄取力度"。

四是微博营销信息的传播应讲究创新性,包含信息内容编辑、信息整合、传播组合等运用的创新性。

微博营销信息传播定位如同产品定位一样,十分关键。微博营销信息传播定位的基本方向、基本思路应该紧紧围绕微博信息的编辑和处理以何种表述口吻、传达什么样的内容及是否符合目标群体的行为习惯等具体内容进行策划和设计。

(二) 信息传播关注——实现微博营销传播效果的根基

所谓的信息传播关注不应该只注意关注用户的数量(即粉丝数),应该以微博精准用户的数量(即粉丝质量)来衡量,毕竟企业微博营销的最终目的是要实现产品或服务的销售。要实现这一目的,企业微博营销信息的粉丝最好是精准的目标客户群体,否则再多的粉丝,如果脱离了目标客户群体的基本方向,也是难以实现任何交易的。

衡量和评价微博营销信息传播关注的质量的依据主要有以下三个。

一是粉丝数量。微博影响力的大小与其粉丝数成直接正相关,被影响力大的粉丝关注的博主能够直接带动企业微博营销信息的影响幅度和范围。

二是粉丝活跃度。粉丝活跃度即博主评论、互动和参与转发的积极程度,微博营销人员要善于研究和分析活跃度比较高的粉丝对哪些事物或者关键词感兴趣,从中挖掘出与企业产品或服务相联系的营销信息切入点。

三是粉丝的在线时间。粉丝的在线时间也是衡量微博营销信息传播关注质量的重要因素,即使再活跃的用户,在线时间过短就不能有效刺激微博信息的互动,转发和传播信息的效果就难以保证。

因此,企业在把握信息传播关注的问题上,不应该将自己的微博定位在一个大众传媒的平台,而应定位于一个受众精准的互动平台。

(三) 信息传播互动——实现微博营销传播效果的引擎

相对于传统媒介来讲,微博营销的精髓就在于其互动性优势。微博的互动性决定了微博营销更适合于通过沟通对产品或服务进行营销,通过软性的方式植入,让用户在发表了个人观点后,不知不觉地加深对企业品牌的认知和了解。更重要的是在企业品牌自我认知形成的过程中影响和带动了其他粉丝关注的力度。因此,如何巧妙地与粉丝进行互动,是做好微博营销信息传播的关键。

新媒体营销人员在信息传播互动过程中需把握好基本方向。

一是企业微博要注意与粉丝的双向沟通,要注重进行及时有效的回复。

二是在互动过程中,新媒体营销人员要注意倾听和分析互动动态,抓住消费者情感意愿、诉求取向等基本内容。

三是要及时、主动地解决负面评论,正视粉丝互动中出现的问题,做到愉悦对话。

(四) 信息转发——实现微博营销传播效果的核心

微博营销属于病毒式营销,具有抢占消费者心理空间的最畅通营销路径,微博营销信息的转发是微博裂变式传播效应实现的关键推手。企业进行微博营销的关键就在于提高转发率,引导消费行为产生,这也是微博营销所要达到的最终目的。因此,如何引导粉丝的转发、引导传播流量已经成为新媒体营销人员需要考虑的核心问题。

企业进行微博营销的一个关键问题就是要转变传统媒介"一对一"的传播方式,实现"一对多"的传播方式。粉丝转发行为的产生是多方面综合作用的结果,企业微博营销信息的转发及传播流量的实现需要经历几个阶段,新媒体营销人员应在每一个阶段进行严格的把握,并做好相应的工作,主要包括以下四个方面。

一是准确把握竞争对手微博营销动态。

二是把握好行业发展特点和趋势。

三是抓好微博营销信息的定位,巧妙植入产品或服务信息,推动传播互动力度。

四是确定好微博营销传播的投放位置,研究分析微博营销的执行情况,及时调整微博营销的策略等。

二、微博营销数据指标分析

微博营销效果的形成是一个系统化、渐进的过程,要想有效地评价微博的营销力度及微博营销的效果,应紧紧围绕微博营销中几个重要的数据指标进行。

(一) 微博营销中常见的数据指标

1. 运营型通用指标

运营型通用指标包括微博粉丝数、二级粉丝数、活跃粉丝数比例、粉丝性别比例、粉丝的地区分布、粉丝流失率、粉丝增长率、每日发微博数、微博阅读数、微博转发数、平均转发数、新老粉丝访问率等。

2. 效果型特定指标

效果型特定指标包括销售量、网站流量、客单价、搜索结果数等。

(二) 不同企业微博的运营考核指标

1. 网站媒体类微博

运营型通用指标有微博转发数、微博粉丝数、微博阅读数;效果型特定指标有网站流量、曝光量、订阅量。

2. 品牌企业类微博

运营型通用指标有微博粉丝数、微博转发数、互动评论数;效果型特定指标有品牌声量、正负面情感指数、互动回复数、微博响应时间。

3. 电商类企业微博

运营型通用指标有微博粉丝数、每日发微博数、微博转发数、活跃粉丝数比例;效果型特定指标有订单销售量、网站流量。

(三) 设计有效的微博运营报表

企业微博运营涉及很多指标,单独看这些指标时并不能很好地发现微博运营中的问题,若将一些核心数据指标整理出来,并连贯起来分析,就可以看到每天具体运营的状态、考核指标的达成情况。微博运营报表一般可设计为以下两类。

1. 微博日常运营报表

微博日常运营报表主要记录微博内容、粉丝情况、主要页面等数据,便于及时连贯地分析运营状态。

2. 微博活动日报表

活动营销是微博运营中很重要的一个部分,在发起众多的活动时,如何把控每个活动的效果及成本,这就需要设计一套微博活动日报表来规划。

(四) 利用数据指标分析微博运营

数据指标仅仅被有效地记录下来是不够的,企业必须要通过这些数据分析出规律,读懂数据背后的意义,再进一步优化运营工作。

每一个数据背后代表着一个用户的行为,每一个行为背后都意味着消费者对企业的态度。因此,企业新媒体营销人员要先学会记录数据,再学会分析数据、利用数据,这样才能将运营工作做得更好。

【实例分享 2-8】

父亲节促销活动结束后,"虾胡闹小厨"微博号需要及时掌握账号运营的现状,开始复盘活动期间相关数据,分析问题、查找原因,为下次促销活动做准备。其微博日常活动运营报表如下表所示。

微博日常活动运营报表(6月)

	日期	15日	16日	17日	18日	19日	20日	21日
内容分析	微博内容	感恩父亲节预热文案			活动文案	爆款美食推荐文案		
	阅读量	1200	1301	1408	4854	3251	3021	2985
	点赞量	857	987	1001	2548	1257	1101	1025
	转发量	584	658	985	1587	1034	987	879
	评论量	458	587	879	1478	1245	1032	987
	评论风向	正向	正向	正向	正向	正向	正向	正向
粉丝分析	粉丝总数	2486	2615	2832	3251	3251	3250	3248
	粉丝增加数	—	129	217	419	0	0	0
	取关粉丝数	—	0	0	0	0	1	2
	粉丝增长率	—	1.29	1.68	1.93	0	0	0
销售分析	活动参与总人数	2845						
	到店消费客户数	1195						
	转化率	0.67						
	成交总金额(元)	65725						
	客单价(元)	55						

统计微博相关数据并分析得出以下结论：

（1）内容分析：活动前三天的微博内容阅读量、点赞量、转发量、评论量均呈上升趋势，且评论内容均为正向内容，说明前期预热文案符合预期目标人群的需求，起到一定的引导作用。6月18日微博活动文案各数据的急速上升说明此次微博营销推广是较为成功的。活动结束后的微博内容阅读量虽呈下降趋势，但整体比活动前的数据要好，说明此次活动起到一定吸粉引流作用。需要进一步了解粉丝需求，撰写合适的微博内容。

（2）粉丝分析：通过此次活动，微博粉丝增加765人，活动结束后仅3人取关，说明此次活动获取的基本是精准粉丝。后期需要注意进一步加强粉丝维护，多开展微博互动活动。

（3）销售分析：转化率接近70%，说明此次通过微博吸粉引流，为店铺带来了一定的口碑和效果。而客单价不算太高，提醒我们下次的促销活动可以从提升老客户的复购率方面多做引导。

三、分析微博营销效果

新媒体营销人员需要借助数据分析才能客观地评估微博营销效果。一般来说，常用的分析工具有微博数据助手、新浪微热点、西瓜微数等。

（一）微博数据助手分析微博营销效果

微博数据助手是新浪微博的一个智能数据管家，帮助用户记录个人新浪微博的多方面数据。其能为每一位用户整理并呈现微博账号运营中的核心数据，为用户运营决策提供数据支撑。因此，微博数据助手是新媒体营销人员进行微博数据分析的主要工具。

微博数据助手的打开方式是：进入 PC 端微博"个人主页"，单击"管理中心"—"数据助手"，进入数据助手主界面。微博数据助手 PC 端入口界面如图 2-20 所示。

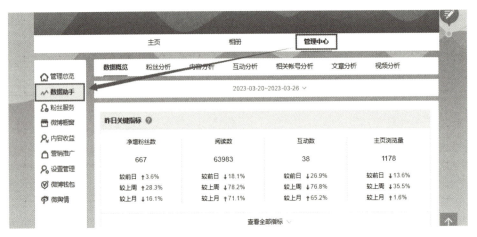

图 2-20　微博数据助手 PC 端入口界面

1. 粉丝分析

粉丝分析是指对粉丝的账号状况进行分析。粉丝分析主要是从粉丝趋势、粉丝来源、粉丝性别、年龄、地域及粉丝类型等方面进行，目的是帮助新媒体营销人员了解粉丝数的变化趋势，以及完成粉丝用户画像。粉丝分析如图 2-21 所示。

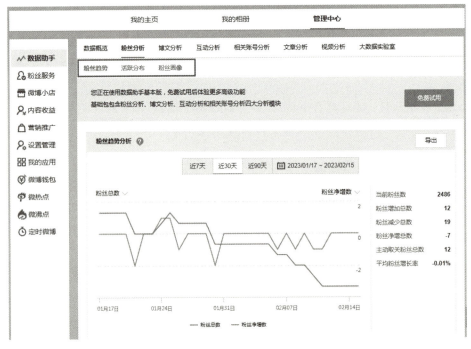

图 2-21　粉丝分析

(1)粉丝趋势分析。粉丝趋势分析可以帮助新媒体营销人员了解在选定的时间段内微博账号每天粉丝数量的变化趋势,包括粉丝总数、粉丝增加总数、粉丝减少总数、粉丝增长率,以及主动取关粉丝数的变化趋势。

(2)粉丝来源分析。粉丝来源分析主要是了解官方微博账号下的粉丝是通过哪些方式和渠道知晓并关注此账号的,以及各种粉丝的所占比重。目前统计微博粉丝的来源有:微博推荐、微博查找、找人及第三方应用。

(3)粉丝性别和年龄分析。粉丝性别和年龄分析主要是从人口统计学的角度分析微博粉丝的性别和年龄构成,可以帮助新媒体营销人员更好地了解粉丝属性,在此基础上可以有针对性地发布微博内容。

(4)粉丝所处地域分析。新媒体营销人员可以通过此数据了解哪个地区的粉丝最多,可以有针对性地发布关于该地区的微博内容;而对于粉丝分布较少的地区,则可以适当加强与该地区粉丝的沟通与互动。

(5)粉丝类型分析。官方微博账号的粉丝可以按照账号类型进行细分,以当前时间前一天的粉丝总数为准,账号类型可以分为认证粉丝("蓝V""橙V")及普通用户。识别高质量的粉丝是新媒体营销人员进行粉丝类型分析的重要内容,是否有高质量的粉丝也是企业微博是否具有影响力的重要体现。

2. 微博内容分析

微博内容分析帮助新媒体营销人员了解账号发布内容的表现状况,帮助新媒体营销人员更好地分析粉丝对不同微博内容的喜好程度,方便新媒体营销人员调整发博策略以获取更多的粉丝互动和粉丝增长。微博内容分析包括:微博阅读趋势分析,微博转发、评论和赞分析,单条微博分析。

(1)微博阅读趋势分析。微博阅读趋势分析主要包括分析在选定时间段内账号每天发布的微博总数和阅读总数,这有利于直观地了解微博阅读的总体趋势。微博阅读趋势分析如图 2-22 所示。

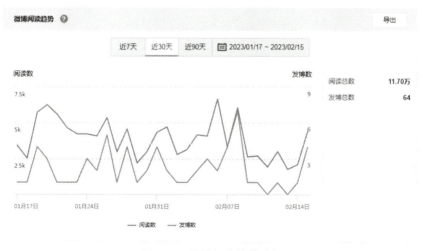

图 2-22　微博阅读趋势分析

(2)微博转发、评论和赞分析。微博转发、评论和赞分析是将微博效果指标中转发、评论和赞的总体趋势进行展示。微博转发、评论和赞分析如图2-23所示。

图2-23 微博转发、评论和赞分析

（3）单条微博分析。点击微博内容列表中的单条微博,可以查看其具体数据,并可对其进行深入分析,单条微博分析包括微博发布后的阅读数、互动数、点击数等指标的趋势变化,方便挖掘更多的微博传播信息。

3. 互动分析

互动分析可以帮助新媒体营销人员了解账号的互动表现,保持账号活跃度。互动分析包括:"我的影响力"分析、主页访问分析、账户整体互动分析等。

（1）"我的影响力"分析。"我的影响力"是衡量微博账号每天在微博平台中影响力大小的指标,主要通过对微博账号发布的微博被评论、转发等互动情况及活跃用户数量综合评定而进行分析。在进行"我的影响力"分析时,新媒体营销人员应重点关注活跃度、传播力、覆盖度三个方面。"我的影响力"分析如图2-24所示。

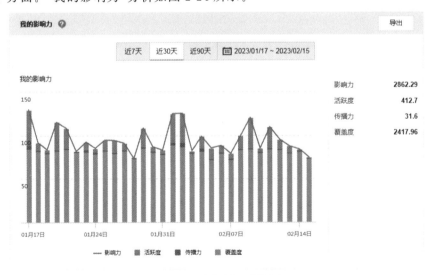

图2-24 "我的影响力"分析

(2) 主页访问分析。主页访问分析包括分析个人微博主页的浏览量、访问人数和平均访问时长等数据指标。

(3) 账号整体互动分析。账号整体互动分析包括所有微博在选定时间段内产生的阅读数、阅读人数、互动数和点击数。

4. 高级数据分析

高级数据分析主要包括以下内容。

(1) 近7天粉丝活跃分布：查看粉丝近7天的活跃时间分布。

(2) 关注"我"的人的粉丝量级：展示粉丝的粉丝数量。

(3) 粉丝兴趣标签：展示粉丝感兴趣的领域。

(4) 点击效果分析：详细展示每一篇微博图片和链接的点击情况。

(5) 相关账号分析：分析检测感兴趣的微博账号的表现情况和运营动态。

(6) 文章分析：用户所发布的头条文章阅读数分析。

(7) 视频分析：用户所发布的微博原始视频播放量分析。

(二) 新浪微热点分析微博营销效果

新浪微热点可以在很短的时间内收录到国内外重要网站、论坛、微博、微信公众号、贴吧、博客等互联网开放平台的相关信息，通过中文智能分词、自然语言处理、正负面研判等大数据处理技术对收录到的信息进行处理并分析。

新浪微热点重点对很有价值的功能模块进行比较，主要包括微博事件分析、全网事件分析、竞品分析、微博传播分析和微博情绪分析，它们可以很好地运用到新媒体领域，可以在热点追踪、内容规划、受众画像分析和营销分析等方面给予新媒体营销人员以有益的指导。新浪微热点的主页如图2-25所示。

图 2-25　新浪微热点的主页

下面重点介绍(事件)热度趋势分析、事件分析和微博传播分析。

1. (事件)热度趋势分析

新浪微热点的(事件)热度趋势分析中有一个能反映事件关注度的数据指标——热度指数，它的全称是"网络传播热度指数趋势"，是指在从新闻媒体、微博、微信、客户端、网站、论坛等互联网平台采集海量信息的基础上，提取与指定事件、人物、品牌、地域等相关的信息，并对所提取的信息进行标准化计算后得出的指数。

热度指数能客观反映事件、人物、品牌、地域等在互联网上的受关注程度。热度指数所呈现的数值为0～100，数值越大，表明其在互联网上受关注度越高。

2. 事件分析

事件分析(包括微博事件分析和全网事件分析)指的是，输入近期事件或话题关键词，系统自动进行深度挖掘和多重分析,记录事件从始发到发酵期、发展期、高涨期、回落期和反馈期等阶段的演变过程,分析舆情传播路径、关键词云、发展态势、受众反馈和网民观点等。

3. 微博传播分析

微博传播分析是指通过分析单条转发量/评论量大的微博,从而得到关于该微博的传播路径、意见领袖、用户画像和微博营销传播质量等数据。

在输入单条微博地址后,系统通过智能计算呈现出其传播路径、关键传播者、引爆点、转发层级、覆盖人数、人物画像、热门转发微博等,以完整呈现此条微博的传播情况。微博传播分析的部分功能如图 2-26 所示。

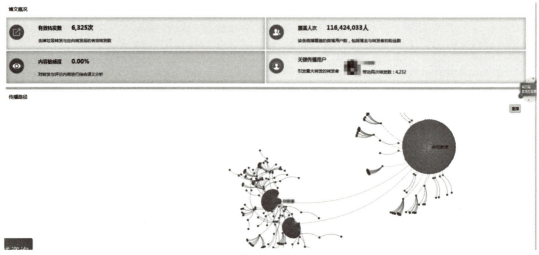

图 2-26　微博传播分析的部分功能

(三) 西瓜微数分析微博营销效果

2019 年西瓜数据的微博诊断功能(即西瓜微数)上线,利用该功能可一键生成微博诊断报告,快速了解微博账号的运营状况,更好地分析投放价值。微博诊断功能主要是针对微博账号近 7 天或近 1 个月的运营情况生成诊断报告,内容包括微博综合得分、近期微博的数据概览以及微博内容分析等。

1. 微博综合得分

每份微博诊断报告都会对微博账号进行综合评分,微博账号的综合得分可以反映出一定周期内这个微博账号的运营质量,综合得分越高,说明运营质量越好。评分项目主要包括广告投放价值、基础资料、活跃度、用户黏性、原创度、影响力几个内容。从图 2-27 所示的某微博账号的综合得分来看,该微博账号的运营情况优良,在用户黏性和广告投放价值两个方面较弱。

图 2-27　某微博号的综合评分

2. 数据概览

数据概览主要是对某微博账号博主近期的微博数据进行汇总，包括发博频率、平均互动数据及评论数前三名的微博详情，通过这部分数据可以了解博主的近期互动情况。某微博账号的数据概览如图2-28所示。

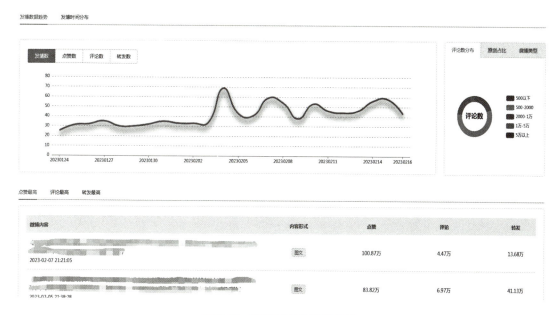

图 2-28　某微博号的数据概览

3. 微博内容分析

微博内容分析不仅要分析该博主近期发布的每条微博的内容以及互动数据，还对每条微博做出了广告占比分析。从如图2-29所示的某微博账号的内容分析可以了解到，该博主的微博中疑似广告微博占比仅13.7%，主要的疑似广告微博互动数据较高。

图 2-29　某微博账号的内容分析

微博内容分析还可以结合留言热词来判断粉丝对于近期广告的态度，粉丝对博主的信任度及对广告的接受度会直接影响广告的转化效果。

【思政园地】

个人信息保护　微博在行动

作为我国第一部有关数据安全的专门法律,《中华人民共和国数据安全法》已于2021年9月1日起正式施行。此前,2021年8月20日,《中华人民共和国个人信息保护法》已由全国人大常委会表决通过,2021年11月1日生效施行。这两部法律的问世为我国个人信息保护、数据安全保障乃至数字经济发展奠立重要基础。究竟是何种原因"催生"了这两部法律的快速出台?

从宏观层面看,蓬勃发展的互联网行业的触角深入到我国社会各个角落,"大数据"概念从模糊走向清晰,数据作为生产要素的价值也在越来越高。但是,由于相关法律法规的建设相对滞后,数据对于企业来讲,就像是无主之地上的矿藏,大家一拥而上,不顾后果随意攫取。随之而来的是数据泄漏、数据滥用、数据垄断、数据跨境等各种安全问题层出不穷,威胁着整个行业的健康发展。

从微观层面上,长期以来,广大用户既享受了"大数据"带来的便利,也深受"大数据"其害:在未被告知或诱导授权的情况下就被App获取了自己的精准位置、通讯录、相机等隐私权限,甚至"不给权限不让用",强迫用户"隐私换便利";有些App甚至在未经授权的情况下将这些个人信息私自共享给第三方,强制进行个性化推送、商业化营销,让用户感觉到自己被实时监控,也为诈骗、勒索行为打开了方便之门。

可以说,不论是宏观背景下的数据安全,还是微观层面的个人隐私保护,都是同一件事情的两面。那就是,对数据产业发展的规范和约束已经到了刻不容缓的时刻。

在此背景之下,新浪微博深感责任重大,于2021年初成立安全合规与数据安全专职团队,主动对齐法律规范化要求,制定了《个人信息数据安全管理制度》等内部强化管理规定,完善数据分类分级管理与数据安全评估机制,并在公司内部通过线上课程、线下培训、结课考核相结合的方式进行宣讲贯彻,提高公司员工尤其是敏感数据相关岗位人员的信息安全意识。

……

(资料来源:微博安全中心.个人信息保护,微博在行动[EB/OL].(2021-09-02)[2023-2-17].https://weibo.com/ttarticle/p/show?id=2309404676946767511593#_0.有改动)

【模块二职业技能任务】

任务名称	微博营销综合任务
任务目的	通过运用微博平台开展营销活动,学生能够掌握微博内容和视觉营销设计技巧,学会利用微博数据进行活动营销策划与实施,深刻领悟保护网络信息安全的重要性。
任务提示	根据营销目标,开通并实施微博视觉设计,结合实时热点,策划微博营销内容,开展微博营销活动,根据微博营销数据有效运营微博账号。通过在微博平台搜集二十大报告热点信息,理解党的二十大报告中关于"推进国家安全体系和能力现代化,坚决维护国家安全和社会稳定"的具体任务目标。
第( )组	学号 姓名
任务实操	(1)登录微博平台,了解微博运营规范,通过查询新榜、清博等平台数据,小组商议微博账号装修与定位,做好微博营销前期准备工作。 (2)以小组为单位,根据各组营销推广目标,结合各组微博账号定位,进行微博封面图、背景图等视觉营销设计与制作。 (3)以小组为单位,根据各组营销推广目标,结合实时热点,进行微博营销内容策划、撰写与发布。 (4)以小组为单位,根据各组营销推广目标,结合实时热点,选择合适的主题,进行微博营销活动策划与实施(各组间可根据具体情况进行矩阵式营销活动策划与实施)。 (5)微博活动结束后,小组分工合作,复盘分析微博营销活动开展的效果。 要求:① 根据微博后台提供的数据,从粉丝分析、博文分析、互动分析等角度展开分析,得出诊断结论。 ② 复盘数据要有理有据,真实可信,对微博运营有一定的指导意义。 ③ 制作汇报 PPT 进行展示汇报。 (6)通过对"个人信息保护,微博在行动"的解读,结合党的二十大报告提出的"建设人人有责、人人尽责、人人享有的社会治理共同体"的具体任务,谈一谈,新媒体营销人员在利用微博等开放性社交平台开展营销活动过程中,应如何做到自觉维护信息安全,建设平安中国。

【模块二考核评价】

评价说明：在本次任务完成后，由任课老师主导，采用学习过程评价与学习结果评价相结合的方法，综合运用自我评价、小组评价及教师评价三种方式，由教师确定三种评价方式分别占总成绩的比例，并加权计算出学生个人本次任务的考核评价分。

<table>
<tr><td colspan="4" align="center">模块任务完成考核评价表</td></tr>
<tr><td>任务名称</td><td colspan="3">微博营销</td></tr>
<tr><td>班级</td><td></td><td>学生姓名</td><td></td></tr>
<tr><td>评价方式</td><td>评价内容</td><td>分值</td><td>成绩</td></tr>
<tr><td rowspan="4">自我评价</td><td>职业技能任务工单完成情况</td><td>70</td><td></td></tr>
<tr><td>对知识和技能的掌握程度</td><td>10</td><td></td></tr>
<tr><td>我胜任了小组内的工作</td><td>20</td><td></td></tr>
<tr><td colspan="3">评价意见：</td></tr>
<tr><td rowspan="5">小组评价</td><td>本小组的本次任务完成质量</td><td>30</td><td></td></tr>
<tr><td>个人本次任务完成质量</td><td>30</td><td></td></tr>
<tr><td>个人参与小组活动的态度</td><td>20</td><td></td></tr>
<tr><td>个人的合作精神和沟通能力</td><td>20</td><td></td></tr>
<tr><td colspan="3">评价意见：</td></tr>
<tr><td rowspan="5">教师评价</td><td>个人所在小组的任务完成质量</td><td>30</td><td></td></tr>
<tr><td>个人本次任务完成质量</td><td>30</td><td></td></tr>
<tr><td>个人对所在小组的参与度</td><td>20</td><td></td></tr>
<tr><td>个人对本次任务的贡献度</td><td>20</td><td></td></tr>
<tr><td colspan="3">评价意见：</td></tr>
<tr><td colspan="4">总评＝自我评价×（　）％＋小组评价×（　）＋教师评价×（　）％＝</td></tr>
</table>

在移动互联网的社交网络大潮中，内容商业焕发出前所未有的生机。微信从社交软件起步，已成为数字时代的一种生活方式。微信营销从早期的微商刷屏、单纯推出广告等形式中脱离出来，产生了新的营销方式。在内容生态的大环境下，个人微信一对一触达用户，实现拉新、宣传、提供个性化服务等功能；公众号助力企业内容生产，是品牌建设及营销运营的有力途径；朋友圈和微信群分别成为私域流量池的入口和沉淀池。如今，微信通过公众号、朋友圈、微信群、小程序、视频号等打造了完整生态，并打通各个功能，为企业实现多样化营销赋能添力。

模块三　微信营销

【学习目标】

1. 知识目标

（1）了解微信、微信营销的概念。

（2）理解微信营销的价值、微信平台的营销定位。

（3）掌握微信内容营销和视觉营销设计技巧、微信营销活动设计技巧和微信营销数据分析。

2. 能力目标

（1）能够开通并装修好微信个人号、朋友圈，并独立运营个人微信公众号和视频号。

（2）能够配合营销目的，运用营销推广技巧策划并实施微信营销方案。

3. 素养目标

培养学习者的家国情怀与爱国情感，使学习者认识到微信作为广泛使用的社交媒体，可助力企业的商业营销，塑造公众的价值观与认知，是社会思想建设的重要阵地。

【思维导图】

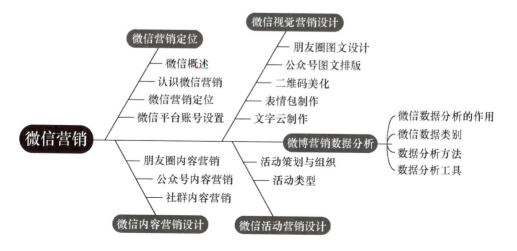

【引例】

"故事大王"的童话王国：助力文化传播，讲述红色故事

自2014年起，政府工作报告中连续出现了8次"全民阅读"。在这个大背景下，数字阅读、知识付费等现象逐渐兴起。

2014年，"凯叔讲故事"微信公众号诞生，"凯叔"的个人IP形象逐渐树立起来。发展前期，公众号通过发布免费内容来积累用户，推出了一系列音视频产品。该微信公众号在不到两年的时间内就有了400多万用户。之后，凯叔建立了"凯叔讲故事"App，拓展了项目团队，立足儿童音频故事，寻求更丰富的原创内容。现如今，"凯叔讲故事"已成为中国儿童内容领域的知名品牌。

1. 新媒体助力传统文化传播

2020年，"凯叔讲故事"完成C+轮融资，并推出了《凯叔西游记》《凯叔水浒传》《凯叔三国演义》《凯叔红楼梦》《凯叔三字经》《凯叔恐龙战士》《凯叔机甲护卫队》等深受孩子和家长喜爱的重点IP产品，被推荐为"孩子的故事大全，亿万父母的育儿宝典"。不论是原创IP还是对四大名著经典IP的再创作，均以故事为核心，围绕"快乐、成长、穿越"的原则进行创作，推动了中国传统文化和科学知识在儿童群体中的普及。

2. 微信引流打造社群流量池

"凯叔讲故事"从微信公众号发展为独立的App后，用户数量达到千万。在App用户增量日渐平稳后，团队的运营策略开始转向企业微信和私域流量，对客户进行精细化运营。高效的社群运营盘活了社群，实现复购。目前，企业微信与2016年就上线的"凯叔讲故事"商城小程序对接，实现了业务闭环。

3. 心怀家国讲述红色故事

忠孝传家久，文化兴国长。"凯叔讲故事"在爱国教育方面也做出了努力，将家国情怀和爱国教育融入故事内容创作中，发挥好内容的教育、教化作用，让孩子在学习历史、倾听故事时，坚定文化自信，增强爱国热情。"凯叔讲故事"为孩子创作了许多红色经典故事、中华传统文化故事等，如《中华先锋人物》《小兵张嘎》《小英雄雨来》《铁道游击队》，让孩子们学传统文化知识，培养爱国情操。

【模块分析】

在全民阅读的背景下，人们在关注自身提升的同时还关注儿童阅读。"凯叔讲故事"借助微信这个社交平台提供了丰富的内容，不仅面向儿童对传统文化进行了创新化的传播，也在弘扬红色文化、助力爱国教育等方面做出了贡献。

如今，微信已逐渐形成了完整生态，具备和支持社交、媒体、营销等功能，已成为国内重要的内容平台。本模块从微信平台的营销定位（单元一）、微信内容营销设计和视觉营销设计（单元二、单元三）、微信营销活动设计（单元四），以及微信营销数据分析（单元五）五个方面对微信营销及其实践进行阐述，即从本质、内容、视觉、活动、数据层面促进学习者把握微信营销的关键环节与核心技能。

单元一　微信营销定位

【知识准备】

2021年,微信迎来了上线十周年。微信上线十周年的广告《10年一刻》细数了微信给人们生活带来的改变:从方便联系好友到展示个人生活状态,从魔性的群聊表情包到创作10万阅读量的文章,从抢红包到实现轻松支付……

微信已不仅仅是一款社交App,而是一个集图文、声音、视频于一体的富媒体内容生态圈。微信平台依托于公众号、小程序、视频号等产品,积极打造流量入口和变现渠道,在内容电商、私域流量池搭建等方面实现了更多价值。

一、微信概述

（一）认识微信

2011年1月,在移动终端的普及与移动互联网高速发展的背景下,腾讯推出了一款即时通信App——微信。微信作为一款可以便捷发送文字、图片及音视频的手机聊天软件逐渐被网民认识和接纳。

2012年5月,微信推出朋友圈功能;2012年7月推出了微信公众平台,后细分为订阅号和服务号。此后,微信支付功能、小程序、小游戏功能等纷纷上线,微信的功能变得多元化。随着视频内容的兴起,微信也加快了视频领域入局,推出视频号。

微信拓展了企业、广告主及社会组织机构的营销阵地,是实现其与用户近距离沟通的社交化渠道。在沟通过程中,企业可以完成品牌价值输出与营销信息传递。微信借助公众号、小程序、视频号、企业微信等产品打造完整生态,在当下的营销环境中焕发着生命力。

（二）微信主要产品

微信平台包括多个产品形态,它们共同构成了微信生态。微信主要产品包括朋友圈、公众号、小程序、视频号、企业微信等。

1. 朋友圈

用户可以通过朋友圈分享个人状态与生活点滴。用户展示的个人状态可以被好友点赞、评论,非好友无法看到。目前,朋友圈支持文字发布、图片发布、视频发布、公众号文章转发、视频号内容转发等。

2. 公众号

微信公众号包括订阅号和服务号两种类型。前者适合个人和组织发布文章,主要发挥媒体功能;后者适合组织,主要发挥业务服务功能,如消息提醒等。

微信公众号凭借图文形式、便捷入口为优质内容提供了传播场所。其中,不少企业、机构利用公众号建设传播矩阵,针对不同类型的受众提供细分领域内容。如图3-1所示,十点读书旗下拥有十点读书会、十点电影、十点人物志等,分别面向阅读、影视、个人提升等兴趣人群。

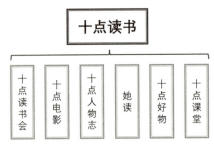

图 3-1　十点读书微信账号矩阵

3. 小程序

小程序,也称微信公众平台小程序或应用号,是一种轻量应用。用户可以通过扫一扫或搜一搜打开,打开即可使用,无须下载安装。

小程序的注册申请主体可以是个人、企业、政府及其他开发者。它成本低廉,开发难度低,类型十分丰富,在餐饮、电商、外卖、旅游等行业较为常见。

4. 视频号

视频号可以实现视频内容发布和直播功能。视频号可以实现用户的视频化表达,是用户的视频版"名片"。

视频号打通了与公众号、企业微信、微信的整个生态链接,给创作者、企业与品牌主更多变现的可能。其中,直播功能增大了视频号的价值,企业和个人可以通过"视频号+小商店+小程序"实现直播带货,同时通过直播、社群沉淀私域流量。

5. 企业微信

企业微信是一款企业通信与办公工具,可供企业进行组织管理、办公服务和外部连接。企业微信能够与个人微信互通互联,员工使用企业微信也能与使用个人微信的客户联系。企业微信可以实现添加好友自动回复图文、语音、视频等,并有两万好友量的上限。不少企业运用企业微信进行私域营销,搭建私域流量池。

二、认识微信营销

(一) 微信营销的概念

微信营销是新媒体时代企业运用微信这个新媒体平台进行营销行为活动的总称。

早期,微信作为一款界面简洁的社交媒体,其营销功能并未十分凸显。在微信朋友圈、公众号等板块相继推出后,人们开始将其应用到营销信息的传递上。随后,微信的广告产品上线,并不断改进,微信广告生态逐渐搭建起来。随着微信功能的不断更新,微信营销也不断出现新的方式。

无论功能如何改变,微信营销的关键在于:相较于传统营销,品牌或企业能够放下身段,以朋友的身份和姿态走近用户,通过社交化的内容增强与用户的互动。归根结底,微信营销的本质在于内容,即究竟什么样的内容能够吸引目标用户。

(二) 微信营销的特点

微信作为社交 App,可以帮助品牌实现天然的"品牌—消费者"社交。在微信生态中,品牌、产品与人的关联度更进一步。微信营销的特征有以下四个。

1. 点对点互动

企业或广告主能够借助微信这个社交平台进行一对一、点对点的互动。这种互动可以是具有个性化的。

2. 亲密度强

微信中服务号消息直接展示在好友对话列表中,其发布的消息和好友的消息并列,亲密度更强。此外,公众号、服务号、小程序的互动、服务信息的提供具有针对性,因此也具有私密性。

3. 个性化

微信营销中,企业可以针对特定群体进行个性化内容的推送,并结合收集到的用户数据契合用户的需求。

4. 形式多样

微信功能繁多,可支持多入口接入,在数字化技术的加持下,企业能够在微信平台上开展的营销方式也各种各样。如企业可以与粉丝量大的头部公众号合作进行软文推广,也可创造利用品牌IP打造品牌专属微信表情包等。

(三)微信营销的价值

借助微信,品牌可以实现多种营销目标,这是微信的营销价值所在。微信作为营销的平台,其营销功能和价值是多元的,主要体现在以下四个方面。

1. 品牌传播

微信公众号推出后,不少企业注册微信公众号,通过发布文章传递品牌价值观、发布促销活动信息等。公众号能支持图文、视频、音频等展现形式,可以传递品牌广告、海报等内容,借助评论与用户建立快捷互动,方便用户参与活动。

2. 搜索入口

微信的搜一搜功能可以高效满足用户搜索需求。对于企业来说,需构建新的官网,适应移动化的搜索需求,及时提供快捷化服务,实现线上到线下(Online to Offline,简称O2O)的联结及服务的一站式触达。搜一搜为企业提供了展示官方信息、活动及服务的"门面"。

3. 客户服务

公众号中的服务号可以助力企业实现业务服务和用户管理。相较于订阅号每天能发送1次消息,服务号每月只能发送4次消息,服务号的主要功能是为用户提供服务。例如,智联招聘服务号上,用户可以进行职位查询、企业直播观看、简历模板获取等与求职有关的服务。

4. 内容电商

内容电商的核心在于分享有需求价值的内容并引导消费者购买。微信本身含有大量的创作者和丰富的内容,又能链接小程序,因此企业可以通过内容进行销售引导,将用户从内容引流到自家微店,缩短营销周期,促成交易。图3-2所示为北京大学出版社的小程序商店。

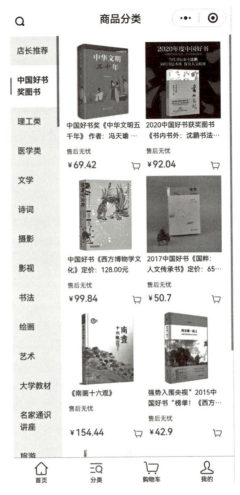

图3-2 北京大学出版社的小程序商店

三、微信营销定位

定位是市场营销中的经典理论和方法,即让品牌占领用户心智,在用户心中占据独特位置。微信营销中,定位是在实际运营和营销之前需首要考虑的。

(一) 微信个人号定位

微信个人号,相当于移动互联网中的个人商标与品牌。个人可以通过朋友圈输出内容,借助行业特征和技能打造个人标签,通过社交化的方式潜移默化地宣传自己,树立自身品牌形象,通过提供一对一服务实现变现。

在考虑定位时,新媒体营销人员可以首先思考以下几个问题:

我是什么身份?

我有什么技能、特长或优势?

我可以提供什么样的服务?

我可以帮助别人做什么?

努力思考以上问题,一一列举答案,再根据自己的时间、资源等进行评估,对自己的定位就能逐渐清晰起来。在思考以上问题时,新媒体营销人员应注意,对自己的爱好、优势不可存在自我想象式的认可。

微信个人号的具体定位,可以采用以下四种方法来考虑。

1. 服务定位法

该定位法要求个人关注用户的实际需求,同时思考自己是否能够提供某种服务以满足用户需求,如心理咨询、职业生涯规划、就业指导、体态指导等。一般情况下,这种定位方法要求个人具有独特专业的技能,能够提供"专、精、深"的服务,即依靠自己的专业技能为用户解决问题。

2. 教学定位法

该定位法是指个人针对在某方面有学习需求的用户进行教学,即用户期望掌握你所拥有的技能或知识,如数据分析、插画技能、美食做法等。该定位法同服务定位法一样,个人需要长期稳定地建立自己的专业形象,获得用户的信任。

3. 产品定位法

产品定位法的目的在于推广或销售个体或企业的商品,如个人实体店、代理实体产品或品牌。例如,线下书店运营者运用个人号进行书店的宣传推广。

在采用产品定位法进行推广时,新媒体营销人员应注意把握好推广方式,若推广方式过于急切或内容过于直接,极易被用户认定为微商。

4. 内容定位法

新媒体营销人员在向内探求时发现自己并无特长与专业技能,可以向外探索,抓住用户的需求或社会趋势,通过内容的收集、筛选、整理进行思考和输出,即通过提供用户感兴趣的内容来定位。

无论是哪种定位法,新媒体营销人员都需要将用户需求与自身技能相结合,通过输出对用户有价值的内容增强用户黏性。微信个人号运营的本质在于建立个人价值,获得用户认可和信任,和用户成为真正的朋友后,实现变现是水到渠成的事。

(二)微信公众号定位

微信公众号数量多,竞争激烈,微信公众号的个性化定位十分重要。

1. 内容定位

微信公众号类型众多,按内容领域的不同可以划分为文化、健康、美食、民生、财富、科技、汽车、职场、教育、旅行、幽默、时尚、情感等。公众号需针对核心目标群体,寻找更加细分、差异化的内容领域。

确定好公众号的垂直内容领域后,对于具体文章内容的构思可以围绕三个原则:有利的(Advantageous)、有趣的(Interesting)及有关的(Relevant),即"AIR"原则。新媒体营销人员应在这些原则的指导下思考公众号可以为目标用户提供哪些内容。

2. 功能定位

公众号申请注册的主体可以是个人、企事业单位、媒体或其他组织,因此,公众号定位可以根据账号主体的需要来考虑。

公众号的主要功能有两个,即客户关系管理功能和媒体功能。

客户关系管理功能一般为企业或组织所选择,即通过微信维护客户,促进销售转化、提升用户购买率,为用户提供方便的服务。

媒体功能可供媒体组织、个人创作的公众号所用,媒体组织、个人创作的公众号通过提供内容吸引用户,聚集一定用户流量后获得广告收入,也可以通过广告软文进行变现。以媒体功能为主的公众号大多是作为大众信息分发平台。如某设计公众号经常分享行业新鲜案例、设计教程等内容。

（三）视频号定位

视频号的定位可以参考微信个人号、微信公众号的定位方法。但是,由于视频内容的视觉性体验更强,视频号的定位需要注重视觉层面的塑造。因此,视频号除了内容上的定位以外,还需要确定内容整体的视觉风格,即风格定位。

视频内容具有动态性,视频内容的视觉风格包括视频封面、内容输出形式、背景音乐选择、语言风格与表演风格等,这些内容的视觉风格是否统一能够影响消费者的印象。

统一且清晰的视频封面能够带给消费者直观的感受,是呈现视频号整体定位和风格的重要部分。

内容的展现形式可以是PPT加人物解说、纯视频、文字加图片、视频混剪、动画等。背景音乐可以根据内容的主题选择,可以使用统一的、有辨识度的音效。在语言风格和表演风格上,可以把固定台词或肢体动作作为自身特色。

四、微信平台账号设置

微信营销开始之前,新媒体营销人员需要对账号进行基础设置。

（一）个人号账号设置

微信个人号可以作为个人品牌或者个人IP来打造。其基本思路是:摒弃简单直接的营销推广,建立长期的品牌价值,吸引用户的关注,推动用户建立信任后主动寻求产品或服务。

1. 注册

用户可以自行下载微信App,用手机号进行注册。此前,出于安全考虑,一个手机号仅能注册一个微信号。

2021年10月,在微信的内测版本中,用户可以实现一个手机号注册多个微信账号。在"我"—"设置"中找到"切换账号",选择"添加账号"。有两种注册方式:"通过新手机号注册"或"通过当前微信的手机号辅助注册"。选择后者,设置头像、昵称、微信号即可,无须绑定手机号。

2. 设置技巧

在移动网络时代,微信个人号恰似移动化的个人名片,具有个性化、图文结合的特点,给人留下重要的第一印象。

(1) 头像。头像一定要针对自身定位、服务提供领域、个人技能特色进行精心的选择。

① 清晰可辨。最好选择清晰的图片,主题明确,背景干净整洁;图片识别度高,比例恰当,不要产生畸变以免影响观感。

② 真实积极。可以选择真实的个人形象照作为头像,但要注意不要选用证件照,易使人觉得呆板;也可以选择生活场景中的个人照作为头像,塑造平易近人、生活化的风格,不要选择阴暗、消极的图片。

③ 契合个人定位。头像风格应符合个人的职业属性或专业属性。如美食类个人号可以采用色彩较为鲜艳的美食图片头像,时尚类个人号可以选择时尚感较强的头像。

(2) 微信号。微信号是个人微信的唯一ID,一年仅能修改一次。为了便于用户搜索查找,微信号中应避免掺杂较为复杂的外文字母、特殊符号、无规律的数字组合等。

微信号可以与微信昵称或个人姓名对应,采取拼音全拼或缩写;微信号也可以加入个人手机号,便于用户通过手机号查找。

若个人考虑建立个人号矩阵,可将不同的微信号设置为同一个格式,用数字、字母等区别开。如"某某－1""某某－2"等。

(3) 名字。名字在个人号的设置中颇有讲究,好的名字可以拉近与用户的距离。

结合品牌、技能与本名。这种起名方式一般为"个人名字＋业务领域/公司/技能/项目"等。类似的昵称如"秋叶ppt""理财周老师"等。

注意,字数太长的名字不容易被记住。常见的名字也有中英文相结合的形式,但不宜选择过于复杂的英文。

在确定昵称时,新媒体营销人员可以发挥个人创意,添加具有网感的词语,还可以添加内容领域关键词,如"搞笑""配音""化妆"等。

(4) 个性签名。个性签名不超过30字。其核心在于,为微信个人号确立标签,吸引用户关注。

个性签名尽量用一句话概括微信个人号的定位、特色、技能,如"百万理财规划师""90后自媒体宝妈""品牌营销、活动策划"等。

(5) 朋友圈背景。朋友圈是展示人设、夯实定位的重要空间。新媒体营销人员可以借助朋友圈背景展示个人标签。如朋友圈背景图片选用展示个人技能、特点的图片,当用户点击进入朋友圈后,可以清楚地获悉能够获得哪些价值和服务。如图3-3所示为微信个人号朋友圈背景。

图3-3 微信个人号朋友圈背景

(二) 公众号账号设置

在运营微信公众号和运用公众号进行营销之前,我们首先需要对微信公众号进行精心的设置。

1. 名称

微信公众号可以按以下五种方式命名。

（1）内容命名。通过公众号名称直接点明公众号的内容与定位，让用户快速知晓通过公众号能获得哪个领域的相关信息。例如：科技每日推送、商务范、妈妈手册。

（2）个人 IP 命名。该方法常以名字、个人名字＋称号等形式出现，能够彰显强烈的个人风格。但需要注意，IP 的名字需要简洁好记。例如：① 名字类。如占豪、喵大白话、赖家益。② 名字＋身份类。如捡书博士、同道大叔、英国报姐。③ 名字＋内容类。如华哥读报、菜菜美食日记。

（3）卡通、动物类 IP 命名。该方法需要以公众号本身的卡通人物形象 IP 进行运营。例如：躺倒鸭、科技狐、冷兔。

（4）机构组织类命名。一些媒体、机构等组织或企业建立自己的微信公众号，可将媒体、机构、企业本身的名称作为公众号名称。例如：人民日报、深圳卫健委。

（5）地域类命名。强调地域属性，更加精准吸引用户。例如：深圳潮生活、长春疾控、健康天津。

2. 头像

公众号的头像能够带给用户第一印象，在关注列表中，有吸引力的头像一定程度上可以刺激用户点击。头像的选择尽量满足以下三个要求。

（1）颜色醒目，一般情况下不选用饱和度过高的颜色。

（2）图片与公众号内容、定位、行业、领域具有关联度。

（3）图片简洁大方，不能过于复杂，若有 Logo 或者品牌名，可以在头像中凸显。

3. 简介

公众号的简介可以帮助用户尽快了解公众号的内容、功能等。简介要精练简单，一般来说，可以从以下三个方面考虑。

（1）我是谁：有什么职位、有什么经历。

（2）特点/优势：有什么权威，有多大影响力。

（3）提供什么内容：内容定位、功能价值。

4. 关注问候语

当用户关注微信公众号时，对话界面会自动弹出问候语，该自动弹出的问候语可以在公众号后台设置，具有拉近与用户距离的作用。问候语可以是更详细的自我介绍、内容介绍、功能介绍，也可是公众号的使用指南等。

5. 自定义回复

公众号有关键词回复、收到消息后回复两种回复方式。前者是用户在对话界面发送某个词语，公众号会自动回复消息；后者是用户随意发送信息，微信后台可以回复预先设置好的回复。

自定义回复内容可以根据运营目标设置，也可以结合活动使用，如回复关键词参与抽奖等。回复形式包括语音、文字、图片、小程序等。

6. 底部菜单栏

底部菜单栏是除了每日发布的文章内容之外，公众号能为用户提供服务和价值的另一重要组件。一般最多可以设置 3 个一级菜单，每个一级菜单下最多可以设置 5 个二级菜单。

（三）视频号账号设置

视频号作为微信生态中快速崛起的一部分，在未来有着极大潜力。在图文内容发展趋于稳定、视频内容崛起后,不少公众号开始布局视频号内容,将视频号作为微信矩阵的一部分。因此,一些成熟的微信公众号将视频号的头像、简介与公众号保持一致,建立统一感。

视频号的基本设置有头像、名称、简介。其中,视频号的名称一年之内可以修改两次,取名方式可以参考微信个人号与微信公众号。

视频号可以进行个人认证与企业机构认证,其中个人认证包括兴趣认证、职业认证。每一种认证方式均需满足一定的认证条件。

事实上,微信个人号、公众号与视频号可以协同作战,在统一的运营理念和目标下互相打通,协同合作。三者在账号设置上保持统一的头像、简介、地区、账号,构建矩阵;在内容上相互引流,相互配合。

单元二 微信内容营销设计

【知识准备】

新媒体时代,市场竞争尤为激烈,层出不穷的新媒体平台上信息烦冗。这种情况下,吸引用户的不是哪个品牌或企业的声量大,而是谁的内容更优质,能够吸引用户主动关注。可以说,新媒体营销的突出特点是依靠内容进行营销,即为用户提供持续性的、相关性的、有价值的内容,有效吸引目标用户,强化信任,最终将信任行为转化为消费行为。

一、朋友圈内容营销

朋友圈推广内容看似简单,但需要精心设置和规划才能取得良好的营销效果。

（一）朋友圈内容

利用朋友圈进行营销不能操之过急。实际上,朋友圈营销的不仅仅是产品,更是个人。其核心在于通过树立个人在某行业的权威获取用户对自己的了解、信任,从而实现用户需求到购买行为的转化。这样,在用户眼里,微信个人号已不再是卖货、推销产品的"推销员",而是某一领域的"专家",是能够解决用户问题的"生活家",是可以信赖的专业的"朋友"。

1. 朋友圈内容规划

在微信个人号定位完成的基础上,发布什么样的内容才能吸引用户?一个最基础的原则是利他。发布的内容应考虑用户的喜好、接受度,站在用户的角度为其提供价值,这才是根本。朋友圈内容规划有以下六个思路。

（1）分享价值。在发布内容之前,新媒体营销人员需要首先问自己能为用户提供什么,提供的内容有何价值。价值包括实用价值、观赏价值、娱乐价值和情绪价值。

【实例分享 3-1】

美妆类个人号专注于每日发布产品测评,树立专业形象。美甲个人号可以发布美甲款式,此外还可以分享手部护理知识,也可以拓展思路,分享有关手的诗句、散文,丰富内容,美图美文的形式还可能激发用户的收藏欲望。

下图所示的朋友圈,你认为是否能够吸引用户?

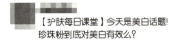

个人号朋友圈

(2)真实视频。视频类信息更加直观,视觉感官刺激强。优质画面能够激发用户的好奇心。此外,视频类信息能够打造真实感,证明内容价值或者产品效果。

(3)建构信任。在朋友圈简单直接地证明效果很难让用户信服。但如果发布客户见证的图文或视频,即客户的好评、付款记录、复购聊天记录等,胜过自夸的千言万语。这种方式比较适合咨询行业、教育行业。如图3-4为复购聊天记录的截图。

图3-4　朋友圈的复购聊天记录截图

（4）借人借势。朋友圈内容可以借人借势，例如：个人号博主参加重要活动、受邀参加某行业大型展会、参加知名活动与名人合影等，都可以记录下来发布到朋友圈。同时，朋友圈内容还可以是紧跟社会时事、热点关键词发布的趣味性、娱乐化内容。

（5）朋友圈活动。个人号可以策划活动并将信息发布到朋友圈，扩大活动影响力。常见的活动方式包括转发、点赞、试用、筛选、引流、互动等形式。活动内容及具体方式在单元四会详细介绍。

（6）精简信息。有关家居、食品、培训课程等的朋友圈内容，同一条不建议推荐太多产品。在朋友圈即时阅读的环境中，太多产品的出现会增加用户的选择难度，使用户在分析对比上花费较多的时间，最终影响用户决策。为了让用户快速下单，新媒体营销人员可以利用限时促销、较低的价格等刺激用户。

综上，在规划朋友圈内容时，新媒体营销人员需要时刻谨记利他原则，多分享满足用户需求、解决用户问题的有价值的内容。同时，新媒体营销人员也可以发布生活化、真实感强的内容引起用户共鸣，毕竟，个人号的背后也是处于社交关系中的真实个体。

2. 朋友圈内容发布

准备好朋友圈的内容后，新媒体营销人员接下来需要思考发布时间、发布频次等问题。

（1）发布时间。朋友圈内容发布与广告类似，需要考虑时间效率，选择最佳的发布时间，以期在合适的时间内发挥内容的最大价值。一般来说，朋友圈推广内容的发布时间有以下几个最佳的时间段：

早上 7 点至 8 点。

中午 12 点至 1 点。

晚上 9 点至 11 点。

在周末，我们可以根据需要灵活选择上午、下午的时间。

（2）发布频次。曾经，刷屏的微商朋友圈令用户不胜其烦，大量重复、枯燥的信息影响了用户的体验。因此，发布朋友圈的频率不能太高，推荐的发布频率是一天 3 至 5 条信息，这个频次大概率能保证用户看到，又不会引起反感。

(二) 朋友圈互动

朋友圈营销不仅需要新媒体营销人员单向提供内容，也需要其多与用户进行双向的沟通互动。

1. 点赞评论

点赞评论是最常见的朋友圈互动方式。当朋友圈内容获得评论时，新媒体营销人员要及时回复用户，当用户在评论区提出问题时，新媒体营销人员尤其要注意即时回复。新媒体营销人员也可以为用户的朋友圈点赞和评论，用户受到关注，也会反过来关注新媒体营销人员的最新动态。

2. 提问

朋友圈内容可以采用提问型文案引起用户的兴趣，激发用户参与回答并互动的欲望。好玩有趣的提问方式也可以增加用户的黏性。例如，我们可以借助日常小事、生活化的信息等内容，创造互动的问题。如图 3-5 为朋友圈的提问型文案。

图 3-5　朋友圈内容之提问型文案

3. 切忌自说自话

朋友圈内容切忌一味地夸奖自家产品,新媒体营销人员可以拓展思路,借助多样化的内容,将生活趣事与产品相结合。新媒体营销人员应注意不要随意发布负能量的内容。

二、公众号内容营销

公众号作为图文内容的重要载体,很长一段时间内占据着图文内容平台的重要位置,也是微信平台内容营销的重要组成部分。内容营销的核心是内容生产。微信公众号就是通过图文内容的持续输出,建立自身权威,获得用户认可;通过产品推荐、软文广告、自有品牌建设、打造内容电商,实现营销目标。

(一) 选题与内容规划

在为微信公众号进行合理定位后,新媒体营销人员接下来需要考虑的是为用户提供何种内容。优质的内容生产离不开前期的整体规划,这需要新媒体营销人员结合公众号定位、用户需求、垂直行业热点进行策划。

1. 策划文章选题

内容创作之初,新媒体营销人员首先需要策划选题。优秀的选题是文章能够吸引用户的重要前提。选题在符合公众号定位的前提下,可以从以下四个方面考虑。

(1) 热点事件和话题。新媒体营销人员可以在多个新媒体平台、各大网站进行日常热点的监测。热点一般分为全网热点与平台型热点。全网热点是指互联网大环境中各个平台均关注的热点事件;平台型热点是指各个平台上比较热门的事件,包括微博热搜、抖音热榜、微信指数、知乎热榜、百度热榜、小红书的搜索"发现"以及虎扑步行街、豆瓣话题广场等,不同平台的热点由于平台定位、用户群体的不同而存在较大差异。

找到热点后,新媒体营销人员要评估热点与自身账号的关联性,寻找切入点以保证输出的内容与热点有关系。新媒体营销人员要注意寻找差异化、创意化的切入角度,以求在众多同质化的内容中脱颖而出。若搜寻的热点暂时无法运用,则可以将热点搜集起来,作为素材在恰当的时机使用。

【实例分享 3-2】

2022年情人节,视觉志公众号推出《恕我直言,说起爱,人类远不如她们》一文,将关注对象从常见的人转移到了对爱忠贞不渝的各种动物身上,体现了创意的切题角度。

文章中介绍了北极熊、黑猩猩、丹顶鹤、巨头鲸、火烈鸟、海马、企鹅、鹭鹤等动物的求偶、育儿等方面的特征和习性。

（2）重要节点。重要节点也可以作为选题的方向。重要节点指各种有特殊意义的日子,包括节日、季节、假日、纪念日等。节日包括传统节日,如春节、清明节、中秋节等,也包括非传统节日,如国庆节、劳动节、妇女节等。此外,还存在电商平台的人造节日,如双十一、双十二、618等。

知识延展 3-1
热点监测网站

一般来说,大众化的节日如情人节、母亲节等,大部分公众号都可以关注并作为选题方向。而一些特殊的节点,如考研、四六级考试、高考、开学季、毕业季等,较为适合学生、教育、培训等内容领域的公众号。如漫展、游戏盛典的时间节点适合二次元文化、游戏等内容领域的公众号。

由于节点具有重复性,针对节点进行内容生产时,新媒体营销人员可以提前准备和规划。新媒体营销人员也可以查询"营销热点日历"把握最新的营销节点。

（3）日常优质选题。在没有重要热点、节点时,新媒体营销人员应该在了解用户、对标同行的基础上选择一些优质话题。新媒体营销人员可以对本公众号以往优秀文章的数据进行复盘,找寻数据反馈较好的文章,分析用户喜好;也可以对用户进行调研,获取用户的建议或意见。

在对标同行方面,新媒体营销人员可以关注优质账号,包括垂直内容领域的头部账号及与自身定位相似的账号,分析其定位、内容等,总结经验。

（4）其他思路。除了以上三种思路外,还有其他选题的思路和角度可以参考。

情感路线:从感人、正义、愤怒等朴素的人类情感切题。

搞笑娱乐:从娱乐化、戏剧化、喜剧化的角度切题。

反常规:从与常识、正常认知相反的角度切题。

新奇特:从新鲜、奇特的事物和角度入手。

2. 文章内容规划

在实际的工作中,为了保证内容持续输出和防止意外,一般建议提前对公众号内容进行规划。常见的做法是在本月规划下个月完整的稿件选题、活动,并制订具体的撰写、执行、发布计划。建议新媒体营销人员利用表格,根据常规节点、公众号自身栏目等定制内容选题的计划。

(二) 文章标题创作

文章标题是影响用户决定是否点击进入观看的重要因素。

1. 标题写作方法

标题写作方法主要有以下九种。

（1）数字法。即在文章标题中加入数字，既可以将文章中重要数字提炼出来，也可以将不同数字同时列出，营造反差或凸显对比。如图3-6所示为数字法标题示例。

两个月感染100万人，35年前的上海有过一次教科书式抗疫
阅读10万+ 赞960

被"封杀"四次，一天涨粉1000万，新晋顶流杀疯了
阅读10万+ 赞3864

(a)　　　　　　　　　　　(b)

图3-6　数字法标题示例（来源：视觉志公众号）

（2）对比法。即在标题中制造强烈的反差吸引用户的注意力。但在采用对比法时，不能为了突出反差效果而夸大事实，我们应该尊重事实，基于事实拟题。对比法常与数字法相结合使用，用数字突出差异。如图3-7所示为对比法标题示例。

周三
16年，他在北大修了50万辆自行车……
阅读10万+ 赞2.7万 4个朋友读过

昨天
孩子捡到20元纸币，报警解救11人！
阅读10万+ 赞1.9万 7个朋友读过

(a)　　　　　　　　　　　(b)

图3-7　对比法标题示例（来源：人民日报公众号）

（3）问题法。即通过提出问题、提出质疑来激发用户产生好奇心。其核心在于问题能否直击用户痛点、需求与心理。新媒体营销人员可以在生活中留心具有争议性的话题，在标题中最好能够融入当下热点与关键词。标题在提出问题后，也可暗示文章内会提供问题答案，打破读者原有认知。

（4）情感法。新媒体营销人员可以借助情感因素、人性的正面因素或负面因素来撰写标题，激发人们的阅读兴趣和情感。如爱、正义、贪婪、羡慕等，但要注意尽量不要传递负能量。如图3-8所示为情感法标题示例。

5月14日
夫妻俩把4岁女孩带回家，22年后……
阅读10万+ 赞3.3万 3个朋友读过

周二
走失男童没穿衣服在街头乱跑，幸亏遇到她！
阅读10万+ 赞4.0万 5个朋友读过

(a)　　　　　　　　　　　(b)

图3-8　情感法标题示例（来源：人民日报公众号）

（5）名人法。即将名人的名言、逸事等融入标题。但要注意分寸，不能违法和侵犯名誉权。在营销软文中，从常规的群体心理上看，大多数人在做简单决策时，会选择跟随权威或从众，所以，借助一个知名人士做标题能让用户更愿意点击阅读。如图3-9所示为名人法标题示例。

傅雷的父子关系告诉我们：父母不合格，影响两代人
阅读10万+ 赞670

韩红捐500万内情被曝光，她输了……

(a)　　　　　　　　　　　(b)

图3-9　名人法标题示例（来源：十点阅读公众号）

(6)挑衅法。当标题过于平淡时,可以尝试该方法,用不一样的语言激发用户的点击欲望。注意,该方法并非使用辱骂色彩的词语,而是要在洞察用户痛点的基础上拿捏好尺寸。如图 3-10 所示为挑衅法标题示例。

5月15日
"看你朋友圈,就知道你很缺爱"
阅读10万+ 赞5334 1个朋友读过

(a)

中年以后,不要显摆这3件事,看似有面,实则掉价
阅读10万+ 赞2260

(b)

图 3-10 挑衅法标题示例(来源:十点阅读公众号)

(7)恐吓法。该方法通过直接说明严重后果来放大用户的担忧和恐惧,制造紧张情绪。恐惧能够减少人们思考决策的时间,快速激发人们发生点击阅读的行为。新媒体营销人员应注意基于科学事实撰写内容,不要无中生有捏造事实。最关键的是,新媒体营销人员可以在内容中向用户证明产品、服务有助于缓解恐惧。如图 3-11 所示为恐吓法标题示例。

4月30日
近2亿独生子女面临的困境,已经来临

(a)

黑龙江一女子与男友吵架,肺都气"炸"了!别再生闷气了,真的要命
阅读10万+ 赞1605

(b)

图 3-11 恐吓法标题示例(来源:十点阅读公众号)

(8)好奇法。好奇心驱动用户进行点击阅读。新媒体营销人员要运用写作技巧,通过卖关子、设悬念等方式,通过文字内容调动用户的好奇心。如图 3-12 所示为好奇法标题示例。

昨天
司机开车时被女乘客碰了下手肘!歪头一看……秒懂!
阅读10万+ 赞5.8万 7个朋友读过

(a)

5月14日
高中校长意外收到一个纸盒,打开竟是……
阅读10万+ 赞3.6万 3个朋友读过

(b)

图 3-12 好奇法标题示例(来源:人民日报公众号)

(9)攻略法。该方法适用于经验型、专家型、教程型等类型的公众号,即能够利用信息的不对等吸引用户的关注。如图 3-13 所示为攻略法标题示例。

37.苹果产品的那些高级阴影效果,惨遭破解了!!
2019/07/21 阅读 10万+ 精选留言 76

(a)

57.有手就行?画格子设计大法无敌了!
03/16 阅读 3.2万 精选留言 100

(b)

图 3-13 攻略法标题示例(来源:庞门正道公众号)

(三)文章布局

新媒体营销人员在撰写文章内容时,要注意文章结构不能散乱,尤其是营销软文,更需要注重文章内容、事实论点等的铺排。

1. 并列式

并列式正文布局是指正文各部分关系是并列平行又相互独立的,同时又都是为说明中心论点而服务的结构形式。其优点在于能清晰全面地把产品或服务的卖点阐述清楚,有利于增强用户的信任。

其主要结构存在两种形式:(1)围绕中心论点,并列地阐述若干个分论点;(2)围绕某个论点,列举若干个论据进行论证。

2. 演绎式

演绎式正文布局是指正文内容通过严谨的逻辑铺排,引导用户循序渐进地理解文章的推理结论的结构形式。该种布局要求逻辑结构严谨,事实依据步步铺排,论证过程层层递进。这样,用户能够深入理解产品的特性和优势,逐渐接受品牌理念,最终产生下单行动。

其主要结构一般是针对某个用户感兴趣的需求或问题,通过列举多方面事实、论据,层层递进论述证明,引导用户接受推荐的产品。

3. 解决痛点式

解决痛点式布局是指着眼于用户痛点,通过击中用户对现状不满或不安的心理,引出要推广的产品或服务,并提供切实可行的解决方案,描绘出解决痛点后的美好,进而激发用户的内心渴望,刺激消费的结构形式。

其主要结构一般是提出痛点、指出解决对策、引出产品、最终刺激下单。

4. 创造悬念式

创造悬念式布局是指通过设置疑团引发用户的好奇心,吸引用户继续阅读并找到解决方案的结构形式。即把吸引人、戏剧性的片段放置在文章开头,而后在正文部分论证分析,直至解开答案。

其主要结构是,在文章开头设置一个令人惊奇的事件,但不点明原因或结果,然后在正文中层层递进、逐步解密。

5. 体验感受式

体验感受式布局是指以体验者的身份和视角撰写文章,细致地展示使用产品的过程,描述优质体验,对比传统产品的劣势并展示推广产品的优点,让读者自然而然地产生购买兴趣的结构形式。

其主要结构是,首先展示体验产品的过程,然后与同类产品比较,突出产品优势,接着给出建议或爆出优惠力度,最终完成产品促销。

(四)软文优化方法

软文是微信公众号内容营销的常见形式。软文的本质是广告,但信息不能太"硬",新媒体营销人员需要合理恰当地插入产品,优化软文内容,才不会引起用户的反感。

1. 场景化

为了让用户有身临其境的感受,新媒体营销人员可以在文章中构建合适的场景叙事。如果是营销软文,则为用户找到使用产品的合适场景。场景化写作需要新媒体营销人员生动形象地描述产品带来的益处、产品细节、使用时的心理感受等。

2. 激发想象

成功的软文能够激发用户内心的向往。例如,服装广告的模特都是俊男靓女,用户会产生一种穿上该服装能够像模特一样美丽的感觉。同样,软文内容要暗示用户拥有了这些产品,用户也能够实现心中理想的生活或者打造出美好的形象。

3. 故事化

软文内容可以通过引入、解读、讲述故事来启发用户,使用户触动。故事的描写要有意带动用户的情绪,选取的故事素材要贴近用户的自身生活,同时也要保证内容通俗易懂。此外,故事的主角可以多样化,可以是自己或他人,也可以是知名人士。

4. 视觉刺激+数据证实

视觉表现同时辅以数据作证能够突出产品的具体信息和表现力。图片精心拍摄和设计才能引发用户的购买欲望。因为,在图片构建的视觉景观刺激下,用户会感觉购买它就会拥有图片中的美好生活。数据可以作为论点佐证,为产品背书。

5. 创意漫画

创意漫画需要在理解产品的基础上,结合流行风格进行创作。常见的创意漫画有条漫、四格漫画等。此外,产品植入方式不要引起用户的反感,要令用户在惊讶的同时大呼有趣。

三、社群内容营销

企业和品牌在营销中会发现无论是内容还是活动,用户往往在体验过、感受过之后就转向别处。即使是持续输出内容的公众号,在众多媒介平台和层出不穷的账号面前,保持较高的用户留存率也十分不易。相对于即来即走的公域流量,塑造账号的社群十分有必要。

而微信作为拥有广泛用户的社交媒体,丰富的社交功能使其成为建立社群的工具和平台。不少企业、品牌借助公众号的引流建立自己的社群,在社群内开展活动、输出内容,加强维护企业或品牌与用户之间的关系。

(一)社群概述

1. 社群概念与功能

社群是由一群拥有相同目的、兴趣或爱好的成员聚集形成的组织,组织内部遵循特定规则,包括进入门槛、群规、退出机制等。

社群利用用户的兴趣、目的等将用户聚集起来,可以满足用户之间的社交需求,在拉近品牌与用户距离的同时,强化了用户之间、用户与新媒体营销人员之间的社交关系,增强了用户对品牌的信任,最终成为品牌的忠实粉丝。此外,良好的社群会形成良好的社群共创内容生态,能够实现社群内容从专业生产内容(Professionally-generated Content,简称 PGC)到用户生产内容(User-generated Content,简称 UGC)的转化。

2. 优质社群五要素

社群的成功离不开以下五个要素。

(1)同好。拥有共同目标、相同爱好、相似需求、相同价值认同的用户,极易被吸纳到社群中来。同好可以基于某个产品、共同爱好、某种标签、共同情感或共同目标等。

(2)结构。即社群成员结构、社群工具及管理规范。社群成员包括:新媒体营销人员,即管理者,主要负责日常活动、通知;内容输出者,可以是知识博主等;资深粉丝,活跃度较高,互动率较高的粉丝;新成员,充当观众角色。

(3)运营。社群需要维护与运营,新媒体营销人员可以举行仪式、组织活动、增强互动,提高社群用户的仪式感、参与感、获得组织感与归属感。

（4）输出。输出是社群的重要价值。新媒体营销人员可以分享有价值的信息、文章、干货，开展社群直播，打造固定的社群活动等来保证内容输出。

（5）复制。社群的组织形式可以复制，当一个社群已满，无法满足逐渐增加的人数时，新媒体营销人员可以将社群进行复制，建立二群、三群等，吸纳更多用户。这需要新媒体营销人员制定统一的团队管理机制、社群用户机制等。

（二）社群内容营销

良好的社群运行需要持续的内容输出，这样才能保证良性循环，维持社群对用户的价值。社群营销的形式包括社群内容营销与社群活动营销，在此处只讲述社群内容营销，社群活动营销部分在单元四会详细论述。

社群内容营销需要结合社群定位、社群功能、用户需求等因素综合考虑。社群内容营销的形式有很多，常见的形式有以下五种。

1. 文章

新媒体营销人员可以将高质量的文章发布、转发在社群中，文章内容的价值需要匹配社群成员的需求。

2. 资讯

新媒体营销人员将最新的资讯（如反映行业或领域发展的最新变化、最新知识、上新产品等）快速整理后转发在社群中，吸引社群成员关注，有时也会引起社群成员的讨论或提问，新媒体营销人员要及时回答。

3. 图书

与社群话题、社群分享内容相关的著作、图书等，新媒体营销人员可以列出书单推荐到社群。

4. 课程

在有些知识分享社群中，用户的学习积极性很高，对内容输出者有较高的认可度和信任度，这类用户对于知识付费课程、体验课等内容较为期待。

5. 专业咨询

在爱好交流群、学习群、行业群等社群中，社群用户对于专业问题有困惑时，期待内容输出者能答疑解惑。内容输出者可以设置固定的答疑咨询时间，为社群成员提供咨询服务。这也可以作为用户加入社群的福利。

单元三　微信视觉营销设计

【知识准备】

视觉时代与颜值经济的环境下，信息也在追求自己的"颜值"。随着技术的发展，微信平台不断更新视觉信息的呈现形式，适应用户的阅读习惯，改善用户的视觉体验。

内容为基石，视觉形式为"外衣"。优秀吸睛的视觉形式在营销过程中能够与内容相辅相成，共同助力营销目标的实现。丰富的内容需要科学合理的规划、安排和设计，才能最大限度地被用户理解、接受与传播。

一、朋友圈图文设计

在手机小屏阅读的环境下,朋友圈的文字内容也需要精心的排版。内容上,文字不宜过长,过长的文字易使用户失去耐心;应尽量用短篇幅将内容表述清楚,并保持趣味性,以吸引用户进行互动交流。编排上,可以将内容编排得更加清晰易读,也可以创新编排方式。

(一) 文案排版

图 3-14 中两个朋友圈的目的均为拉新,图 3-14(a)的朋友圈文字数量多,无明显分段,看起来非常拥挤,视觉体验差,虽然有三个配图但图片均不突出;而图 3-14(b)的朋友圈内容短小,文案中加入了表情包进行强调,单图更大、更吸引人。

图 3-14　两个引流的朋友圈内容对比

朋友圈内容更新快,有耐心点开全文的用户不多。这种情况下,清晰合理的排版有助于用户快速获取信息,理解信息。

1. 文字精练,多分段

朋友圈不要发布大段文字,而要多分段落,注意断行,多用短句,尽可能让用户迅速看完内容。一般情况下,文案应保持在 6 行以内,否则将会折叠隐藏。若字数太多,有时朋友圈会折叠显示为单行内容。如果内容实在不能删减,如中奖名单、活动规则等,也可以使用类似于"朋友圈防折叠助手"这样的小程序。

2. 善用表情符号和图标

为了丰富文本,增强文本的可读性,新媒体营销人员可以在文本中的关键词前后添加表情符号。图标还能带给用户心理暗示,文案中可加入"红包""金币"等表情符号,更能吸引用户注意。

3. 借助工具排版

通过微信搜索进入"文字排版小工具"小程序,选择模板,将编辑好的文案粘贴,生成后将有误的符号去掉,粘贴到朋友圈即可。如图 3-15 所示为借助"文字排版小工具"小程序进行排版。

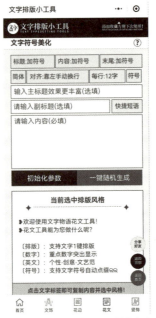

图3-15 "文字排版小工具"小程序

（二）图片排版

朋友圈图片数量建议为1张、2张、3张、4张、6张、9张，排起来比较整齐美观。一条朋友圈可以最多上传20张图片，但需要利用微信的自带模板将其制作为视频的形式才能在朋友圈发出。

1. 九宫格图片

比格设计九宫格切图演示

朋友圈9张图片排列成为九宫格，可以发挥更多创意，既可以是上传9张图片组成九宫格，也可以是将一张大图切割为9张小图组成九宫格。这里以大图切割为9张小图组成九宫格为例，首先需要将大图切割。切割图片的工具有很多，这里以比格设计官方网站的图片切割为例（如图3-16所示）。操作步骤为上传图片，选择9张切割模式，点击下载即可。九宫格朋友圈示例如图3-17所示。

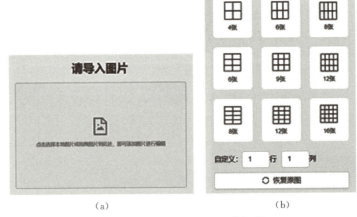

(a)　　　　　　　　　　　(b)

图3-16 比格设计——图片切割

图 3-17　九宫格朋友圈

2. 九宫格长图

有些九宫格图片点开后是一个长图,能够承载更多信息。其制作方式不难,在微信搜索"九宫格切图"小程序,点击"切九图"将原图片切分为 9 个单图并保存;点击"接长图",将每一个切分后的单图接成长图,将要在朋友圈呈现的图放在长图中间,其他图片按照位置添加,保存长图。九宫格切图小程序切图展示如图 3-18 所示。

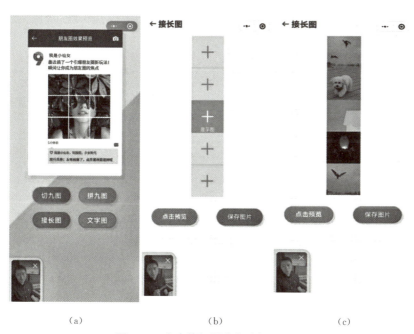

(a)　　　　　　　　　(b)　　　　　　　　　(c)

图 3-18　九宫格切图小程序切图展示

二、公众号图文排版

公众号文章如果缺乏良好的排版，将无法激发用户的阅读兴趣。合理安排图文，能够增强公众号图文的可读性和审美性。

（一）排版规划

新媒体营销人员在对某篇图文内容进行排版前，需要首先确定排版的整体风格，包括整体颜色、整体调性、装饰风格，以符合文字内容的主题。不同风格的排版带给用户的视觉效果不同。如一篇美食类文章，若使用灰暗、沉闷的图片则无法激发用户的食欲。

无论是单篇图文或是整个公众号图文，均需统一视觉风格。单篇文章中的视觉风格应一致，整个公众号的文章内容视觉风格应一致。单篇图文的视觉元素不能过于混乱，胡乱搭配；就整个公众号内容来说，头像、文章封面、文章内配图、文章内其他组件均应保持统一风格。

新媒体营销人员需要合理、有选择性地使用排版工具，并根据内容选择合适的模板，而不是让内容适配模板。排版时新媒体营销人员应考虑用户的需求和体验，拒绝过度排版导致内容显得花哨、凌乱。排版完成后还应检查版面是否易读，是否有助于表达文义。

（二）常用排版工具

对公众号的内容进行美化仅靠公众号后台是远远不够的，新媒体营销人员可以选择第三方编辑工具。第三方编辑工具包含的样式丰富，能够有效地提高排版效率，主要包括秀米、135 编辑器、i 排版等。

1. 秀米

秀米页面清晰简洁，对新手来说十分好上手。其功能分区清晰简单，最左侧是素材区，包括图文模板、图文收藏、剪贴板、我的图库等，中间是编辑区，包括封面信息、正文编辑区域等，右侧有其他辅助编辑功能。秀米页面如图 3-19 所示。

图 3-19　秀米界面

秀米的图文收藏功能较为方便，可以支持用户将心仪的、常用的样式收藏下来，日后快速调取。在保存图文内容后，用户还可以另存图文给其他用户，即可将排版好的内容发送到团队其他人的秀米账号,实现跨账号编辑(如图 3-20 所示)。

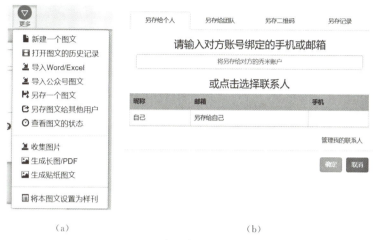

(a)　　　　　　　　　　　(b)

图 3-20　秀米另存图文给其他用户

2. 135 编辑器

135 编辑器的操作布局与秀米大致相同,左侧为功能区,中间为编辑区,右侧是色彩区,功能区包括丰富的样式、模板。其中一键排版功能提供完整图文模板,适合新手及在短时间内处理大量图文或图文排版风格固定的场景。135 编辑器页面如图 3-21 所示。

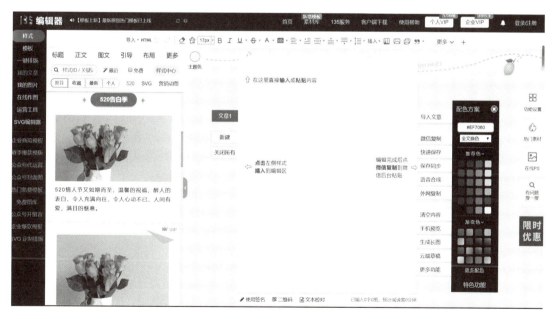

图 3-21　135 编辑器界面

3. i 排版

i 排版界面非常清新简约,左侧样式栏直接列出各类组件,十分便捷。样式风格大多比较小清新。操作界面下方还有多个模块,提供运营工具、表单工具、H5 工具的导航链接,可供用户快速点击使用。i 排版界面如图 3-22 所示。

图 3-22　i 排版界面

此外,其他编辑器如 365 编辑器、96 编辑器、小蚂蚁微信编辑器等也可尝试。多数编辑器的基本功能相似,具体操作各有特色。

(三) 文字排版

正文内容的排版需要注意字号、字间距、行间距、段落、对齐方式、页边距、文字颜色、字体等。

(1) 字号。微信公众号后台可直接选的字号从 12px 到 24px 不等[如图 3-23(a)所示],可用字号范围从 10px 到 50px。而在各类编辑器中,字号可选择范围更广[如图 3-23(b)所示]。一般来说,字号不能太小或太大:太小易显得拥挤;字号太大没有美感,单行容纳字数较少,文章纵向长度拉长,用户阅读时间较长且容易疲惫。一般建议正文字号设置为 14px 或 15px。标题或注释性文字可适当缩小字号。

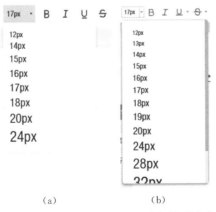

(a)　　　　　　(b)

图 3-23　微信公众号后台字号与 135 编辑器后台字号对比

(2)字间距。微信公众号后台的字间距一般有"默认、0.5、1、2",而各类编辑器的字间距数值更多。一般字间距建议设置为1px或1.5px即可,最大不宜超过2px,看起来比较美观。

(3)行间距。行间距数值过大文章会显得稀疏,过小显得拥挤。各类编辑器中的行间距数值相较于微信公众号后台的更加丰富。正文字段一般行间距设置为1.5px、1.75px或2px,超过2px即会显得过于宽松。

(4)段落。段落之间的留白可以用空行、段前距、段后距调整。每个段落尽量不要太长。若整篇文章层级较多,可以使用一级标题、二级标题、小图标、数字序号进行划分,使文章结构较为清晰(如图3-24所示)。这样,用户随时可以知晓阅读到了什么位置,增加了阅读耐心。

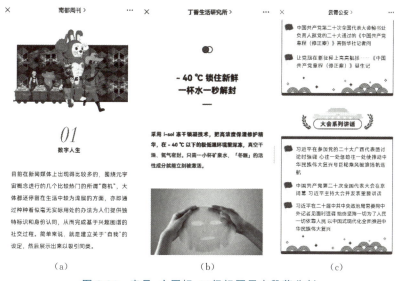

图3-24 序号、小图标、二级标题用来段落分割

(5)对齐方式。一般正文排版常用两端对齐、居中对齐。为了适应用户快节奏的阅读习惯,有些文章不长,句子较短,常采用居中对齐方式。长段落一般使用两端对齐,显得比较整齐。一些特殊内容如诗句,一般采用左对齐;文末的注释、标注、补充可以使用右对齐。

(6)页边距。页边距的设置可以在公众号后台的"两端缩进"进行,8到48不等,数值越大,页边距越大,每行呈现的文字越少。若数值过大,单行字数过少,用户阅读起来需反复换行,易造成视觉疲惫。一般建议两端缩进为8或16,段落两端有一定的留白,阅读起来较舒服。

(7)文字颜色。正文颜色一般使用默认颜色或深灰色。常用颜色有80%黑色,颜色代码为#595757。标题文字可以放大、加粗、更改颜色,可以选用品牌色、Logo颜色。如有标注,为了不抢眼可以设置为浅灰色。改变个别词语颜色或是添加底色可对相应内容起到强调作用。

(8)字体。一般情况下,文章内容的字体可以选择默认字体,如要使用具有版权的字体,需要通过官网查看并购买版权。

(四)封面图

公众号文章均需设置图文封面(如图3-25所示)。公众号每次最多可以发送八篇文章,其中第一篇文章被称为首条,其封面被称为头图,第二及之后的文章被称为二条、三条等。头图比例为 2.35∶1,二条、三条等次图比例为 1∶1。

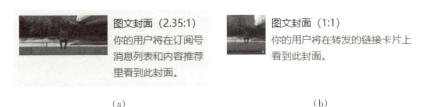

(a)　　　　　　　　　　　　(b)

图 3-25　公众号文章封面比例

头图位置显眼,需要精心设置。头图一般根据文章内容或主题进行设计。一般来说,头图可以采用自有版权或免费版权的图片。

头图在设计上,要尽可能地将重要信息放在中间部分,防止标题遮挡封面。封面信息的排版构图常见的有居中构图、斜切构图、左右二分构图、左中右三分构图、上下构图等。公众号文章封面的构图方式如图 3-26 所示。

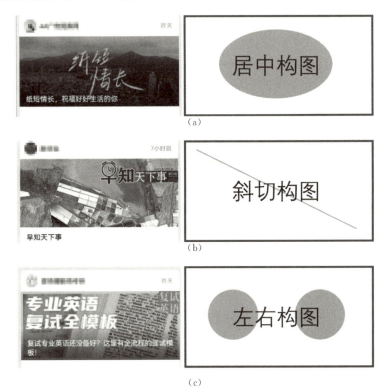

图 3-26　公众号文章封面的构图方式

一些公众号为了增强图片辨识度,会在头图上增加品牌 Logo、栏目或更改图片形状,以强化公众号的风格特征。

二条、三条的封面可以与头图风格相似,也可以直接将头图进行裁剪。二条、三条的封面还可以设计成非正方形,打造独特的视觉风格。公众号头图示例如图 3-27(a)所示,二条、三条封面示例如图 3-27(b)所示。

(a)　　　　　　　　　　(b)

图 3-27　公众号头图和二条、三条封面示例

（五）插图

在排版时，正文往往需要搭配合适的插图，图文组合有助于用户形成良好的阅读节奏。

文中插图大小不定，若图片较大，建议图片边缘与文段两端对齐；若图片较小（如表情包）则居中对齐。若为 gif 图片，图片大小不能超过 2M。

文中插图可以自动生成公众号名称的水印，新媒体营销人员也可以在插图中添加 Logo、品牌名、二维码等，强化用户的品牌感知。

注意，有时公众号需要发布长图，如条漫、大型照片等，但公众号中的单张图片大小不能超过 10M，因此在排版中，长图可以由多个图片无缝衔接。

（六）引导关注

公众号文章顶部和底部一般会设置引导关注，起到强调公众号名称、促进新用户关注的作用，一般有"点击关注"的字样。上引导一般较为简单，下引导可以结合二维码、博主照片、IP 形象、品牌 Slogan 等。如图 3-28 所示为公众号下引导带 Slogan 示例。

图 3-28　公众号下引导带有 Slogan 示例

部分公众号的下引导关注并无二维码或"点击关注"字样,而是强调公众号名称,最后设置了引导点赞的字样。如图 3-29 所示为公众号引导点赞示例。

图 3-29　公众号引导点赞示例

三、二维码美化

公众号文章末尾一般会放置公众号二维码,创意有趣的二维码不仅能够吸引用户注意,还能够促进新用户关注。有很多工具可以实现二维码的美化。

(一)草料二维码

草料二维码是一个二维码云服务平台,支持微信公众号、个人微信号、微信群二维码、微信支付二维码等二维码的美化。用户可以添加 Logo、文字进行个性化设置。该网站还提供了文字、图片、文件、音视频等内容的二维码生成,让用户"一扫便知"。如图 3-30 所示为草料二维码界面。

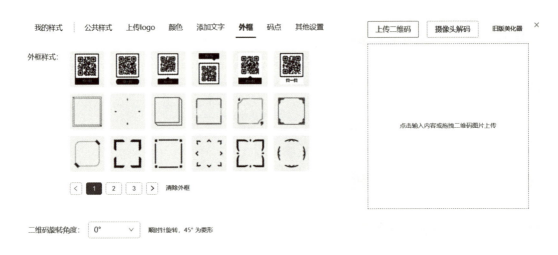

图 3-30　草料二维码界面

(二)第九工场

第九工场是一个艺术二维码设计服务平台,提供二维码设计模板,支持二维码付费定制服务。用户可以购买会员或使用免费模板对普通二维码进行优化与设计。如图 3-31 所示为第九工场界面。

图 3-31　第九工场界面

除了以上两种二维码美化工具外,比格设计、凡科快图、二维码工坊等工具也可以实现二维码的美化。

四、表情包制作

表情包早已经成为一种文化现象,是互联网的"聊天必备"。不少企业、品牌会发布专属表情包,借助表情包进行品牌推广。

(一)微信表情开放平台

微信表情开放平台是依托于微信生态的微信表情包上传平台。艺术家、设计企业、设计组织可以进行注册入驻,上传按照规范和要求创作的表情包作品。经过平台审核通过后,表情包即可上线,供用户下载使用。如图 3-32 所示为微信表情开放平台界面。

图 3-32　微信表情开放平台界面

(二)表情包制作平台

表情包可以用来助力营销推广。在社群中,表情包可以促进用户互动,尤其是在用户黏性较强的社群,群主的个人表情包有利于维系群内用户情感、促进社群认同。

1. 静态表情包制作

制作静态表情包可以采用直接在图片上添加文字的方法。智能手机自带的图片处理功能、美图秀秀 App、Photoshop 软件等均可以实现在图片上添加文字。

除文字外,当需要添加装饰、滤镜、可爱的贴纸时,可以选择使用 faceu 激萌、天天 P 图、表情 in 等 App 对图片进行处理。

2. 动态表情包制作

与静态表情包相比,动态表情包更加活泼生动。

动态表情包的制作可以借助微信自拍表情或其他 App 实现。微信自拍表情、图片处理 App 可以提供多种模板,较为简单。

若希望将视频截取部分转化成 GIF 动图作为动态表情包使用,可以使用 GIF 制作、GIF 动图制作等 App 或者网站 SOOGIF 制作。

SOOGIF 网站可以实现在线录屏、多图合成 GIF、视频转 GIF 等功能,十分实用。如图 3-33 所示为 SOOGIF 官网界面。

图 3-33 SOOGIF 官网界面

以 SOOGIF 网站为例,视频转 GIF 动图步骤如下:

(1) 将本地视频拖入上传区。

(2) 在时间轴上截取所需片段。

(3) 输出 GIF 设置:选择清晰度、尺寸、流畅度。

(4) 单击生成。

(5) 单击立即下载。

五、文字云制作

(一)文字云概念

文字云也叫词云,是指将一定量的短语、词语按照频次、重要程度等指标进行排列,将文字可视化、图形化。文字云主要由文字和图形构成。一般来看,字号越大、文字越明显、颜色越深的词语,其重要程度越高。

【实例分享 3-3】

人民日报微博 2021 年 3 月发布了一篇关于"十四五"时期主要目标任务的微博,配图为九张文字云图片,图中用关键词展示经济发展、改革开放等目标,在"经济发展取得新成效"一图中包含了多个词语,其中最明显的是"创新能力"和"新发展理念",如下图所示。

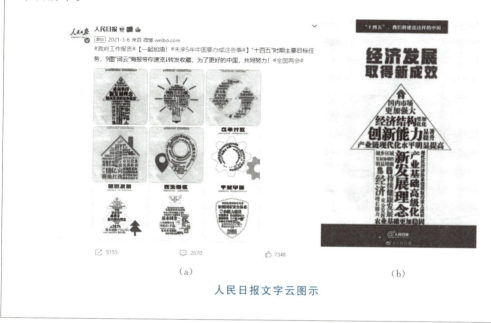

(a)　　　　　　　　　　　　　　(b)

人民日报文字云图示

(二) 文字云生成工具

1. 比格设计词云生成器

比格设计词云生成器属于 135 编辑器的旗下产品。登录比格设计官方网站,在左侧工具栏选择词云即可进入,界面拥有形状和文本两个基本设置,词语需要手动编辑或批量导入。比格设计词云生成器界面如图 3-34 所示。

(a)　　　　　　　(b)　　　　　　　(c)

图 3-34　比格设计词云生成器界面

2. 凡科快图 AI 词云

登录凡科快图官网,选择"工具箱"—"AI 词云"即可进入在线生成词云界面,基本操作步骤为:输入要生成的词云文本,根据喜好选择最终生成的词云形状,单击生成按钮静待生成词云,下载词云图或保存到快图素材库。凡科快图 AI 词云形状板块丰富,具有多主题、适合多行业使用的图形。凡科快图 AI 词云界面如图 3-35 所示。

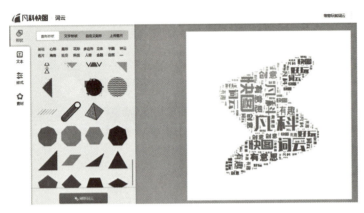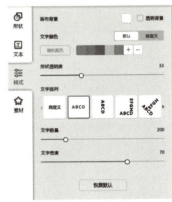

图 3-35　凡科快图 AI 词云界面

3. 微词云

除了用来进行关键词呈现,词云还可以用来制作图片、海报。微词云可以实现更多样式的词云制作。该网站拥有品牌可视化、产品宣传、人名设计等设计模板,有免费版和付费会员版。微词云官网功能如图 3-36 所示。

图 3-36　微词云官网功能

(三) 文字云制作方法

我们以微词云为例,介绍文字云的具体制作方法。

(1) 导入关键词并调整。在"内容"选项下选择"导入单词",再选择"简单导入",将准备好的词语输入文本框中,用逗号隔开每个词语。每个词语的字体、词频、颜色、角度均可调整。

(2) 选择形状。进入官方网站,点击"开始创建",在"形状"选项下选择合适的形状。

微词云词语导入及生成界面如图 3-37 所示。

模块三　微信营销

（a） （b）

图 3-37　微词云词语导入及生成界面

（3）调整配置。在"配置"中可以调整背景色、文字颜色、单词间距、占据间隙、单词数量、旋转角度等参数。微词云调整配置界面如图 3-38 所示。

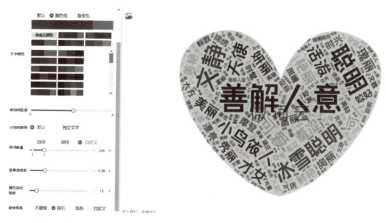

图 3-38　微词云调整配置界面

（4）添加插图。点击"插图"选项，选择"爱情"主题，添加"浪漫七夕"。点击"加载词云"查看效果后即可下载。微词云加载文字云界面如图 3-39 所示。

图 3-39　微词云加载文字云界面

109

单元四　微信活动营销设计

【知识储备】

活动是营销的重要形式,成功的活动能够吸引用户注意,提高用户的活跃度及互动积极性,影响用户对企业、对品牌的认知。在新媒体环境中,线上活动依托于新媒体平台,具有操作简单、传播快速、形式多样、体验感强等优势;同时,线上活动与线下活动相结合,能够助力企业与品牌实现多样化的营销目标。微信平台丰富的功能与完整的生态能够支持企业、品牌实现多种活动营销。

一、活动策划与组织

活动离不开策划、组织、执行等一系列流程,新媒体营销人员需要合理安排与组织,才能尽可能地实现营销目标。活动策划与组织过程主要分为前期策划、执行过程、活动收尾、活动复盘等四个大环节。

(一) 前期策划

1. 目标确立

目标是营销活动的出发点,即新媒体营销人员需要思考为什么要活动,活动为了实现什么目标。清晰的目标是活动有序进行及达到良好效果的重要因素。具体的活动目标包括提升新产品曝光度、对旧产品进行促销、提升产品销量、提升产品美誉度等。如果目标不明确、不清晰,活动结果与目标不一致,则难以进行效果评估。

2. 活动设计

一般来说,朋友圈活动常见的参与方式有评论、点赞、转发、扫码进群等;微信公众号活动的参与方式有点击"阅读原文"跳转到活动链接、留言区留言、后台回复关键词、扫描二维码进入小程序等;社群活动参与方式常见的有群内接龙、抢红包、填写有奖问卷等。

奖品设置上,要明确注明奖品是有形物品还是无形的精神奖励、代金券、优惠券等。注明奖品的获取方式,如何运送、是否包邮等问题。此外,应急预案也不可或缺。

3. 宣传推广

宣传推广的目的是活动预热,即在活动开始前进行活动预告,提高活动的知名度,吸引用户关注并激发用户参与的热情。宣传推广注意一定要注明活动规则、活动时间、活动流程等。若活动包含奖励,可以提前公布奖品以激发用户的参与热情;也可以设置悬念促使用户产生期待心理。宣传推广的形式包括海报宣传、公众号活动推文、社群公告、短视频、长图等。

(二) 执行过程

1. 活动发布

活动相关的文案、海报、链接等需要提前准备好,并按规定时间发布。此外,新媒体营销人员应准备相应的话术,制作标准的常见问题解答(Frequently Asked Questions,简称FAQ)文档,针对用户提出的问题回复一致的解答内容。

2. 活动执行

新媒体营销人员应按照活动计划执行,具体包括开场、过程、结束三大环节。活动执行过程中,要注意监测活动进展情况,关注用户的沟通与反馈,尤其是要注意突发问题的解决,如链接二维码失效、群内成员已加满、图片被吞、直播被限流等。

活动的开场可以通过结合热点话题、讲述故事、提出问题等引发用户的兴趣。活动过程中也可以分阶段地鼓励用户分享活动链接,以求获得更大的曝光量。

执行活动的过程中一定注意用户的反馈,一旦遇到舆情要尽快解决。

(三) 活动收尾

活动收尾工作需要与活动目标保持一致。如果活动目标在于促销,新媒体营销人员可以在活动快结束时,再次发出产品链接、产品优惠券等,刺激用户下单;也可以在收尾时预告下次活动的时间,即"埋下一个钩子"。若活动目标是吸粉或者引流,则需要在活动收尾时引导用户进行账号关注。

活动结束后,新媒体营销人员要注意及时公布活动结果,联系获奖用户。知识分享类活动需要总结活动中的优质资料、有趣内容、干货知识,用于二次传播和后期发酵,如制作成知识集锦、PPT、活动精华等,并分享给用户。

(四) 活动复盘

活动结束后,新媒体营销人员需要根据活动数据进行活动效果评估,反思活动过程中出现的问题及原因,总结活动中的成功经验,为下一次活动积累可以采用的方法和步骤。具体复盘内容包括活动背景、活动目标、活动成果、不足之处、后续计划等方面的内容。若活动中大量用户反馈某个问题,新媒体营销人员需要将舆情进行记录,分析原因并对接下来的活动进行调整。

分析活动数据可以利用微信公众号平台自带数据工具,也可以使用第三方工具,如金数据、问卷星等问卷工具。

在进行活动复盘后,新媒体营销人员可以将活动过程整理成文字、PPT 等资料后归档,为今后的工作形成积累性材料。营销活动成功案例的总结性资料也可以用于部门案例分享。

二、活动类型

(一) 朋友圈活动

朋友圈活动常见的方式包括转发、集赞、引流、互动、试用、筛选等形式。

1. 转发

新媒体营销人员需要在朋友圈提供优质内容,并结合内容配图;也可以设置为有奖转发,鼓励用户转发并为用户提供奖励。

2. 集赞

集赞的基本形式为转发海报或推文至朋友圈,集赞后截图发至微信公众号,官方审核后送出礼物。新媒体营销人员也可以使用小程序让用户提交截图和地址信息,审核通过后邮寄即可。朋友圈集赞示例如图 3-40 所示。

3. 引流

最常见的引流方式是新媒体营销人员在朋友圈开展活动,吸引用户参与,但获取奖品后需要到线下实体门店或跳转线上其他平台领取。

图 3-40 朋友圈集赞示例

4. 互动

互动的活动形式主要包括顺序互动、"一赞一♯"及互动话题。

顺序互动是指新媒体营销人员根据用户点赞的顺序设置奖励,由于点赞的用户完全不知道自己会是第几个点赞,所以会有所期待。

"一赞一♯"是指点赞数量等于某一个行为的数量。我们可以借助自己的兴趣爱好,用"一赞一♯"设置挑战,吸引用户关注。

互动话题是指新媒体营销人员可以在朋友圈文案中设置互动性较强的话题(如请教问题、脑筋急转弯、笑话、段子等),鼓励用户在评论区回答。

(二)公众号活动

活动是公众号内容的一部分,可以增强用户黏性,加强官微与用户的沟通。短期活动的开展有助于公众号实现增粉、促活等效果。一般来说,活动分为线上活动和线下活动,线上活动更强调创意,参与方式简单便捷;而线下活动需要考虑场地、时间、人力、物力等因素,执行细节烦琐。这里我们主要介绍线上活动。

1. 留言有礼

留言有礼是指用户在公众号推文下方评论、留言即可参与活动,主办方可以通过随机抽选或按点赞数排名等发放福利。留言有礼示例如图3-41所示。

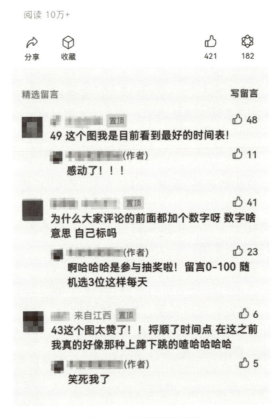

图3-41 留言有礼示例

2. 红包

红包是即时可得的利益点，作为福利能够快速吸引用户。新媒体营销人员举办红包抽奖活动需发布预告，一般情况下为营造稀缺性，红包数量不能太多。红包可以设置较小数额，分阶段、分批次、分时间开展多轮活动。

人民日报自2023年1月21日开始，一直持续到正月十五，通过推文开展多轮万元现金红包发放活动。用户复制推文中的红包口令，进入支付宝红包页面输入口令即有可能抢到红包。人民日报红包活动示例如图3-42所示。

图3-42 人民日报红包活动示例

3. 晒照有礼

晒照有礼活动收集用户自发生产的内容，符合条件的即可获得优惠券或其他礼物。一般来说，该活动会要求用户晒照的内容与产品或品牌相关。例如，品牌方鼓励用户在收到试用品之后发布朋友圈，品牌方会再给用户优惠券或其他礼物。

4. 征集内容、用户

该活动形式主要是收集用户自发生产的内容，常见的征集内容是征文、征稿。公众号也可根据自身定位、内容和活动需要征集相关内容。例如，某公众号联合完美日记、抖音超品日，发起了异地恋情侣惊喜游戏征集活动，邀请用户报名参与活动。征集用户参与活动示例如图3-43所示。

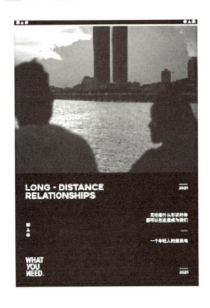

图 3-43　征集用户参与活动示例

【实例分享 3-4】

为迎接党的二十大胜利召开，更好地问政于民、问需于民、问计于民，2022 年 4 月 15 日，新华社公众号发布推文《你的意见，真的很重要！》（如下图所示），文中提出新华社客户端推出党的二十大相关工作网络征求意见平台，邀请人民群众和社会各界积极为党的二十大建言献策。

公众号推文中设置了小程序，用户点击即可跳转到意见征集页面，点击不同条目即可进行意见填写。该篇推文的阅读量达到 10 万以上，吸引了各行各业的民众踊跃参与。充分发扬民主，广泛听取意见，是党尊重人民主体地位、发挥人民首创精神的重要形式。在新媒体快速发展的今天，包括微信公众号、客户端在内的新媒体平台也可以为广纳群言、广集民智发挥重要作用。

《你的意见,真的很重要!》公众号推文截图

5. 游戏互动

游戏互动是活动营销中常见的形式,新媒体营销人员可以利用 H5 制作平台(如意派 Epub360 等)的游戏模板或定制专业版中的游戏与用户进行互动。用户在公众号中扫描二维码即可以进入 H5 游戏。

2020 年 4 月,饿了么携手意派科技推出一款 H5 游戏《饿了么蜂鸟答人赛》,可以支持骑手和普通用户组团参与答题。游戏一经推出便掀起了答题热,用户积极性非常高,日答上千题的大有人在。饿了么携手意派科技推出的 H5 游戏如图 3-44 所示。

图 3-44 饿了么携手意派科技推出 H5 游戏

6. 投票评比

投票是较为简单的活动形式,新媒体营销人员可以通过设置主题赛事鼓励用户上传作品,然后吸引用户进行投票。新媒体营销人员可以利用微信公众平台自带的投票功能进行活动设置。设置用户关注公众号后才能投票可以达到涨粉的目的。

7. 有奖调研

新媒体营销人员可以采用在线问卷小程序、二维码等形式展示问卷。一般情况下,福利或礼品越实用、价值越高,用户的参与积极性就越高。

8. 用户访谈

用户访谈除了传统的线下访谈,还有线上访谈。新媒体营销人员可以结合新颖的形式进行线上访谈,如拍摄访谈对象的 Vlog、呈现访谈过程等形式,制作丰富的内容。如某公众号曾经发起"情侣当面翻旧账"访谈,并将访谈过程记录下来呈现给读者。用户访谈活动示例如图 3-45 所示。

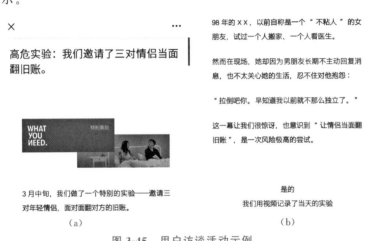

图 3-45　用户访谈活动示例

(三) 社群活动

社群活动的目的在于获取用户信任,增加用户黏性;当社群沉寂时,社群活动能够提高社群用户活跃度,实现增粉。社群活动的常见形式如下。

1. 发红包

新媒体营销人员在社群内可以定期发布红包雨,此外知识博主在视频号直播时也可以发送红包。直播时发红包能在微信群中产生记录,吸引群内其他用户观看直播。

2. 定期答疑活动

社群定期答疑活动可以由社群管理者、运营小助手进行。而社群主要内容输出者,如知识博主、关键意见领袖等,可以设定在规定时间内进行专业的问题答疑,营造稀缺性。

3. 打卡活动

社群内的打卡活动有利于用户形成习惯,如每日练习、小程序打卡等。新媒体营销人员在社群中可以规定用户在打卡后截图发布在群中,营造良好的学习氛围,激励群内其他用户完成任务。为了激励社群内用户,新媒体营销人员可以设置课程优惠券、电子版结业证书等奖励。

4. 接龙活动

社群内的接龙活动具有破冰功能。在社群运营之初,为活跃社群气氛,提升社群内用户的交流兴趣,社群小助手可以引导社群内用户通过群接龙进行自我介绍。在购物类社群中,接龙活动还可以统计拼单信息。

5. 社群直播活动

社群可以定期开展直播活动。一般情况下,直播时间选在中午、晚饭后比较合适,此时上班族会有较多空闲时间。新媒体营销人员可以将直播链接转发到社群中,吸引不在直播间的用户。

6. 训练营

训练营较适合知识付费类、技能学习类的社群,这类社群需要通过优质内容的输出来维持与社群内用户的关系,促进正式课程的销售。训练营时间较短,三到七天不等。训练营可以作为正式课报名之前的体验课,往往价格不高,易吸引用户。一些社群还会开展转发助力活动,即用户需要转发链接获得助力才能获得优惠券。

7. 线下活动

除了线上活动外,社群也可以举办线下活动。但要注意地点选取、主题选择及线下活动的内容价值。只有内容价值足够大,稀缺性足够强,才能吸引用户结合交通、时间等客观因素去线下参与。

单元五　微信营销数据分析

【知识准备】

"我知道有一半广告浪费了,但我不知道浪费在哪里了。"效果的准确评估是营销行业曾经面临的难题。在大数据时代,数据的收集和掌握有利于在广告投放、用户数据收集、用户反馈获取、营销效果判断等过程中的科学决策、有效触达。微信平台拥有的后台数据可供编辑查看,进而用于分析问题并优化内容,同时,数据工具的使用能够帮助企业或品牌完成用户对信息的了解,对活动运营质量的评估。

一、微信数据分析的作用

(一) 效果评估

新媒体营销人员可以通过数据分析内容生产、营销活动和日常运营的效果,根据数据来优化营销过程。如根据相关数据分析文章的质量,发掘用户的喜好;根据营销活动的参与人数,分析活动的效果和活动的价值。数据带给新媒体营销人员真正看得见的依据,成为新媒体营销人员手里和心中的秤杆,被用来判断内容或活动的切实实效。

(二) 导向作用

除了效果评估以外,新媒体营销人员还可以根据数据结果,分析用户线上行为产生的背后原因,然后调整营销内容、活动方式、运营策略等。竞争极其激烈的今天,内容输出不能一成不变,新媒体营销人员需要根据获得的数据反馈,动态地调整营销内容与运营策略,保持营销内容对用户的吸引力甚至是自身账号的地位。

(三) 控制成本

运营、营销都需要人力、物力和财力等支出,而利用数据能够挖掘用户特征、分析用户所在城市、购买或投入的时间等。在此基础上,微信数据分析平台能够提高内容生产效率、优化活动方案,在用更加精准的内容满足用户需求的同时,降低运营、营销成本。

二、微信数据类别

(一)微信朋友圈数据

微信个人号常与社群相结合进行营销推广,这种营销推广方式是一个构建私域流量池的途径。对微信个人号来说,需要关注的数据有新增好友数、好友属性(性别、年龄、地域)等。

微信朋友圈是微信个人号运营的重要平台,对微信朋友圈进行分析的数据常常包括好友增长量、朋友圈点赞量、朋友圈评论量、导购文案转化率、朋友圈购买数量、海报二维码扫描数量等。

(二)微信社群数据

社群数据分析也十分有必要,尤其是运营多个社群时,新媒体营销人员需要对用户活跃度、微信群参与度、活跃时段等进行统计,当社群开展活动时,新媒体营销人员需要统计活动参与数、打卡人数等来评价活动效果。

(三)微信公众号数据

微信公众号数据分析对于微信公众号的运营、规划、调整具有导向作用,一般可以从内容分析、消息分析、菜单分析、用户分析等四个方面进行考虑,此外接口分析、网页分析是针对公众号二次开发后的数据进行的分析,在此不予讨论。

1. 内容分析

(1)内容分析常用指标主要包括以下六个方面。

① 内容阅读分析。内容阅读分析指从反映阅读效果的数据入手,分析内容的产生、选题的设置等方面出现的问题。

② 阅读次数。阅读次数指看到文章标题后打开文章的用户数量。阅读次数是一个可以检验文章的标题和摘要是否合适的参考值,当标题和摘要吸引用户时用户才会打开文章。

③ 分享次数。分享次数指用户分享这篇文章到朋友圈或者其他渠道的次数。新媒体营销人员根据分享次数可以分析出用户喜爱的文章类型。

④ 点赞数。点赞数指有多少人给该篇文章点赞。点赞数体现了用户对文章内容的喜好度。

⑤ 在看数。在看数指有多少人给该篇文章点"在看"。在看数展现了用户对文章内容的认可度,以及文章内容是否有社交价值。

⑥ 留言数。留言数体现了用户参与互动的意愿。用户看了文章以后,有多少用户留言,这能反映出文章结尾是否可以点燃用户互动的想法,检验文章结尾内容的有效性。

(2)微信后台内容分析的图文方面指标主要包括以下两个方面。

① 全部群发。全部群发展现的是多篇文章的整体阅读数据,具体包括阅读、分享、跳转阅读原文、微信收藏、群发篇数等数据内容。我们可以选择数据时间,找寻某个时间阶段内的数据,并下载数据明细。全部群发界面如图3-46所示。

② 单篇群发。微信公众号后台还能查看某篇文章的具体数据,包括该篇文章的总阅读次数、总分享次数、阅读后关注人数、送达阅读率、阅读完成率等。单篇群发界面如图3-47所示。

图 3-46 公众号后台内容分析—群发分析—全部群发界面

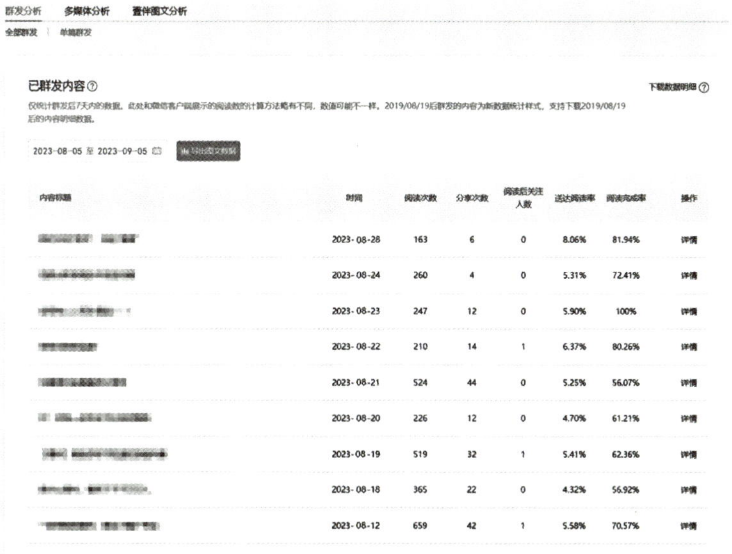

图 3-47 公众号后台内容分析—群发分析—单篇群发界面

其中，点击每一篇后的"详情"可以查看送达转化、分享转化、数据趋势、阅读完成情况、用户画像等数据。

在送达转化方面，可以观察公众号消息送达给粉丝后，有多少粉丝打开阅读。如图3-48所示示例，该文章送达1324位粉丝，但在公众号会话的阅读次数是103次。

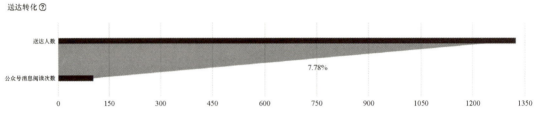

图3-48　单篇群发—单篇群发数据—送达转化

在分享转化方面（如图3-49所示），公众号消息阅读次数（群发消息在公众号会话及订阅号消息列表的阅读次数）为103次，首次分享次数（用户在公众号会话及订阅号消息列表阅读完后，转发或分享到好友会话、群聊、朋友圈及点击朋友在看的次数，不包括非粉丝的点击）仅为9次。总分享次数包括非粉丝的点击，即总分享次数实际上指的是二次传播，该文章的总分享次数为46次。分享转化数据可以分析一篇文章的阅读量是主要来源于已关注用户的传播，还是依靠用户分享后带来的二次传播。

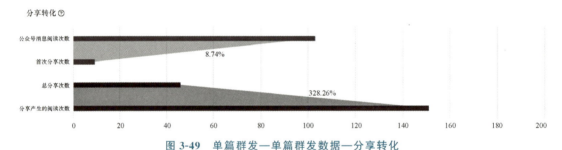

图3-49　单篇群发—单篇群发数据—分享转化

2．消息分析

消息分析是指分析关注用户向公众号发送的消息、关键字等，并分析用户需求，以提高用户的留存率。公众号会话框的消息包括引导用户进行关键词回复，以及用户主动与公众号互动的消息。

针对引导用户关键词回复的内容，新媒体营销人员一般依靠资源分享、往期精华文章、公众号使用指南等数据确定，还可以根据用户回复情况进行调整。

在用户主动与公众号互动方面，公众号新媒体营销人员需要提高服务意识，从与用户主动互动的消息中筛选出用户关心的问题，将出现次数较多的问题、关键词等设置为自动回复。

在回复的设置上，公众号后台有关键词回复、收到消息回复、被关注回复三种类型。除此之外，我们还可以借助第三方平台实现分时段回复信息、图音频自动回复、红包回复等。

3．菜单分析

菜单分析是指对用户点击菜单栏某个具体菜单的次数和点击人数进行分析。

菜单分析有以下三个具体指标。

菜单点击次数：菜单被用户点击的次数。如图3-50所示为菜单点击次数界面。

菜单点击人数：点击菜单的去重用户数。

人均点击次数：菜单点击次数/菜单点击的去重用户数。

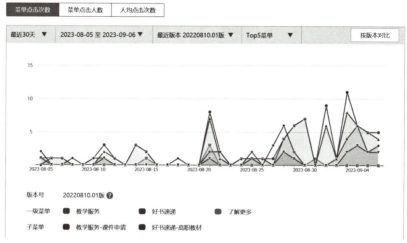

图 3-50　菜单分析—菜单点击次数界面

一级菜单可以保留用户较为关注的核心内容，具体菜单标题可以参考公众号阅读量比较高的文章；较为不重要的内容可以放在二级菜单。

4. 用户分析

用户分析即通过收集用户的属性、增长情况等数据，掌握用户画像和特征，分析公众号粉丝人数的变化等，从而对营销工作进行调整。

（1）用户增长分析包括四个关键数据，分别为新增关注人数、取消关注人数、净增关注人数、累计关注人数。

① 新增关注人数。即一定时间段内新增的关注微信公众号的人数（如图 3-51 所示）。

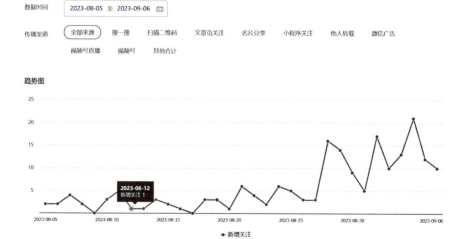

图 3-51　用户增长分析—新增关注人数

② 取消关注人数。即每天取消关注公众号的用户数量。取消关注有两种情况，即新用户进入公众号后发现内容并不是自己喜欢的，随即取消关注；老用户对文章内容不再感兴趣，遂取消关注。取消关注人数只要保持在正常范围内就无须担心，若数值较大则需要引起注意，新媒体营销人员需要分析文章质量、选题方向等。

③ 净增关注人数。净增关注人数是新增关注人数减去取消关注人数后的结果。该指标常常被用来与文章转发量做比较，这是由于转发文章可以获取新的用户。净增关注人数是公众号发展状态的重要数据，其理想状态是整体呈稳定上升趋势。

④ 累计关注人数。即当前关注的用户总数。

新媒体营销人员可以根据上述指标，针对特定时段内的公众号文章进行分析，分析时需考虑文章标题、内容等，以及舆论环境、社会热点等。

（2）用户属性分析即对关注公众号的用户的人口特征、地域归属等进行分析。新媒体营销人员可以重点关注性别和城市，通过性别分布可以分析关注公众号的用户性别比例，从而了解用户的主要性别，分析其喜好（如图 3-52 所示）。

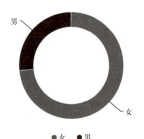

图 3-52　用户属性分析—性别分布

由于公众号用户数据收集并不完整，如需更多数据可以对用户进行深入调研。

（3）用户关注来源分析可以作为用户增长的观测指标之一，新媒体营销人员可以基于此优化引导关注的设置，增加公众号的关注量（如图 3-53 所示）。用户关注的来源主要包括以下几个。

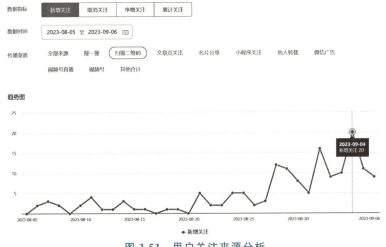

图 3-53　用户关注来源分析

搜一搜。当账号存在一定影响力,或者账号的内容在领域内最近热度比较高,或者账号有其他平台的推荐引流时,用户会通过搜一搜关注。

扫描二维码。用户主要通过线上活动海报、文中二维码及线下活动物料等扫描关注。

支付后关注。一般情况下,开通支付功能的服务号支持支付后关注。

此外,还有文章页关注、名片分享、小程序关注、他人转载、微信广告、视频号直播、视频号等。

三、数据分析方法

(一)确认分析目的

在分析数据之前,新媒体营销人员需要针对某个问题,或想要了解的某个情况而搜寻对应数据并展开研究,以期解决问题或对某些情况增进了解。常见的分析目的有流量获取、维持粉丝、改进活动等。

流量获取即我们常说的拉新、涨粉、获得关注,指的是公众号获取新用户。获取新用户是内容账号具有生命力的重要体现。

维持粉丝即留存原有的粉丝,减少粉丝流失。

改进活动是指通过数据分析了解营销活动的效果,了解运营的情况,或找出效果不佳的原因,以改进下一次营销活动。

(二)数据分析思路

拿到数据后,面对大量数据,新媒体营销人员应该如何对数据进行分析思考?对于某些能够直观地反映情况或问题的数据,新媒体营销人员应根据数据大小来分析活动效果。如某次活动的参与人数为5000人,新媒体营销人员应按以下思路进行数据分析。

1. 数据对比

数据对比,是指通过分析两个或两个以上数据的差异,找出变化规律和问题所在。在数据分析中,某项单一数据作为单一变量,展现和反映某个单独的情况,如某天某篇文章的阅读量、点赞量等。但单一数据无法反映变化,新媒体营销人员可以将不同时段的单一数据进行对比获得更多信息。

2. 数据拆分

数据拆分,是指根据分析目的,将大问题拆分成小问题,用每一个小问题的数据指标来反映大问题,从而找出问题原因或变化规律。

如将销售额的问题划分为流量、转化率与客单价三个重要因素影响下的问题。流量包括付费流量与免费流量;转化率可以进一步细化为文案转化、图片转化、二维码转化、广告转化等;客单价可以进一步细分为优惠券、正价、套餐等。

3. 漏斗模型

漏斗模型,是指收集运营各个环节、流程的数据,分析数据从多到少的变化,因该方式绘制成的图形似漏斗而得名。漏斗模型能够分析出用户在各个阶段的转化率、留存率,帮助新媒体营销人员直观地发现问题。漏斗模型示例如图3-54所示。

(三)分析结论

进行数据分析后要形成结论,才对营销工作具有指导意义。在数据分析开始前,新媒体营销人员需要设立分析目标,即希望通过数据分析来解决哪些问题、查找哪些原因。然后,在分析数据之后,新媒体营销人员需要对照分析目标,依据分析结果,形成分析结论。

图 3-54 漏斗模型示例

四、数据分析工具

大量的数据单靠人工分析对比十分复杂,新媒体营销人员可以借助工具完成对数据的整合、筛选和分析。

(一)微信平台自带的分析工具

微信平台自带的分析工具操作简单,无须运用分析函数或统计代码,所有数据可以一键生成并清楚地展示出来。微信后台管理员能够清晰地看到阅读量、粉丝增长量等。

(二)Excel

Excel 是一款常用的数据处理工具,操作难度不大,功能较多,我们可以借助 Excel 进行数据分析。其中,需要分析的数据可以交由人工统计,或者是通过后台导出后直接进行分析。

(三)第三方分析工具

第三方分析工具指的是非官方平台自带的、需要官方平台授权后才可以使用的数据分析工具。常见的第三方分析工具有新榜数据、清博指数等。

【思政园地】

数据注水、文章阅读造假,灰色巨大产业链曝光

2018 年 8 月,微信官方团队称"为保证平台的健康运营,公众号运营后台的文章阅读数据于 8 月 8 日开始,剔除机器等非自然阅读带来的虚假数据"。

该条信息的发布使自媒体平台存在数据注水的问题再次出现在大众视野中。需求方只需要付费,商家就能通过刷量为公众号粉丝量、公众号文章的阅读量、点赞量等进行短时间内的提升。这种现象被称为刷量,也就是数据造假。数据造假早已经形成了产业链,在 2018 年 8 月估计达到了 300 亿元左右。

催生数据造假的原因之一在于,公众号通过刷量获得粉丝,营造出粉丝众多、阅读量大的虚假繁荣景象,诱使品牌方或者广告主在公众号中投放广告。公众号获得了广告收入,但由于阅读量存在虚假泡沫,致使品牌方或广告主无法获得应有的广告效果。长期下来,仅仅

依靠真实数据的优质内容账号,无法通过广告收入实现变现,难以与刷单账号抗衡。

据新浪新闻报道,2021年7月15日,上海市浦东新区人民法院对某公司作出判决,认定该公司通过开发平台提供公众号刷量、微信账号买卖等行为已构成不正当竞争,判令该公司及其法定代表人向腾讯科技(深圳)有限公司、腾讯计算机系统有限公司赔偿共计300万元。

(资料来源:央视财经.一条巨大灰色产业链曝光!有公司专业养粉丝,注水微信大号文章阅读量[EB/OL].(2018-8-31)[2023-8-28]. https://baijiahao.baidu.com/s? id=16103265341939196308&wfr=spider&for=pc.有改动)

【模块三 职业技能任务】

任务名称	微信营销综合任务			
任务目的	通过5个具体的任务,掌握朋友圈营销、微信公众号营销等微信营销形式的技能和要点。对微信公众号定位、内容策划、视觉设计、数据分析等进行练习。			
任务提示	文化是国家和民族的灵魂与精神命脉,文化自信是更基础、更广泛、更深厚的自信,是一个国家、一个民族发展中最基本、最深沉、最持久的力量。党的二十大报告提出"推进文化自信自强,铸就社会主义文化新辉煌"的重大任务。当今,发展文创产业是提升文化软实力的重要路径。 公众号"大众文创",是某专业为了宣传推广其专业的活动"文创产品拍卖会"而注册并进行运营的。该公众号创办者为专业教师,管理人员有教师以及承办活动的当届学生。拍卖会在每年11月举办,因此该公众号在11月前后较为活跃。该公众号简介为"关注文创,感受文化,发掘创意。从事文化活动创意策划、文创项目运营、品牌营销推广"。据悉,该拍卖会拥有一个IP形象——文文,是以拍卖锤的形象为灵感而设计的。			
第( )组	学号			
	姓名			
任务实操	任务一:公众号定位 (1)请问公众号"大众文创"的定位是否清晰? (2)请根据公众号的两种定位方法,分别为公众号"大众文创"重新设立4种定位,并构思该定位下公众号内容的方向。			
	定位类别	具体定位	具体内容的方向	
	内容定位(方案1)			
	内容定位(方案2)			
	功能定位(方案1)			
	功能定位(方案2)			
	(3)若"大众文创"计划打造个人号、公众号、视频号的矩阵,请问是否可行?如果可行,请根据公众号的账号设置(也可以修改),对个人号、视频号的进行账号设置。			
	账号类别	项目	账号信息(方案1)	账号信息(方案2)
	个人号	头像		
		微信号		
		名称		
		……		
	公众号	头像		
		名称		
		简介		
		……		
	视频号	头像		
		简介		
		视觉风格		
		……		

续表

	任务二：内容营销
	(1) 本届"文创产品拍卖会"即将到来，同学们需要利用公众号、个人号进行宣传推广。你作为个人号的宣传人员，请对朋友圈宣传内容进行规划。

序号	朋友圈文案规划	朋友圈配图规划
1	文案1	
2	文案2	
3	文案3	
4	文案4	
……		

(2) 假如你是公众号的编辑，请查找11月的热点日历，并根据重要节点或重大节日进行推文内容的策划。

序号	热点内容	具体推文内容规划
1	热点1	
2	热点2	
3	热点3	
4	热点4	
……		

(3) 选择一个规划好的公众号文章思路，进行全文撰写。

热点选择	
标题	
摘要	
开头	
正文	
结尾	

任务三：视觉设计
(1) 请根据任务二—(1)，对规划和撰写好的朋友圈文案和图片进行排版。可以使用排版工具小程序。
(2) 请根据任务二—(3)，对规划和撰写好的公众号文章进行排版。要求制作出封面图、插图、前引导、后引导。
(3) 请对"大众文创"公众号的二维码进行美化，要求体现文创特色。
(4) 请根据拍卖会的IP创作三个表情包。
(5) 请将历年拍品的名称进行收集，制作成一幅有关拍品的文字云。

任务四：微信活动策划
(1) 本届"文创产品拍卖会"即将到来，需要利用公众号、个人号进行宣传推广。作为个人号的宣传人员，请策划朋友圈活动来宣传拍卖会。
(2) 作为公众号"大众文创"的新媒体营销人员，请策划一场采访活动，并撰写成推文。
(3) 外联部为拍卖会拉了一些商家做赞助，其中一个炸鸡店商家要求拍卖会宣传团队为其建立品牌社群。请为其策划社群活动，活跃社群，并为商家进行线下引流。

续表

	任务五：数据分析 (1) 阅读分析。请计算出 9 月各篇文章的送达阅读率(送达阅读率＝公众号消息阅读次数/送达人数)，并找出送达阅读率排名前三的文章。					
	内容标题	文章日期	总阅读人数	送达人数	公众号消息阅读次数	送达阅读率
	我们手持"情书"，共赴"情缘"	20230928	102	1302	105	
	拍卖会彩排绝妙片段抢先看	20230924	137	1300	69	
	@所有人｜活动推迟！！！	20230923	167	1288	76	
	神奇动物在这里！	20230922	101	1288	82	
	华夏情书主题宣传片首发	20230921	280	1275	67	
	叮！你有一份毕业大礼包待查收	20230920	134	1276	60	
	【爆料】揭秘你所不知道的穿越内幕	20230919	286	1275	69	
	是什么情书，看哭了千千万万人	20230918	204	1274	55	
	一封特殊的情书，轰动了整个专业	20230912	418	1272	71	
	(2) 内容分析。阅读所有文章并从标题、内容上分析送达阅读率较低的原因。					

【模块三考核评价】

评价说明:在本次任务完成后,由任课老师主导,采用学习过程评价与学习结果评价相结合的方法,综合运用自我评价、小组评价及教师评价三种方式,由教师确定三种评价方式分别占总成绩的比例,并加权计算出学生个人本次任务的考核评价分。

模块任务完成考核评价表			
任务名称		微信营销	
班级		学生姓名	
评价方式	评价内容	分值	成绩
自我评价	职业技能任务工单完成情况	70	
	对知识和技能的掌握程度	10	
	我胜任了小组内的工作	20	
	评价意见:		
小组评价	本小组的本次任务完成质量	30	
	个人本次任务完成质量	30	
	个人参与小组活动的态度	20	
	个人的合作精神和沟通能力	20	
	评价意见:		
教师评价	个人所在小组的任务完成质量	30	
	个人本次任务完成质量	30	
	个人对所在小组的参与度	20	
	个人对本次任务的贡献度	20	
	评价意见:		

总评=自我评价×( )%+小组评价×( )%+教师评价×( )%=

> 　　随着互联网的快速发展，内容创作呈现多体裁表达、多领域覆盖、多形式变现等特征，而无论内容的呈现形式与传播载体如何变迁，丰富多元的高价值内容都是良性内容生态的立足根本和活力源泉。每天有数以亿计的用户通过今日头条关注中国和世界正在发生什么，多种多样的用户需求催生了更加丰富的垂类内容。有人这样总结今日头条创作公式：营销爆款好内容＝洞察＋挑战＋有趣。"有洞察"，构成对营销信息的精准提炼；"做挑战"，构成用户一口气看到底的动力；"够有趣"，构成观众反复爱看的坚固认知；三者分别对应广告主需求、用户需求、创作者需求。

模块四　今日头条营销

【学习目标】

1. 知识目标

（1）了解今日头条以及头条号的定位。

（2）掌握头条号的内容设计和视觉营销设计。

（3）掌握今日头条活动营销技巧和今日头条数据分析。

2. 能力目标

（1）能够确定好头条号的营销定位，并独立运营个人和企业头条号。

（2）能够配合营销目的，运用营销推广技巧策划并实施头条活动营销。

（3）能够对头条营销活动进行复盘并对运营数据进行分析，以实施有效的头条营销。

3. 素养目标

了解头条号运营规范，坚守职业操守和个人品德，弘扬科学精神，传播正能量，根据平台规则健康地运营今日头条账号。

【思维导图】

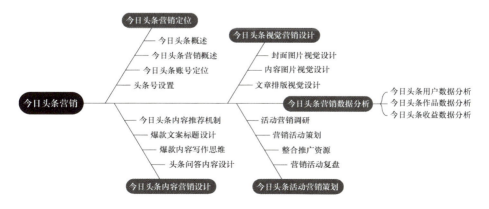

【引例】

"巧妇9妹":从农妇到千万粉丝网红

"巧妇9妹",本是广西灵山县三海街道办苏屋塘村一名普通妇女,从2017年5月19日开始拍摄三农短视频,同时在今日头条等各大自媒体平台上分享视频,内容主要是分享农村的风土民情和美食……同时她还利用网络平台销售自家种的水果,经过几年的发展壮大,已经成为全国三农领域的标杆网红人物。"巧妇9妹"成为中央电视台等众多媒体关注的电商品牌。

1. IP定位、形象内容差异化

"巧妇9妹"的家乡盛产荔枝、龙眼、芒果、百香果、橘子等水果,"巧妇9妹"团队通过市场调研,定位给这三类人做农村内容:第一类是那些出生在农村,工作或生活在城市的人,他们对农村有一种思念之情;第二类是长在农村,活在农村的人,他们看到视频能产生共鸣;第三类就是没去过农村的城市人,对农村生活有一种向往之情。

在人物形象差异化定位中,"巧妇9妹"就是一个农村妇女,很快她的勤劳、善良、朴实、聪明、亲切的形象赢得了网友热捧和认可。在运营前期,账号每天都坚持一天两次更新视频,中途也根据"9妹"的特点,深化个人的标签,如魔性的笑声、特色的普通话、女汉子的性格等。

2. 背靠自媒体平台,抓住风口

账号运营了2个月就积累了20多万粉丝,因为日常拍摄的视频素材里会夹带种植水果、采摘农产品的内容,后台很多粉丝留言要买,"巧妇9妹"就开始了内容电商带货。2017年10月,"巧妇9妹"通过微头条、视频商品卡插入的方式进行转化,7天的时间卖了8吨水果,销售额达到了50多万元。后续由于西瓜直播的出现,实现了在直播间进行带货,"巧妇9妹"进一步得到平台和各媒体的关注,迎来了快速发展期。2017年,各平台对三农短视频大力提倡,纷纷补贴各大自媒体平台的三农短视频创作者,同时各平台也呼应大众,大力推荐及帮助三农短视频创作者宣传。由于各平台的推动,"巧妇9妹"也在这股潮流中成为标杆账号。

3. 模式很重要,产品要优质

为了能稳定发展,"巧妇9妹"建立了自己的产销模式,以"公司+网红+合作社+基地+农户"为产销模式。"巧妇9妹"花了三年时间,培育发展"巧妇9妹"加盟合作社40多个,农产品基地180多个,并与1200多家农户共计15000多亩皇帝柑园、沃柑园、荔枝园、百香果园、芒果园、火龙果园等果园合作,成立"巧妇9妹合作致富果园",以线上直播带货为主,线下大批发模式去盘活。

4. 玩转私域,充分开展粉丝经济

"巧妇9妹"打造了千人万元同城电商平台——"巧妇9妹同城购",入驻县域社区团购。针对广西县域经济的特点,开展了社区团购项目。充分利用了网红品牌以及粉丝经济效应,拥立一些交际圈广泛的消费者成为社区团长,带动家乡年轻人、妇女无成本、无囤货创业,用行动让家乡老百姓脱贫致富。

5. 坚持正能量,政府政策扶持

"巧妇9妹"坚持正能量拍摄,多次助力助农活动,帮农户解决滞销问题,这种方式符合国家政策,也符合平台政策方向的发展。"巧妇9妹"根据国家政策,坚持帮政府去解决社会问题,在有关部门的指导下,"巧妇9妹"助力了全国数十场助农活动,去各地进行滞销产品的销售;另外,"巧妇9妹"也联合爱心企业,陆续向贫困户免费赠送羽鸡苗、土鸭苗、果苗、鹅苗、猪苗等,惠及贫困人口超过1500多户,并签订保价收购协议,从源头和根本上助力助农事业。因此,"巧妇9妹"被很多政府媒体报道,也获得了政府相关政策的补助补贴。

(资料来源:网易."巧妇9妹"大山里走出的带货网红如何年入千万?[EB/OL].(2020-04-27)[2022-1-15]. https://www.163.com/dy/article/FB8CFO3B0518HHM7.html.有改动)

【模块分析】

　　一个连普通话都不会说的普通农妇,在家人的支持下,坚持录制短视频,坚持原汁原味地呈现原生态农村生活,坚持正能量拍摄,多次助力助农活动,帮农户解决滞销问题,成立"巧妇9妹合作致富果园",盘活当地水果经济……今日头条作为三农信息平台,力推了许多像"巧妇9妹"这样的农村信息化建设者,使他们通过内容创作,将手机变成新农具,带动村民致富,为实现党的二十大报告提出的"全面推进乡村振兴""加快建设农业强国"的目标努力奋斗。

　　今日头条在信息分发上有两个优势:广泛的用户基础和精准的分发技术。它能把真正有价值的信息以最契合的分发传播路径,精准触达用户并高效打动用户,快速引爆内容营销势能,达到迅速传播的效果。本模块从今日头条营销定位(单元一)入手,深入解析了头条内容和视觉的营销设计(单元二、单元三),解构了今日头条活动营销(单元四),分析了头条营销的具体数据(单元五)。

单元一　今日头条营销定位

【知识准备】

　　今日头条是超人气流量平台,也是当下极为热门的营销推广平台。从内容本身说,今日头条已成为全民级信息阵地,有越来越多的 KOL 在平台上分享干货;从内容形式说,平台的承载形式也越来越丰富,不但有图文,还有直播、短视频、中长视频、音频等;从流量来说,经常出现"百万+"、"千万+"流量的内容。许多新媒体营销人员也在逐渐把目光投向这个平台:流量巨大、创作者丰富,但营销价值并未充分被挖掘。

一、今日头条概述

　　今日头条是北京字节跳动科技有限公司开发的一款个性化资讯推荐引擎产品,以"信息创造价值"为目标,致力于连接人与信息,让优质、丰富的信息得到高效、精准的分发,为用户创造价值。今日头条目前拥有科技、体育、健康、美食、教育、三农、国风、NBA 等超过 100 个垂直领域,覆盖了图文、图集、小视频、短视频、短内容、直播、小程序等多种信息体裁。

　　(一)今日头条的特色

　　今日头条平台具有以下特色。

　　1. 个性化信息推荐

　　今日头条采用基于数据分析的推荐引擎技术,它的内容页面呈现出千人千面的特性。

今日头条能够将用户的兴趣、特点、位置等维度的信息挖掘出来并形成精准的用户画像,继而针对每位用户的喜好进行多元化、个性化的内容推荐。

今日头条对每条信息提取几十个到几百个高维特征,并进行降维、相似、聚类等计算,去除重复信息;对信息进行机器分类、摘要抽取、三层贝叶斯概率模型(Latent Dirichlet Allocation,简称LDA)主题分析、信息质量识别等处理。根据用户社交行为、阅读行为、地理位置、职业、年龄等挖掘出其兴趣。实时推荐用户感兴趣的内容,0.1秒内计算推荐结果,3秒完成文章提取、挖掘、消重、分类,通过社交行为分析,5秒钟计算出用户兴趣;通过用户行为分析用户感兴趣的内容,在用户每次动作后,10秒内更新用户模型。

基于个性化推荐引擎技术,今日头条根据人的特征、环境特征、文章特征三者的匹配程度进行个性化推荐。根据所在城市,自动识别本地新闻,精准推荐给当地用户;根据用户年龄、性别、职业等特征,自动计算并推荐其感兴趣的资讯;根据用户的历史搜索轨迹,分析、辨别出用户的兴趣、爱好等相关信息,向用户自动推送其感兴趣的相关资讯,大大降低了对用户的干扰,深得用户的心。

2. 丰富的信息资源

今日头条不仅能够根据用户的爱好向其提供个性化信息,还能满足各类人群对各种信息的需求。今日头条的内部板块包含了热点、图片、科技、娱乐、游戏、体育、历史、财经、搞笑、文化等信息,形成了一个浩瀚无边的信息海洋。

3. 高社交属性

今日头条也是一个社交平台,用户能够参与一系列社交活动,编织人际关系网络。今日头条的高社交属性主要在以下三个领域体现。

(1)产品自带。为了强化平台的社交属性,支持用户的社交行业,今日头条开发了一系列社交属性深厚的产品功能,如微头条、头条问答、头条圈、粉丝必达等,这些产品功能大大提升了用户的社交参与感。

(2)评论分享。用户在今日头条上还可以评论、分享自己的内容。通过评论,用户之间可以实现互动;通过转发分享,用户则可以更好地向其他人展示自己的喜好,表达自己的观点。

(3)原创。任何人都可以在今日头条方便快速地发布信息,表达自己的观点,吸引更多人关注自己。从这个视角来看,原创是今日头条社交属性的放大镜。

(二)头条号的类型

今日头条的文章、视频、微头条、头条问答、音频等可以通过头条号发布,根据运营主体不同,头条号可以分为两种类型:个人号和机构号。新媒体营销人员可以根据实际需要选择适合自身的头条号类型。

1. 个人号

顾名思义,个人号是指运营主体为个人的头条号。个人号适合垂直领域专家、达人、爱好者以及其他自然人注册和申请,即个人以及非公司形式(无营业执照/组织机构代码证等资质)的小团队。

2. 机构号

机构号是相对于个人号而言的,其运营主体为非自然人的各种组织机构。根据运营机构属性的不同,可以将机构号细分为五类。

(1)企业:适合企业、公司、分支机构、企业相关品牌、产品与服务等。

（2）群媒体：适合专注于内容生产的创作团体（包括出版社），如 36 氪、果壳、Mtime 时光网等。

（3）新闻媒体：适合有内容生产能力和生产资质的报社、杂志社、广播电台、电视台等相关单位，如新华社、北京青年报、大河报等。

（4）国家机构：适合中央国家机关和地方国家机关、党群机关等正规国家机构，如最高人民检察院、上海发布、中国驻坦桑尼亚大使馆等。

（5）其他组织：适合各类公共场馆、公益机构、学校、公立医院、社团、民间组织等机构团体，如石家庄市中乔养老院、天津市曲艺团等，但是不支持民营医院注册。

二、今日头条营销概述

用户在哪里，广告营销就在哪里——这是广告界最基础的逻辑。今日头条深耕内容，抢占了用户的众多注意力，这里成为品牌营销重要阵地之一。凭借千人千面的信息流广告，今日头条成为名副其实的头部营销平台。

（一）今日头条营销的特点

1. 活跃用户数据详细

据易观千帆数据统计显示，截至 2023 年 3 月，今日头条月活用户 3.05 亿，人均使用时长 26.20 小时。用户将自己的兴趣"贡献"给了今日头条，系统可以记录他们的点击、分享、评论、收藏等用户行为，并进行复杂计算和分析。

2. 用户定位精准

海量数据和算法分析，使得今日头条清楚地知道不同用户的兴趣，从而将用户需要的信息推荐给用户，其中就包括广告信息，所以，广告客户想要找什么样的人，系统都能精确地找到。广告覆盖不但有"量"，更有"质"。

3. 转化率高

广告的终极目的是实现转化，今日头条把转化率提到相当的高度。因为今日头条是根据用户的兴趣匹配的广告，所以能大大提高转化率。

4. 品牌影响力强

今日头条不仅广告转化率高，而且客户品牌能深入人心。据《2022 今日头条营销价值洞察报告》显示，今日头条用户在一线、新一线城市的占比超 40%；本科及以上学历占比 19%，规模达 5700 万元以上；月收入约 8000 元以上的日活用户占比 30%；月均网购消费支出约 1769 元，高于全国网民月网购消费支出 36%。今日头条用户是高知、高线、高价值的成熟消费群体，而这部分人群既是品牌"转化"目标，也是品牌要抵达的人群。

（二）今日头条营销的模式

1. 品牌活动营销

品牌活动和冠名赞助作为以增进消费者品牌体验为核心的传播手段，被越来越多的品牌和广告主所采用。例如，作为三菱汽车首款上市的战略车型，奕歌在今日头条用户中聚集了众多目标人群和潜在消费者，选择冠名"头条盛典"。在流量明星的加持下，奕歌获得了大量媒体曝光的机会，而作为媒体传播平台的今日头条，也能利用自身的资源优势给予活动和品牌大量的流量倾斜，拉近品牌和用户的距离，同时能提升品牌价值。

2. 效果营销

以各类新媒体平台与工具为依托，在深入研究新媒体资源的定位、用户行为和投入成本等的基础上,新媒体营销人员可以选择对企业或品牌最具性价比的一种或多种个性化营销方案。按效果计费,广告主根据广告发布后的用户行为数量同新媒体营销人员进行费用结算。例如,太平洋保险明白在移动碎片化阅读时代,必须利用与用户接触的"黄金3秒"迅速打动用户,延长用户与广告的"亲密接触时刻"。据统计,幻幕广告停留时长较普通落地页有30%以上的提升,于是,太平洋保险选择了今日头条的幻幕广告。幻幕广告融合了今日头条信息流广告优点,在资讯场景中与用户建立链接,在视频播放的同时将用户带入太平洋保险的价值立意中,让用户达成品牌认同;同时,幻幕广告沉浸式讲述品牌故事,以花样互动、无缝拼接的特点,使广告主的营销创意在多媒体的内容环境中更生动地演绎出来,提高了营销价值。

3. 整合营销

整合营销是指对各种新媒体营销工具和手段进行系统化结合,根据环境进行即时性的动态修正,以使交换双方在交互中实现价值增值的营销理念与方法。整合就是把各个独立的营销综合成一个整体,以产生协同效应。例如,哈弗通过独家冠名"今日头条的发财中国年"红包活动进行整合营销,用户可以登录今日头条、今日头条极速版、火山小视频、西瓜视频及皮皮虾通过集卡、红包雨、见面礼等活动分享10亿红包。在活动专区,哈弗除了冠名的大量露出,也通过赠送金卡的方式,让用户集齐五张卡片平分红包,此次活动吸引了众多用户参与,让用户真切地感受到品牌理念和温度,并通过极具仪式感的活动激发了品牌与用户的更深层次情感互动。

4. 定制IP营销

今日头条不仅仅是进行精准和个性化内容分发的新闻资讯平台,实质上,还作为品牌信息阵地,像内容分发一样进行精准的广告营销。今日头条通过自己庞大的资源库,正在开创不同的玩法和方式满足品牌或广告主的不同需求。

例如,功能饮料乐虎选择在今日头条冠名世界杯频道,定制顶部固定icon,抢占今日头条流量入口,强刷存在感,乐虎加上产品图元素露出让品牌辨识度最大化,精准触达和影响关注世界杯的用户群体。乐虎"2018世界杯"的超级话题页卡,强效激发用户与品牌互动共创内容;24小时世界杯图文直播间,乐虎与用户边看边聊,营造品牌伙伴的沉浸氛围;从最易引发共鸣的犯困话题切入打造定制H5,用趣味测试引发用户互动,进行互助推广,达到乐虎饮料提神、醒脑的品牌营销效果。

三、今日头条账号定位

新手在没有足够资源和流量的前提下,要想快速积累人气、打响知名度,除了按部就班地发布优质内容外,还需要打造一个风格明确的营销体系。这就需要新媒体营销人员做好定位,让用户知道其深耕的领域、发展的方向,以独特的个性和风格在用户心中留下深刻印象。

(一)今日头条账号定位的重要性

首先,做垂直内容已经是几乎所有新媒体平台的基本要求,没有确定的领域和方向,也就没有办法加V认证。或者前期通过了认证,但后期内容写得太宽泛不聚焦,也会被取消加V。

其次,从粉丝积累的角度来说,定位越精准、越细分,账号的竞争力和生命力就越强。新媒体营销人员选择一个自己擅长又喜欢,并且具有独特优势的细分领域,是做好新媒体的第一步。

最后,从个人成长和个人品牌积累角度来看,做定位其实就是贴标签,专注于这个标签并持续输出内容,粉丝慢慢地就记住了这个标签和特色,这样个人品牌和影响力就建立起来了。一旦有了个人品牌,可以变现的方式就很多元化了。而如果一直在换方向和赛道,就像一个不断换地方挖井的人,会很浪费且不会取得成果,所以越早选择一个方向,持续地创作内容,对新媒体营销人员的成长发展和个人品牌的打造,就越有好处。

（二）今日头条账号定位的策略

定位策略分为两种:一种是找到用户"痛点",并针对该"痛点"放大自身特点的空位策略;另一种是通过对内容领域的垂直细分,抓住其中契机的竞争策略。

1. 空位策略：找到"痛点"，放大特点

空位策略是指找到一个空位,而这个空位正好是用户的"痛点",同时也是大多数人最关注的话题。通过对准该"痛点",放大自身特点,使得账号形成独特的吸引力。

空位策略的核心是找到用户的"痛点"。实际上,用户产生"痛点"的原因是有问题要解决,而这个问题出现的原因是用户有了原始的需求。

2. 竞争策略：垂直细分，抓住契机

今日头条账号的竞争策略是越垂直越好。只有持续地在自己擅长的领域创作内容,才能吸引并保持大量粉丝。如果今日头条账号内容太宽泛,即便现在的粉丝量可观,也难以沉淀有效的粉丝,后期运用今日头条账号营销的工作就会很难开展。

我们可以对大众行业按照属性、类别细分,如表 4-1 为《今日头条用户群体画像（2021年）》中的兴趣人群喜欢的细分内容类型。除了大众市场,我们也可以锁定小众市场,如本地资讯、专业领域、冷门领域等。随着科技的进步以及用户需求的提高,今日头条账号的门槛与标准都在不断提高。对于今日头条账号新媒体营销人员来说,垂直细分的程度决定着其发展前途,只有内容翔实、逻辑严谨的文章、问答与视频才能持续获取用户的关注。

表 4-1　兴趣人群喜欢的细分内容类型

兴趣人群	细分内容类型	兴趣人群	细分内容类型
社会	社会资讯类内容	时政	时事热点类内容
娱乐	明星、娱乐类内容	旅游	旅游、旅行类内容
文化	文化、读书类内容	体育	各体育项目类内容
美食	美食、食谱类内容	历史	历史类内容
游戏	游戏、电竞类内容	育儿	母婴、育儿类内容
健康	健康、养生类内容	时尚	时尚穿搭、男性时尚、奢侈品、医疗美容类内容
房产	房产类内容	职场	工作、职场类内容
财经	投资、宏观经济、股票类内容	家居	家装、家居类内容
教育	学校教育、职业教育、家庭教育、学习资料类内容	动漫	动漫类内容
汽车	汽车类内容	军事	中国军情、环球军情类内容
科技	科学技术类内容	萌宠	萌宠、宠物类内容
三农	农业、农村、农民类内容	情感	感情、爱情、友情、亲情、心理类内容

(三)今日头条账号定位的方法

定位的精髓是扬长避短,在自己擅长的领域内发力,继而快速地在某领域获得较强的竞争力,占得先机,以下推荐三圈定位法。

第一步,在纸上画三个大大的圈,第一个圈的中心写上"我喜欢",也就代表我喜欢做什么;第二个圈写上"我擅长",代表我擅长做什么;第三个圈的中心写上"我应该",代表我应该做什么。

第二步,在每个圈里凭直觉写下我们想到的关键词,第一个圈写上我们想做的喜欢的事情,如兴趣爱好,对什么事情有热情,平常会经常关注哪些方面的信息。总之,凡是想做的事都写上,如喜欢看电影、喜欢读书、喜欢美食、喜欢做手账、喜欢画画、喜欢做PPT等,也可以更详细一点,如喜欢看心理学方面的书,或者是喜欢做湖南美食。在第二个圈里写下我们的专长,擅长做的事,这里通常是指某个方面的知识技能、才能,或者是有天分的事情,如演讲、管理、销售、文案等,也可以是我们的专业积累或工作、职业。在第三个圈里写下我们应该做什么。目前市场上,人们对哪个方面的需求比较大,大家现在都关心什么,凭借我们的专长爱好,以目前的积累能为别人创造什么价值,把我们觉得自己应该做的事写下来,写完之后就进入第三步。

第三步,找交集。如果这三个圈里有任何1~2件事情是有交集的,这就是账号定位的雏形,如图4-1所示。最理想的当然是"我擅长""我喜欢"和"我应该"的交集,其次推荐的是"我擅长"与"我应该"的交集,也就是有需求这样的一个组合。如果我们喜欢的事刚好也很擅长,那是最完美的情况。如"我擅长"的是写作和逻辑思维,"我喜欢"的是内容创作,而写作本身也是市场上很有需求的一件事,而逻辑思维能帮助我更好地教别人写作,所以三者的交集就是写作讲师。

定位本质上就是确定我们能给什么样的人提供什么样的帮助,解决什么样的问题。别人经常问我们的问题里面往往就隐藏着定位。如幼师能给家长提供很多育儿经验,擅长沟通的人能为那些不善于交际沟通的人提供很多可行的建议。这样既找到了定位,也确保了内容的垂直性。

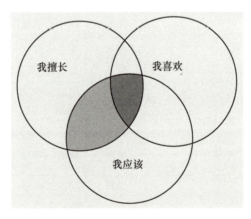

图4-1 三圈定位法

四、头条号设置

刚刚注册的头条号就相当于一间毛坯房,我们需要通过完善个人基础信息、认证账号、设置菜单对其进行装修,从而让它更具价值、更有吸引力。

(一)完善个人基础信息

完善的外在形象和包装能吸引用户关注,完善的个人资料让用户觉得更可信,详细的个人信息会得到今日头条平台更多的推荐。

1. 用户名:朗朗上口、通俗易记

按照今日头条官方规定,用户名每月可修改1次,可与兴趣、心理、地域相关。用户名最好能够直接体现账号的特点,建议尽量使用中文。如果品牌名称含有英文,则以中文为主,将英文夹在其中。

(1)植入关键词。用户名中的关键词可以表明头条号的行业属性或头条内容的聚焦类别,便于用户在搜索时找到。如聚焦电子科技内容,就可以植入"玩机""电脑""科技"等关键词。

(2)体现独特价值。有价值,用户才会关注,而有差异性的价值则能避开同质化,给予用户更新奇的体验。如瑜伽女神,一方面表明聚焦于"瑜伽"领域,另一方面"女神"也能有利于吸引粉丝。这种起名方式是"标签+领域",类似的还有老牛观明朝、小王谈爱情、宅男动漫等。

(3)有品牌。考虑到头条号的长期发展,我们还可以在头条号的用户名中加入品牌,以此提高头条号的辨识度,提升头条号在用户眼中的价值。

常见的取名技巧有:名字+行业、名字+地名特色、名字+内容、名字+品牌、名字+社群属性,如吃喝玩乐在西安、足球过人技巧、办公室小野、5岁儿童必读刊物等。在取名字时,切忌为了追求所谓的高大上,选择一些生僻字,让用户阅读困难。创作者需要秉持简单易懂的原则,突出账号的内容,吸引用户的眼球。

2. 简介:短小精悍、高度概括

头条号的简介要短小精悍,最好控制在15个汉字以内,能够高度概括头条号的主旨,最佳的简介是用一句话概括头条号的全部内容及用户名含义。

(1)介绍职业身份。人们对专业抱有天然的信任。因此可以用简单的语言来介绍职业身份,如律师、教师或医生等,让用户产生信任感,从而更愿意关注。

(2)介绍头条号价值。简要概括一下头条号聚焦于什么内容,能够为用户提供何种价值,从而更好地吸引用户关注。

头条号简介尽量与账号定位保持一致,内容完整通顺,无特殊符号。例如,用户名为"谈古论今",简介可以为"古来多少事,今时知多少"。

3. 头像:清晰自然、风格匹配

头像相当于头条号的脸面,好的头像能够在第一时间吸引用户。头像选取有以下两点要求。

(1)清晰自然、辨识度高。用作头像的图片必须高清,背景尽量干净,元素不宜过多;主体与背景的比例要适合;可以进行适当的裁剪,切记不要进行压缩或变形拉伸。

(2)贴近职业,风格区配。头像图片尽量不要选取与用户名的简介不相关的,例如,用户名为"动漫大家谈",头像却选择某个电视剧中的人物形象。

我们可以通过以下三种方式设计头像。

(1)标签式。这种头像是纯图片的,或唯美,或新奇,或个性,能够产生吸睛效果。如名

人可以用自己的头像,聚焦美食内容的头条号可以选用美食图片。如图 4-2(a)所示。

（2）名称式。名称式头像就是将头条号的名称以图像的方式展示在用户眼前,可以用汉字、拼音、外语等,也可以是名称中表示内容、属性的关键词。如图 4-2(b)所示。

（3）混合式。在头像图片中加入一些说明文字,以"名称＋文字"的形式提升头像魅力。如图 4-2(c)所示。

(a)　　　　　　　　　　　(b)　　　　　　　　　　　(c)

图 4-2　头条号个人信息设置示例

（二）头条号认证

所谓"认证",是指用户为了在今日头条上获得更多的功能权限和推广的支持,绑定并验证真实身份、头衔、荣誉的全过程。头条号的认证主要分为三大类:个人加 V 认证、组织加 V 认证和其他认证。

1. 个人加 V 认证

个人加 V 认证主要是针对个人创作者的实名认证,主要包括职业认证和兴趣认证两种。

职业认证是为了强化头条号的真实性和专业性,获得今日头条的更多推荐,用户可以通过提交符合要求的证明材料,认证自己所从事的职业或所在单位,认证成功后,头条号个人主页将会显示所在单位和职业等信息。

兴趣认证是为了提升创作者头条号的辨识度及其在用户眼中的价值。兴趣认证的基本要求有:近 30 天原创发文占比大于或等于 60%,内容主题鲜明、条理清晰、信息量充足,近 30 天申请领域发文占比大于或等于 60%。

2. 组织加 V 认证

组织加 V 认证主要是针对企业及各类组织机构作者的实名认证,主要包括机构认证和企业认证。

机构认证主要是针对国家机构、新闻媒体及其他组织的作者认证渠道。

企业认证主要是针对除上述类型机构外的其他企业组织机构的作者认证渠道。

机构认证和企业认证都是平台对机构或企业账号真实性的官方认证。认证后的账号会外显"××官方账号"认证信息,机构账号为黄 V,企业账号则为蓝 V。

3. 其他认证

有些创作者在其他新媒体平台有良好的粉丝基础,为将平台打通,还可以进行创作能力证明,以提升作者在头条号平台上的原创内容审核通过率和获得更好的资源、服务。此外,头条号针对财经、健康类内容特意推出财经/健康资质证明,即发布财经和健康类内容需要具备相关资质,否则内容将被限制推荐。

(三)菜单设置

在设置头条号菜单时,需要遵循一定的原则,确保最终设计出来的菜单符合用户的使用习惯,能提升用户的浏览体验。

1. 数量宜少不宜多

头条号规定最多只能设置三个一级菜单,且每个菜单下最多只能设置五个二级菜单。因此我们在设置菜单时要根据实际需求尽可能地减少数量。

2. 名称精练

为了获得最好的显示效果,头条号的一级菜单名称不能超过四个汉字(八个字符)。因此我们为菜单取名时要坚持精练原则:一要高度概括,二要简短精练。

3. 链接守规

由于头条号菜单链接的是一个个可跳转的网页,因此在链接网页时需要遵守今日头条相关规则。

单元二 今日头条内容营销设计

【知识准备】

作为新晋流量平台,今日头条为品牌营销带来了新的场域,给内容赛道带来了广阔的前景。今日头条精准触达受众群体,借助今日头条算法找到每一个人的内容兴趣点。因此以今日头条推荐系统切入,分析今日头条号的内容营销,可以为广大创作者提供内容传播和智能营销的经验。

一、今日头条内容推荐机制

今日头条号跟微信公众号最大的区别是:今日头条号自带粉丝,就算今日头条号创作者没有粉丝,也有可能获得百万千万的阅读量。决定今日头条号文章阅读量高低的是推荐量。今日头条号自媒体引用智能个性化推荐引擎,能够精准地找到用户,无须求关注、求订阅,也能拥有海量用户。因此,要想打造爆款内容,就需要了解今日头条智能个性化推荐机制。

(一)今日头条内容推荐系统

推荐系统的本质,就是从一个巨大的内容池中选择用户感兴趣的内容。在内容池里有几十万、上百万的内容,涵盖文章、图片、小视频、问答等各种形式。推荐系统在给用户匹配内容时,主要依据内容、用户、用户对内容的感兴趣程度三个要素。

1. 依托关键词识别技术进行内容刻画

什么是关键词识别?以一篇文章《都说日系车省油耐用,为什么教练车却全是捷达、桑塔纳、雪铁龙?》为例:在这篇文章的标题和正文中,多次出现"日系车、教练车、捷达、桑塔纳、雪铁龙"等词汇,很明显都是一些汽车类词汇,那么这篇文章就会先被粗分类到汽车领域,然后再根据具体的关键词细分到如"养车服务""汽车内容"等二级、三级分类领域。内容刻画如图 4-3 所示。

图 4-3　内容刻画

机器提取的高频词是实体词,即名词、代词。像文章中出现的虚词、转折词,如的、地、得、而、对于、关于、虽然、但是、因为、所以等,都不会作为系统识别的关键词。因此,在标题、正文中使用精准的实体词,会非常有利于机器理解内容、提取关键词。

2. 根据不同特征去刻画一个用户的画像

用户的基本信息如性别、年龄、地域等,行为信息如订阅账号、历史浏览文章、喜欢的内容、关注的话题等,以及用户当前所处的环境情况如工作、旅游、娱乐场所等都是推荐系统的计算依据。获得这些用户信息后,推荐系统会对用户进行分析计算,计算用户喜好的内容分类、话题、人物等,这样便完成了用户画像。不同特征的推荐要素如图 4-4 所示。

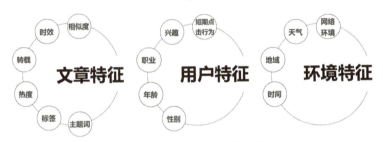

图 4-4　不同特征的推荐要素

当提取了文章特征、用户特征、环境特征后,推荐系统便会综合所有因素拟合一个用户对内容的满意度函数。它会估算用户对每一篇文章的点击概率,然后从几十万、上百万的内容池里,将所有文章按照兴趣分由高到低排序。脱颖而出的前十名文章,就会被推荐到用户的手机上进行展现。今日头条的内容推荐系统如图 4-5 所示。

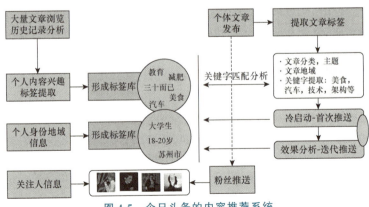

图 4-5　今日头条的内容推荐系统

(二) 今日头条文章个性化推荐机制

今日头条文章个性化推荐机制有许多，主要包括以下几个方面。

（1）基于文章主题相似性的推荐：通过获取与用户阅读过文章的相似文章来进行推荐。

（2）基于相同城市新闻的推荐：对于拥有相同地理信息的用户，推荐系统会推荐与之相匹配城市的热门文章。

（3）基于文章关键词的推荐：对于每篇文章，提取关键词描述文章内容特征，然后将所提取关键词与用户动作历史的文章关键词进行匹配推荐。

（4）基于站内热门文章的普适性推荐：根据站内用户阅读习惯，找出热门文章，对所有没有阅读过该文章的用户进行推荐。

（5）基于社交好友关系的阅读习惯推荐：获取用户的站外好友转发、评论或发表过的文章，进而进行推荐。

（6）基于用户长期的兴趣关键词推荐：通过比较用户短期和长期的阅读兴趣主题和关键词进行推荐。

（7）基于相似用户阅读习惯的列表推荐：计算一定时期内的用户动作相似性，进行阅读内容的交叉性推荐。

（8）基于站点分布来源的内容推荐：通过用户阅读的文章来源分布，为用户计算出20个喜欢的新闻来源进行推荐。

当然，今日头条个性化推荐算法不止这么多，但是总体来说，今日头条的智能推荐引擎会根据内容质量、内容特征、首发情况、互动情况、媒体的历史表现、媒体订阅情况等，为文章找到感兴趣的用户并推荐给他们。

(三) 今日头条内容推荐过程

今日头条的内容非常丰富，这些内容又包括美食、娱乐、体育等分类，今日头条平台通过提取内容中的关键词，将其快速分类。今日头条平台综合评估用户对内容的满意度，最后给用户推送最可能喜欢的内容。其内容推荐过程如图4-6所示。

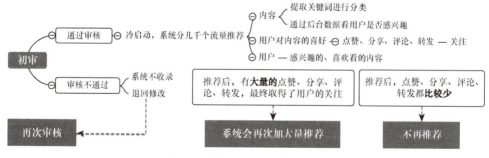

图4-6 今日头条内容推荐过程

1. 初审

每一个作品发布完成后都会进入初审阶段，初审的目的在于判断这篇文章的内容有没有违反国家有关法律的风险。在机器和人工的共同配合下，内容会以较快的速度通过初审，从而立即展现在用户面前，创作者只要不出现很明显的漏洞，发文符合平台规范，初审都会通过。如果初审不通过，则需要根据提示的相应情况进行内容的调整和修改，在完善后再次提交审核，直至初审通过。

2. 冷启动

初审之后就是冷启动过程,冷启动是一个推荐上的概念,对于创作者新发表的内容,平台不知道它会不会火起来,因此会做一个加权推荐。将这篇内容展示给可能喜欢它的用户,在加权之后内容大概会展现几千次,根据用户的点击、分享、点赞、评论等行为,推荐系统就可以判断出哪些人群喜欢这篇文章,哪些人群不喜欢。当内容在几千次的展现之后,推荐系统会认为已经给足了冷启动的机会,就会撤销对这篇内容的加权,这个内容能不能成为爆款,就靠创作者的创作实力了。

3. 扩量推荐

通过了冷启动阶段的内容,就能根据点击率、转发率等数据初步判断它的推荐效果,如果推荐效果很好,推荐系统就会进一步扩量推荐给更多的用户。如果初步判断它的推荐效果不佳,用户对该内容并不感兴趣,系统就会减少后续的推荐量,判断其为低质量内容。

4. 复审

在正常的推荐过程中,如果系统检测到很多数据有异常,如点击率非常高,但是负面评论或者举报又特别多,就会进入复审流程。在复审中,如果推荐系统发现存在标题党、封面党、低俗、虚假等问题,就会立即停止推荐,如果问题严重,今日头条平台会对该文章创作者进行处罚。所以创作者在创作时一定要遵守平台规范,注重内容质量,避免标题党、封面党等行为,用优质的内容获得更多用户的喜爱。

二、爆款文案标题设计

今日头条的推荐系统越来越智能,创作者提交文章后,首先会被今日头条平台机器人提取文章的标题、内容等有效信息,进行类型判定,然后推荐给对文章类型感兴趣的用户。因此,设计一个能被今日头条平台机器人推荐,又能吸引用户关注的标题尤为重要。

(一)今日头条号标题类型

今日头条号在发文时可以选择单标题和多标题两种类型。一篇文章最多可以设置6个标题,也就是说,新媒体营销人员可以针对不同的用户,设置不同的标题。系统会根据标题的不同推送给不同的用户群体,以便提升用户体验,获得更多展现量和阅读量。

在设置标题时,新媒体营销人员可以选择手动输入不同的标题,也可以由今日头条号智能生成一个或多个标题供创作者参考、选用,创作者可以对其进行修改、删除。多标题设置示例如图4-7所示。

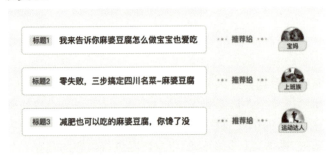

图4-7 今日头条多标题设置示例

（二）今日头条号标题设计

1. 将"痛点"设计到标题

（1）将用户"最紧迫但却解决不了的问题"放入标题。"痛点"是对用户来说最紧迫却无法立即解决的问题，对其进行提炼，然后放入文章标题中，可以快速吸引用户眼球。如标题"抢票秘籍：帮你回家和父母一起过年"。

（2）提炼用户工作和生活中的尴尬场景。用户在工作和生活中遇到的一些尴尬场景，如挤公交、打不到车、与上司沟通困难、被逼婚、加班等，可以提取关键词放到文章标题中。例如，"不到30岁的我竟然被逼婚了""站在路边半小时了，我还没有打到车"等标题，往往都能第一时间抓住用户眼球。

（3）提炼关键矛盾点。很多时候，矛盾点往往都隐藏着"痛点"，我们可以将矛盾提炼融入文章标题中。如"打车软件火了，出租车行业凉了""辅导孩子写作业是怎样一种体验"，这样的文章标题矛盾突出，切中用户"痛点"，更易吸引用户眼球。

2. 将关键词设计到标题

今日头条平台的推荐算法会从众多的内容中抓取一些词语作为关键词，将这些关键词和文章分类模型进行比对，判断其和哪一类关键词库中的关键词符合度高，继而为其贴上相应类型的标签并推荐给用户。所以，在标题中加入关键词，文章会更容易被推荐。

今日头条推荐算法的两大关键词判定原则如下。

（1）高频词。文章中出现频率比较高的词会被系统抓取，并作为文章的内容标签。如在一篇介绍如何运营今日头条号的文章中，"头条号""运营""吸引粉丝""数据分析"等词出现频率较高，这些词就会被系统判定为关键词。

（2）出现次数较少的词。出现次数较少的词并非针对一篇文章，而是针对一类文章。这类词通常代表着系统对该类文章的识别标志，出现的次数少，更易于被系统从众多内容中识别。

3. 将"热词"设计到标题

所谓"热词"，是指那些紧跟时代潮流并易于抓住人们眼球的词语。创作者可以将网络上比较受欢迎的词汇、短句等，如"种草""佛系"等词嵌入文章、视频、微头条等的标题中。嵌入热词的标题紧跟时代潮流，又充满了创意，富有稀奇感和亲切感，能吸引用户第一时间点击阅读和观看。

三、爆款内容写作思维

用户关注的重点永远都是内容，内容是否有趣味、是否有价值、是否有个性，都会影响关注今日头条号的用户数量。今日头条号内容写作应遵循以下四条思维。

（一）用户思维

首先新媒体营销人员需要了解大众最广泛的阅读动机。从心理学上来看，好奇心和自我表达是绝大多数人关注文章的出发点。很多头条号内容缺乏吸引力最大的原因就是写作时缺乏用户思维，总是想着如何表达自己，而不考虑用户的接受习惯。

1. 目标用户

文章如同产品，必须要有一个目标用户群体，想要各个年龄段、各阶层、各行业通吃，显然是不现实的。因此我们需要根据自身擅长的领域或想要发力的方向确定目标用户。如图4-8所示为今日头条用户群体特征。

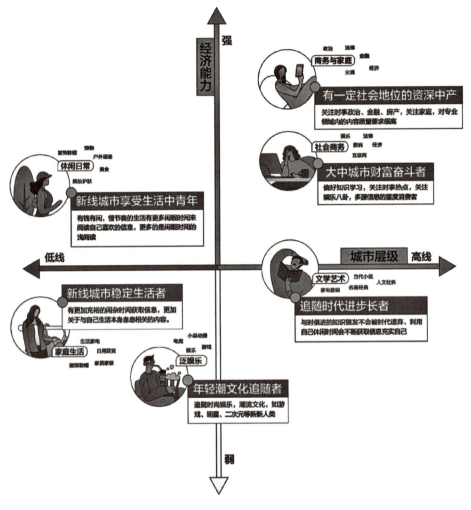

注：6大类别划分细节阐述

年　　龄：年轻群体（18-23）中青年（24-30）中年（31-49）长者（50+）
性　　别：男、女
城市层级：高线城市（超一线、一线、二线），底线城市（三线、四线、五线）
消费能力：高消费、中消费、低消费
兴趣偏好（依据平台内容类别进行划分）：

① 泛娱乐：游戏、小说动漫阅读（奇幻玄幻、武侠仙侠、都市社会、科幻灵异、游戏竞技、言情小说、同仁耽美、二次元、影视小说，）新闻资讯（娱乐/名人）
② 社会商务：金融、商务服务、交通（汽车）、新闻资讯（军事、政治、法律、房产）、奢侈品、小说动漫阅读（经济管理、成功励志、科学科技、计算机与互联网）
③ 休闲日常：运动户外、餐饮美食、生活服务、宠物生活、美妆护肤护理、服饰鞋帽箱包。
④ 商务与家庭：政治（时政新闻）、法律（普法知识）、金融（股票、投资）、经济（行业趋势）、交通（城市轨道建设、地跌经济）
⑤ 家庭生活：母婴、家居家装、教育、日用百货、家电数码（个户电器、厨卫家电、大家电、客厅家电、生活家电）、小说动漫阅读（教育、少儿）
⑥ 文学艺术：新闻资讯（文化艺术）、小说动漫阅读（历史军事、名著经典、当代小说、近现代小说、人文社科、文学艺术）。

图 4-8　今日头条用户群体特征

2. 找到共同话题

找到了目标用户,创作者还需要和其建立连接,最简单最有效的方法就是找到共同话题,写目标用户感兴趣的或对他们有价值的文章。如主要目标用户是同城市民,那么创作者的文章可以聚焦本地的城市发展、民生等问题。

3. 代其发声

用户思维的最主要表现就是将用户想说的话说出来,将用户想表达的观点表达出来,这样的文章才会写到用户心坎里,用户才会将创作者当作自己人。想要做到这一点,创作者需要具备同理心,要善于站在用户立场上挖掘话题。

(二)场景思维

吸引人的内容一定是应景的,契合用户所处的某种场景。这样一来,用户就会觉得你真正懂他。场景思维主要表现为以下三个方面。

1. 融入用户所处环境

文章内容只有融入目标用户所处的环境中,他们才会有亲切感,才会觉得文章应景、实在、有价值。这就需要创作者洞察目标用户一天的行程,或分析目标用户的习惯爱好,提炼带有"统一性"标签的场景。例如,创作者的目标用户是年轻职场女性,那"通勤"的场景就具有明显的统一性。

2. 结合用户当前行为

随着生活和工作节奏越来越快,人们的碎片化时间越来越多,当文章内容能够和目标用户碎片化时间内发生的行为结合起来时,往往更易于吸引用户眼球。例如,坐公交或地铁、乘电梯、睡前保养等方面的内容,因为符合用户的场景,通常很容易吸引用户关注。

3. 描写用户期待的场景

描写目标用户期待的场景,也能快速地吸引用户的注意力。例如,创作者的目标用户是学生和学生家长,对他们而言考试是最熟悉也是他们最关注的场景,那类似于"考场高分技巧"之类的文章就能快速地激发他们的阅读兴趣。

(三)营销思维

营销思维就是运用营销的理念去做服务营销对象的事情。营销思维的核心是营销敏感性,即我们能不能将所发现的问题、所见到的现象,迅速转化为营销问题、营销现象,并加以营销处置。在进行内容写作时,主要从以下两个方面运用营销思维。

1. 突出价值

用户不关心创作者的文章写的是什么,只在乎创作者的文章能够带给他们何种价值、让他们得到什么好处。因此,在创作者的文章标题或开头中就必须提炼出能够给予用户的价值。例如,在开头可以写"这是一篇能够让你躺着就轻松减肥的文章"等。

2. 内容定位为解决型而非预防型

一般来说,用户预防某种问题的欲望要远远低于立即解决某个问题的欲望。例如,在写美妆文章时,"这样做,一周去掉青春痘"要远比"这样做,可以预防长青春痘"更有吸引力。

(四)意外思维

顺利的事情往往会让人觉得平淡,而充满矛盾、意外不断的事情才会让人觉得趣味横生、百看不厌。因此想要快速吸引用户关注,还需要秉持意外思维,要善于将原本平淡的事情变得不平淡。意外思维主要从以下三个方面入手。

1. 情节反复曲折

原本看似简单的一件事，文章却讲得反复曲折，充满了惊喜和意外，这样自然就会快速地激发用户的好奇心。

2. 人物个性鲜明

文章中出现的人物要个性鲜明，要有明显的标签，这样才能更吸引人。

3. 结果超出预期

若是文章结果超出用户的预期，往往更能刺激用户，激发用户的阅读和转发兴趣。

四、头条问答内容设计

头条问答是今日头条平台重要的引流地，只要新媒体营销人员操作得当，一问一答都可以积累人气、引流涨粉。因此，想要营销好今日头条账号，新媒体营销人员必须利用好头条问答，善于寻找最适合的问题，以及设计好答案，从而快速打造个人品牌。

（一）提问

若要利用头条问答引流，新媒体营销人员可以自己创建问题，一个好的、符合用户需求的问题，既可以吸引用户收藏，又可以吸引领域内的专业用户来参与回答，起到双向引流的作用。当然，新媒体营销人员可以申请两个账号，一个提问，一个回答，达到营销的目的。

想要快速涨粉，新媒体营销人员提出的问题很关键。如果这个问题是很多用户都面临的、亟待解决的，那么，当用户在头条问答上搜索时，提出的问题会被第一时间推荐给用户，也能被更多的用户收藏。提问的小技巧有以下四点。

1. 分析收藏量高的问题

新媒体营销人员可以分析头条问答上收藏量比较高的问题，分析这些问题受欢迎的原因，是因为其所涉及领域受欢迎还是其与人们日常生活息息相关。学习提问的技巧，运用到自己的问题中来。

2. 选择热门领域提问

在头条问答上，用户对于计算机、生活小窍门、情感、明星等相关问题最感兴趣，我们可以从中选择用户关心的、自己又擅长的领域进行提问，然后再用另一个账号精准回答。

3. 按照用户需求提问

用户在头条问答上提问，其根本目的是为了寻找解决当前问题的办法。很多用户在提问之前，会先根据自己的情况进行搜索，看到类似问题便会点进去看下面的回答，并收藏问题。同理，如果我们提出的问题符合用户的需求，下方的回答又恰好能解决问题，那就能很好地引流，让用户关注账号。

4. 提出具有争议性的问题

具有争议性的问题最能吸引人们的眼球，并且让人们产生好胜心，为自己的论点各抒己见。不过，这样的问题具有一定的风险，很容易引起口舌之战，新媒体营销人员要慎重使用。

（二）回答

新媒体营销人员在头条问答上开通了收益后，回答问题是可以获得现金红包的，这是赚取收益的一个渠道。当然，除了赚取收益外，新媒体营销人员最重要的目的是涨粉。

1. 选对问题

在头条问答里，新媒体营销人员只要答对问题、答好问题，同样也能吸粉引流，逐渐成长为大咖。当然，想要通过回答问题来吸引用户关注，新媒体营销人员首先需要选对问题，因为并非每一个问题都适合其回答。新媒体营销人员可以从以下四个方面选择问题。

（1）擅长领域。优质的回答中必须有内容，能够让用户产生"原来如此"的感觉，才能吸引他们。因此，新媒体营销人员在回答问题时，一定要选择自己擅长的领域，才能言之有物。

（2）高收藏的问题。一个问题的收藏数越高，代表这个问题越有讨论价值、有热度和关注度，通常具备一定社会意义和教育意义的问题才有讨论价值。例如，和人们生活息息相关的教育、养老金、婚姻等问题。

（3）没有优质回答的问题。如果一个问题收藏的人多，但是回答都很简短，那新媒体营销人员的机会就来了。只要新媒体营销人员写出的答案中有能获得用户认同的观点，点赞评论的人多，就会被选为优质答案，登上首页。

（4）领域专一。新媒体营销人员在回答问题时，确定领域后，一定要专一。例如，选择的领域是美食，那在回答问题时就多回答与美食有关的问题。在专一领域回答问题，可以给平台和用户一种感觉：该答主就是这个领域的专业人士，平台和用户才会更认同其回答。除此之外，新媒体营销人员在专一领域回答的问题越多越好。

在营销初期，新媒体营销人员应尽量选择关注用户多的问题进行回答，多写一些有价值的观点，这样能迅速吸引大量粉丝关注。当然也要避开一些"坏"问题，如封闭问题、非擅长领域的专业问题、过时热点问题及价值观不正确的问题。

2. 回答技巧

在头条问答上回答问题时，若是回答优质，阅读的用户便会点赞、积极参与评论和分享。若是回答不当，可能会被其他用户回"踩"。优秀的回答有以下四个方面技巧。

（1）原创更受欢迎。作为今日头条的问答服务社区，头条问答拥有完善的查重机制。新媒体营销人员编写完答案，提交到平台后，会被平台进行查重。如果答案是抄袭他人的，将无法获得平台推荐。如果经常抄袭他人，会降低新媒体营销人员账号推荐量，影响粉丝引流。

新媒体营销人员应结合自己所处的行业、学术背景、爱好特长，回答擅长的问题，以提高辨识度。在开篇介绍自己时，新媒体营销人员通过使用"我""我的经验"这样的词汇，可以增加用户的信任程度，而且系统检测时，被判定为原创内容的概率会大大提升。新媒体营销人员要形成带有个人特色的语言体系，建立"人格化的IP"，持续地写出带有个人特色的高质量原创回答。在回答问题时，新媒体营销人员最好能够一条一条地列出论点，然后再一一解释，以求有理有据；并且还要附上一些比较实用的案例与图片，帮助用户理解回答的内容。例如，在回答"冬季大衣如何进行搭配"时，新媒体营销人员可以用某个明星最近穿过的大衣进行举例说明，并且配上一些图片进行讲解，这样会更利于用户的理解。

（2）优化排版。在回答问题时，头条问答是有字数限制的。回复字数绝对不能低于100字，否则不会被系统推荐为优质回答，而大多数人的有效阅读时间为5分钟，因此回复内容的字数控制在2000～3000字最合适，既能讲清楚道理，又能避免用户产生阅读疲劳。

一个排版优美的回答更容易得到平台的推荐。因此，在回答问题时，新媒体营销人员要善用配图、视频，让回答更生动形象；要设置段落标题，让主题清晰；要利用引用格式，方便用户阅读；要加粗关键句子，使内容重点突出。

（3）短视频问答。在头条问答上回答问题时，用短视频回答可以更大概率地被推荐到首页。这是因为很多创作者都在用文字回答问题。如果新媒体营销人员用短视频回答，就会给人耳目一新的感觉,所以更容易被推荐到首页。

(4) 悬念引流。与用户有更多互动量的内容更容易获得推荐。新媒体营销人员可以在答案中留下一个小小的悬念,巧妙地将用户引流到自己的账号上。例如,新媒体营销人员在回答完内容后,可以在结尾加上一句"关注头条号,持续为大家更新有趣的内容""想要获得更多有趣的内容,就来关注我吧"等类似的话语,引导用户关注,进一步引流转化。

头条问答是一个非常好的涨粉利器,新媒体营销人员若是利用好了,不仅可以凭借头条问答赚取收益,而且还可以引导用户关注自己的账号,去点击浏览今日头条账号上的文章和视频,获取更多的广告收益。

单元三　今日头条视觉营销设计

【知识准备】

图片是打造一个吸睛新媒体账号必不可少的武器,它不仅可以为用户带来具有冲击力的视觉体验,还能增加文章的可读性,提高用户对文章的阅读兴趣。掌握新媒体图片的设计可以帮助新媒体营销人员更好地进行图文编排,写出更有吸引力的营销文章。

如果将新媒体账号看作一个团体,里面的每一个功能与设置都是组成这个团体的一部分,那么图片毫无疑问就是这个团体的颜值担当。新媒体营销人员只有注重视觉设计,才能保证良好的视觉营销效果。视觉营销设计归根到底是信息传递的过程,新媒体营销人员利用表达效果良好的视觉表达方式向他人传递有关信息,可以引起他人关注,最终达到营销目的。

一、封面图片视觉设计

一张优质的图片能对今日头条用户产生强烈的视觉冲击,好的封面会让用户眼前一亮,向用户传递出产品的重要信息,从而能引起用户的阅读兴趣。

(一) 封面图片的模式

今日头条的封面分为:单图、三图、无封面三种模式。在客户端看效果的话,三图要比单图更加美观,所以建议尽量选择三图模式。

(二) 封面图片的设计技巧

纵观那些优质文章,它们都有几个共同的特点:充分体现交互性,突出文字;把握好图片尺寸和比例,绝不违规;统一风格,彰显品牌形象;添加故事,增强代入感等,让用户在短暂的浏览后能选择继续阅读。

1. 体现交互性,突出文字

一般来说,订阅了头条号的用户会看到最完整的封面;把推送转发到个人或群的时候,标题和摘要都在,但封面会自动变成正方形;把推送转发到朋友圈的时候,就只剩下标题和正方形的封面了。图片和文字的配合集中体现一个话题,就会吸引用户将视觉焦点放在该话题上。一个封面图片的好坏在于它能不能与内容相呼应,突出标题的文字内容。

2. 把握好图片尺寸和比例,谨防违规

大小适中、比例协调、谨守规则的封面图片可以瞬间提升内容质感,突出文章整体品位。

设计时应注意以下三个方面。

(1) 封面图片大小适中。今日头条的封面多为方形图,封面比例为16∶9能够得到最好的延展效果,一般以600像素×400像素左右为最佳。图片尺寸太大,用户打开文章页面就会很慢,很有可能会因为加载太慢而放弃阅读;图片太小,页面便会出现大量的留白,从而影响美观。

(2) 整齐统一。尽量使用与内容差异不大的封面图片,如选色、人物、景物都要统一协调。如果标题和文章讲的是美食相关的内容,却用了一张化妆品图片作为封面,风马牛不相及,既得不到平台推荐,还会让用户觉得文章不值得阅读。

(3) 没有水印。尽量选用没有水印的图片。如果使用了其他媒体带有水印的封面图片,是对其他媒体版权的侵害,这属于违规操作。因此,新媒体营销人员需要谨慎选用封面图片,不侵犯他人的版权。

3. 统一风格,彰显品牌形象

品牌价值感是一个品牌的核心内容。对于新媒体账号来说,品牌价值的核心便是品牌形象,它便于用户识别,是新媒体账号在用户心中的综合形象。那么到底该如何彰显品牌形象呢?这就需要新媒体营销人员在新媒体营销时统一风格,打造独属于自己的品牌Logo。

4. 添加故事,增强代入感

在封面图片中添加文字,形成一个小故事,能够增强用户的代入感。如图4-9所示,《朕说》头条号的这篇文章封面图片以一个皇帝漫画小人加上"三句话,让野史流传祖宗十八代"的词语,配上标题话语,刚好构成了"用轻松的方式,讲严肃故事"的形象。看到这篇文章的用户,很可能就会被其塑造的故事形象所吸引,这也是这篇文章能获得10多万阅读量的重要原因之一。

图4-9 文章封面图

给文章的封面图片配上小故事,能让文章看上去更有趣。如今,类似于"文字+漫画"形式的封面图片有很多,这种形式的文章能够增强用户的代入感,赢得他们的青睐。

二、内文图片视觉设计

在一篇文章中,为了整体的美感效果达到最佳,新媒体营销人员往往会借助一些图片来进行宣传。当然,不是随便为文章添加几幅图片就能增强整体美感的,不论是什么样的图片,都要讲究视觉设计和搭配技巧。内文图片设计主要应注意以下四个方面。

1. 保证清晰度,统一色调

好的内文图片需要与文字内容搭配,追求色调统一、清晰无杂质。好的配图应该清晰明了,让用户能够更容易理解文章内容,且色彩统一协调。例如,若文章中的内容讲述的是比较严肃的事情,配图应该选择暗色调或冷色系,如果新媒体营销人员在创作时选用了暖色系或者比较调皮的图片,就会破坏文章的整体风格,难免会让用户觉得违和。

不过,今日头条上的文章大多是偏轻松娱乐的,用户在今日头条平台上浏览文章也是为了在休息时间放松自己。因此,新媒体营销人员在创作时用暖色系图片比较适合,暖色系图片可以让用户产生放松的视觉效果,更适合用户阅读,而冷色系图片过多则易给用户带来压抑之感。

2. 切合文章主题,提升效果

图文并茂有利于用户理解文章的内容,配图与主题紧密契合很关键。新媒体营销人员在创作时,一定要从文章内容出发,选择能够进一步体现文章内容的图片,不要随便找几张毫无关联、毫无意义的图片放上去,这样既占地方又不能起作用。

3. 不要带有水印和广告

文章配图一定不要带水印及广告推销的相关信息。如公司名称、作者账号名称、网址、联系方式等,这些都是严禁使用的,如果使用了这些类型的图片,就无法通过平台的审核,就算通过了审核,也不会被平台推荐。

4. 数量适中,确保阅读体验

图片的数量需要适中,切忌插入过多的图片,过多的图片会降低读者的阅读体验。

三、文章排版视觉设计

今日头条文章的内容排版设计主要有三个部分:开头引导关注、正文、文末引导。

(一)开头引导关注部分

今日头条平台的大部分文章是没有引言部分的,新媒体营销人员需要给自己设立一个人设,就是让新用户一眼就知道其是做什么的。例如,在文章的开头部分增加了引导内容,可以让新用户了解到"我的自媒体从业资历""我现在在做什么"等信息(如图 4-10 所示)。

图 4-10　开头引导

（二）正文部分

提升文章正文部分的美感除了要考虑文章中图片的呈现效果，还需要注意文字的使用。毫无疑问，如果文字和图片的排版设计能相得益彰，那么，文章很难不被关注。正文部分文字排版应注意以下五个方面。

1. 字号以 14px～16px 为宜

大多数新媒体的文章都是通过手机被用户阅读。因此，为了适用于手机屏幕，标题文字在 16px～18px，正文的文字在 14px～16px，注释部分文字在 12px～14px，不仅利于阅读，还能让文章看起来更精致。

2. 字体颜色不要超过三种

在给文字配色时，要把握全局，让整篇文章协调统一，不要为了醒目滥用颜色。通常，一篇文章的文字颜色不要超过三种：一个主色、一个辅助色、一个点缀色，且最好保持同一色系，或者是互补色系。主色在整篇文章的占比要不低于75％，辅色占比约20％，点缀色也被称为点睛色，具有营造特色风格、引导用户阅读的作用，在整篇文章中的占比约为5％。

一般来说，正文可以选用较深的灰色，来提升阅读舒适度，推荐色号：♯5a5a5a、♯595959、♯3f3f3f。注释作为次要内容，颜色不需要设置得非常明显，注释可以选择比正文亮度更低、颜色更浅的灰色，推荐色号：♯888888、♯d6d6d6。

文章的重点内容如标题、文章关键词等，可以用加粗文字、改变字体颜色、添加背景色、字体阴影等方式来强调说明。

3. 行距控制在 1.5～1.75 倍

行距即正文中每行文字之间的距离。行距太小的话，文字会挤在一起，非常影响阅读体验。手机屏幕的字体一般是 1.5～1.75 倍行距，若文章内容较少，可以选择 1.5 倍行距；内容比较多的情况下，使用 1.75 倍行距，阅读舒适度会更高。

另外，大段的文字之间，一定要用回车键换行。每个段落最好不要超过一个屏幕，以免用户阅读疲劳。

4. 首行无须缩进

新兴的新媒体文章受限于手机屏幕的大小，一行最多只能展现十几至二十几个字，且在今日头条 App 上发布的文章分段间距一般大于行间距，这已经能区分出段落了。如果再进行首行缩进，会使得文章看上去十分不整齐，破坏整体的美观。因此，新媒体营销人员在头条号上发布的文章无须首行缩进。

通过设置两端缩进，调整文章两侧的空白，可以让文章阅读起来更加轻松、舒适。一般情况下，新媒体营销人员可以把两端缩进设置为 8 或者 16，这比较符合设计美学的理念。

5. 两端对齐方式

文章内容较冗长，可以设置两端对齐，以免出现文字边缘参差不齐，从而影响整体美观的情况。如果每个段落内容都很少，可以使用居中对齐，但千万不要手动输入空格。手动输入空格虽然看似是对齐了，但是由于终端设备不同，预览效果也会与后台页面大相径庭。

（三）文末引导

文末引导包括两个部分：一是放上作者的简介，引导用户关注。二是引导用户浏览往期文章。引导用户浏览往期文章的好处是，用户可以快速阅读到新媒体营销人员的推荐好文，既增加了文章的曝光量，也可以让用户了解该今日头条账号的文章质量。操作方式是在文章工具栏选择超链接，添加上往期文章的链接以及标题（如图 4-11 所示）。

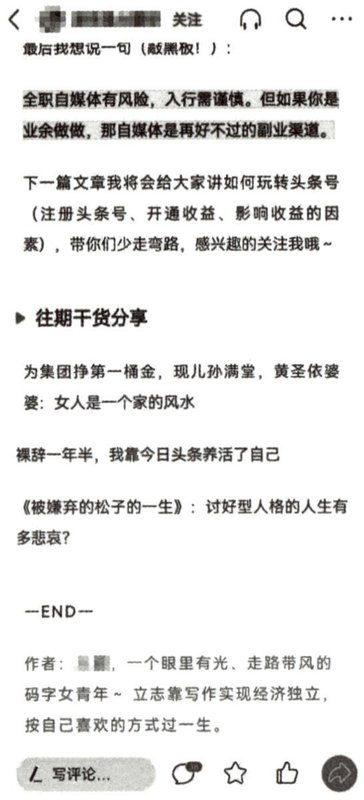

图 4-11　文末引导

单元四　今日头条活动营销策划

【知识准备】

　　活动营销是为了在短时间内达成目标而开展的具有爆发性的营销手段，是互联网产品运营当中的重要营销手段，是所有新媒体营销人员职业生涯中必须熟练掌握的职业技能。一次成功的新媒体营销活动，不仅能快速吸引用户注意、扩大品牌影响力，还能于无形中强化用户对产品或品牌的认知，进而促使目标用户做出贡献。

　　今日头条覆盖一百多个内容领域，助力高速获客，还提供了信息流广告、开屏广告、搜索广告等样式，能够精准实现广告投放因人而异。因此，在今日头条上进行活动营销，可以使活动更精准地触达用户群体，更快速地提升品牌影响力。

一、活动营销调研

　　在策划一个活动之前，新媒体营销人员需要先进行调研，因为通过调研可以确定活动方式、对象、目标、类型等。

（一）明确活动背景

选择活动的时机非常重要,如果能够借势并且结合自身实际情况,就能达到更好的效果（全年活动节点如表4-2所示）。选择活动时机一般从以下几个方面来思考:是否有节日,节日是什么? 是否有热点,热点是什么? 个人和公司处于什么发展阶段,高速发展期还是成熟期,近期有哪些动作?

表4-2 全年活动节点

S级活动节点	元旦春节(1月)、618(6月)、双十一(11月)、双十二(12月)
A级活动节点	三八女神节(3月)、818中特惠(8月)、开学季(9月)、国庆黄金周(10月)、中秋节(9月、10月)
B级活动节点	情人节(2月)、元宵节(2月)、母亲节(5月)、父亲节(6月)、517吃货节(5月)、夏日清凉节(7月)
C级活动节点	产品上新活动、会员专属活动

（二）确定活动目标

营销活动的目标应该依据今日头条全年或本次活动的营销目标而制定。用户拉新、促活用户、提高用户留存率、提升销售转化率等都是举办活动的基础目标,同时也要考虑到用户对活动是否认可、是否喜欢公司业务、是否能够建立口碑,从而吸引更多的用户。除此之外,活动的另一个目标是传播品牌正面形象。

同时,还要进一步明确每次活动的主要业绩指标,如活动参与人数、活动转化人数、活动拉新人数、参与率、拉新率、转化率、商品交易总额（Gross Merchandise Volume,简称 GMV）等。

（三）活动目标用户分析

针对营销活动的目标用户进行画像分析,了解用户特征、需求。

1. 绘制用户画像

新媒体营销人员可以从用户的性别、年龄、收入、学历、身份、城市、消费水平、用户等级等方面绘制用户画像。

2. 了解用户需求

一般来说,用户在物质上的需求主要表现在是否有现金大奖、红包、优惠券、折扣、公仔、抱枕、数码产品、T恤、勋章等。用户在心理上的需求表现在被尊重、被认可、交友、学习、吐槽、求助等。

二、营销活动策划

在宣传推广之前,新媒体营销人员可以根据绘制好的用户画像,针对不同的年龄、文化层次、用户习惯去设计不同的活动路径与玩法等。

（一）营销活动的玩法设计

平淡无奇的营销活动无法吸引目标用户的注意力,丰富多彩的跨界活动和脑洞大开的创意营销活动有助于营销活动效果的提升。常见的活动形式有"十大基础＋组合"玩法,通过抽奖、竞猜、打卡、补贴、投票、测试、试用、征文、公益、收集等方式组合。营销活动的玩法设计如表 4-3 所示。

表 4-3 营销活动的玩法设计

玩法	形式
抽奖	行为(引导行为)＋抽奖(形式)
竞猜	题目＋结果(胜负、对错、输赢等)＋奖惩
打卡	打卡(内容、功能、活动)＋激励(物质、精神、权益)
补贴	降价形式(红包、优惠券、折扣、体验金等)＋引导行为(注册、登录、购买等)
投票	投票内容＋引导行为(点击关注)
测试	诱饵(好奇心)＋测试动作
试用	完成行为(领取)＋试用物品(权益)＋试用反馈(报告)
征文	出具话题＋格式要求＋奖励(物质、精神)
公益	完成某种行为＋公益激励(荣誉)
收集	引导行为＋集卡＋激励(物质、精神)

(二)营销活动的路径设计

线上活动路径可以通过活动信息页面、活动首页、详情页、结果页来告知用户整个活动流程。

(1)信息页面：吸引用户参与的活动文案，通常以 banner(横幅广告)、文案链等形式出现。

(2)活动首页：告知用户活动规则、玩法说明。

(3)详情页：用户参与活动的主页面。

(4)结果页：反馈用户参与结果，并进一步引导用户分享给好友参与，形成闭环。

(三)营销活动的规则设计

在活动规则设计中，坚持六问原则：什么活动(活动主题)？谁来参与(目标用户)？在哪里举行(活动场景)？什么时候开始活动(活动时间)？怎么参与活动(活动玩法)？参与活动的好处是什么(活动奖品)？

(四)营销活动奖品设计

营销活动奖品的设计原则就是吸引用户，只有用户喜欢的，用户才会去参与。因此，在设计奖品时要考虑三个关键要素。

(1)奖品数量一定要多：量变引起质变。例如，支付宝锦鲤类列出 300 项奖品，春节抖音 60 亿红包、5 个 GB 的活动运营资料包等。

(2)奖品要展示稀缺性：在活动中要营造出奖品的稀缺感，有种错过这次活动就需要再等 10 年的感觉。例如，明星签名照、限量版(孤品、绝版、抱枕)；在 2022 年冬奥会期间，吉祥物"冰墩墩"火爆，一"墩"难求。

(3)控制奖品成本：奖品成本等于奖品总金额÷活动目标(拉新、转化等)用户数，目的就是控制成本，防止被薅羊毛。

【实例分享 4-1】

"冬日森林"是 2018 年今日头条生机大会为内容创作者和用户送上的一场创意互动展。利用"打卡"心理、年轻化场景和多重奖励机制策划出了优秀的体验营销线下活动。

1. 利用用户"打卡"心理

在年轻人的语境中,"打卡"是指一种在线上分享线下体验的行为,它带有某种程式化的意味,而"打卡"行为背后的心理机制是"晒",并在晒的同时产生供后来者参考、模仿的意义。在"冬日森林"中,遍布着让用户产生"打卡"动力的主题。这场生机大会上设置了"打卡"爱好者们热衷的网红式主题,现场还设计了许多以火爆的社交话题为主题的"打卡"道具,就是为用户拍照上传网络而生,让用户在"打卡"体验中进行"冬日森林"的自传播。

2. 多重激励设置产生多巴胺

多巴胺负责传递开心、兴奋的信息,它能提升信息在人们心智中的显著性并引起积极反馈。随机奖励、目标达成、竞争获胜、高热量食物等因素都会刺激用户多巴胺的产生。在用户的体验营销中,一些激励机制的存在可以有效刺激用户多巴胺的产生,从而提升用户的参与度和体验度。

三、整合推广资源

实施一场活动,流量问题一定要解决好,无论是内部渠道还是外部渠道都要把流量打通,让触达的用户都有参与的机会,以结果为导向,流量越大,活动目标的成功率就越大。

(一)内部渠道推广

内部渠道还有一种说法,叫作官方渠道,就是利用公司内部资源和自有的渠道进行推广,如官网、App、微信公众号、其他新媒体账号等。

1. 官网或 App 推广

利用产品官网或 App 来推广活动,在官网或 App 最显眼的地方,或者用户最关注的板块添加活动引导信息,这样能够快速地吸引用户关注活动。新媒体营销人员可以做一个关于近期首推活动的 banner 图放在首页,或者直接把活动内容板块放在首页轮播图下面。除此之外,新媒体营销人员还可以在官网或 App 放上微信公众号二维码的图片,除了用户本身想了解的微信号的价值以外,用户扫了二维码关注之后,还可以立即收到自动回复的活动推荐,一举两得。

2. 官方媒体为活动打头阵

现在被公司作为官方媒体的主要有微博和微信。企业官方微博一般可以加蓝 V,官方微信公众号有服务号和订阅号等。

(1)官方微博运营。在官方微博首页可以放两张活动 banner 图,点击可链接到活动专题页或者活动产品页。官方微博发起活动相关话题,炒热活动气氛,让网友带着话题转发微博。

(2)官方微信公众号。新媒体营销人员可以在官方微信服务号或订阅号提前推送活动预热的宣传图文。新媒体营销人员可以提前推送一篇详细有趣的活动图文推荐,最好是以有趣生动、真心实意的口吻去给用户介绍活动内容,让用户知道为什么这次活动值得参加。如果活动图文做得够有创意,可能还能带来用户的自发分享。

3. 今日头条做内容分发和引导购买

新媒体营销人员可以将活动宣传图文分发到各个以品牌名称注册的自媒体平台,如今日头条、抖音、西瓜视频、火山小视频等,做到多渠道宣传。

新媒体营销人员还可以在今日头条客户端开通头条小店,打通购物流程,更有助于活动快速实现转化;可以通过微头条文章、短视频、直播等来预热来引导用户进入头条小店购买商品。

(二)外部资源渠道推广

1. 到营销平台上传作品

到易企秀、iH5、Maka 等 H5 营销平台上传或制作 H5 活动页面,生成活动推广海报。这样有机会在案例展示页面展示活动,还可以扫描二维码分享活动。例如,2022 年世界读书日来临之际,PAGEONE 书店与今日头条联名推出"图书漂流计划"活动,找到印有今日头条标识的"漂流书卡"并完成 H5 互动测试。据统计,今日头条"以书之名"话题有 6.1 万条发文,话题阅读量超过 3 亿。

2. 垂直论坛发帖推广

新媒体营销人员可以到垂直论坛里发活动推广帖,如果是线下门店搞活动,还应去所在地区论坛发布推广帖,效果更好。在百度搜索框输入"××行业论坛"就能找到相关的行业论坛。

3. 知名社区的垂直频道重点推广

知乎、豆瓣、贴吧等大型社区都是活动信息推广的重要渠道,新媒体营销人员可以搜索目标用户所在频道,并在对应频道上发布活动信息。

4. 垂直社群推广

如果大范围地投放活动信息,容易被踢出群,因此,新媒体营销人员应找准所在行业的垂直社群,包括微信群、QQ 群、豆瓣群、微博群等,且要注意推广时的措辞。

5. 制作活动海报发到图片社交 App

新媒体营销人员可以将制作精美的活动海报发布到 Instagram、nice 等图片社交 App 上,可能会吸引一些用户关注所推广的活动。

(三)付费渠道推广

1. 大号 KOL 软文投放

社交网络中以 KOL 为代表的零散化投放形式,已经成为品牌投放广告的首选。其实 KOL 很多,最关键的是先要找对人,确定找的人影响的是哪一部分人,判断是否与活动推广的目标用户重合度高,然后再考虑是否投放。品牌在投放 KOL 广告前要结合 KOL 此前接广告的案例考虑,在形式上是否有好的宣传创意,好的宣传创意有利于形成用户的二次传播,让投入带来更大的收益。

2. 今日头条开屏推广

今日头条的开屏广告是 App 启动的唯一入口,而同一用户不会频繁启动资讯类应用,开屏广告相较于其他广告形式可以覆盖更多的独立用户。因此新媒体营销人员可以在开屏广告位展示活动信息。

3. 新榜贴片广告

现在新榜主要是专注于自媒体方面的广告投放,明码实价标注,资源较丰富,既有选择又可以估算投资回报率（Return on Investment，简称 ROI）。

总之，在一场活动的推广实施中，新媒体营销人员应该寻找更多的商家加入，让商家投入更多的资源；也可以邀请重量级的合作伙伴、政府、协会等助阵，增加活动影响力，如跨界联合活动，还可以让 KOL 与 VIP 用户参与进来，并包装宣传，也可以加入媒体宣传报道，让活动效果加倍。

四、营销活动复盘

完成一次营销活动后，新媒体营销人员一定要对营销活动的背景、目标、取得的效果、不足之处等方面，进行全面细致的复盘。只有对整个营销活动过程进行细致的梳理、分析、总结，才能凝聚成宝贵的经验，形成标准化的操作流程，之后的营销活动只需要在此基础之上进行不断的完善即可。完整的营销活动复盘流程具体如图 4-12 所示。进行活动复盘时，新媒体营销人员最好根据不同的对象，进行有针对性的分析和总结。活动复盘对于不同的人都有重要意义。

1. 针对新媒体营销人员本身

新媒体营销人员针对其本身的复盘主要包括：一方面，对这段时间的营销工作进行及时的总结，有始有终地完成营销工作；另一方面，思考在本次营销活动执行过程中，是否存在问题，包括做事方法、人际沟通、细节处理等各个方面，从而提升自己的工作技能。

2. 针对上级领导和部门同事

新媒体营销人员通过活动复盘的形式汇报活动的最终收益情况。上级领导可以通过看最终结果来评判运营工作是否到位，活动每一步的进展是否达到预期。部门同事可以通过复盘结果帮助改进自己的工作。

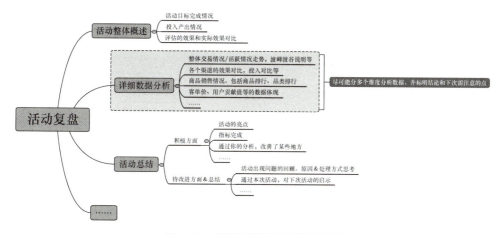

图 4-12　完整的营销活动复盘流程

单元五　今日头条营销数据分析

【知识准备】

今日头条是一个因精准算法而知名的新媒体平台，它将用户的每一个动作都进行数据记录和挖掘,从而对用户进行标签化处理,同时也对每一条内容和每一位创作者进行标签化处理,以完成用户和创作者的匹配。因此,从数据分析出发,新媒体营销人员了解今日头条账号内容营销和粉丝管理的具体情况,有利于实现指导内容运营、打造爆款账号的目标。

新媒体营销人员为了更好地运营今日头条账号,进行数据分析是必不可少的。今日头条平台内置的数据分析功能包括概况、图文分析、微头条分析、问答分析、小视频分析等模块,新媒体营销人员可以清楚地分析运营账号的用户数据、作品数据和收益数据等。

一、今日头条用户数据分析

数据可以清晰、真实地反映账号的运营情况。查看用户的各项数据,可以帮助新媒体营销人员掌握关注账号的用户的动态,面对用户流失及时想出补救的措施。同时,用户数据也可以帮助新媒体营销人员更好地分析内容的创作方向。

1. 新增粉丝数据:了解运营效果

关于新增粉丝数据,平台给出的周期为 7 天、14 天和 30 天,新媒体营销人员也可以自定义时间。新增粉丝数据,可以有效地反映最近账号的运营情况,内容是否符合用户的喜好。若是内容符合粉丝兴趣,一个周期内,新增粉丝就会增多;若是内容不符合粉丝兴趣,一个周期内,新增粉丝的数量就会减少。通过对新增粉丝数据的监测,可以帮助新媒体营销人员及时调整内容的创作方向。粉丝概况界面如图 4-13 所示。

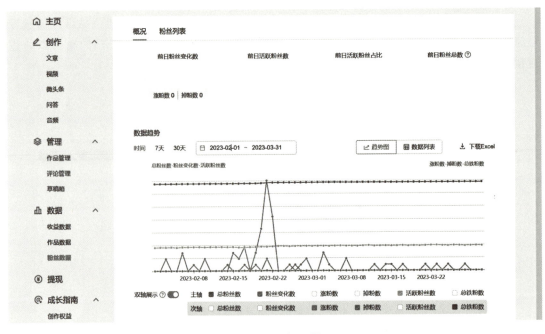

图 4-13 粉丝概况界面

2. 取消关注数据:找原因

取消关注数据,即在一个周期里,有多少用户对账号取消了关注。取消关注数据越高,意味着失去粉丝数量越大。因此,一旦发现一个周期内取消关注数据不断增高,新媒体营销人员就要提高警惕,马上查看问题出在哪里,及时找到原因并进行改进。只有随时关注用户取消关注数据,新媒体营销人员才能及时解决用户流失的问题,保持一个积极的账号运营状态。

3. 性别属性数据：内容精细化发展

明确今日头条账号粉丝的性别比例，可以帮助新媒体营销人员确定内容的创作方向。同一个领域，因为关注粉丝的性别不同，创作的重点也不同。例如，创作的领域是美食，女性用户关注的是食物的营养、健康等，男性用户关注得更多的是食物的做法、美味程度等。明确今日头条账号粉丝的性别属性数据，可以帮助新媒体营销人员更好地找准用户的痛点、用户喜好的内容，从而提高用户的留存率，提升内容质量。

4. 年龄属性数据：确定内容领域

今日头条账号后台的年龄属性数据可以有效地帮助新媒体营销人员查看账号的不同年龄粉丝分布情况，从而确定内容的创作方向。创作领域不同，吸引的粉丝年龄也会不同。

新媒体营销人员可以根据后台的年龄分布图观察哪个年龄段的粉丝比较多，对这个年龄段的粉丝进行分析，找到共同的用户"痛点"。根据用户"痛点"去创作文章，可以吸引更多这个年龄段用户的关注。

5. 用户偏好关键词数据：把握内容拓展方向

围绕关键词创作，才不会使内容偏离原定方向。为了找到编写内容的关键词，新媒体营销人员需要对关键词数据进行分析，找到用户比较偏好的关键词。例如，如果新媒体营销人员确定内容的创作方向是美妆，这就需要其对用户偏好关键词进行调查分析，查看用户搜索的关键词是哪些，如"化妆教程""黑皮肤适合妆容"，然后取排名靠前的关键词进行创作，也可以对热门关键词进行延伸，如从"化妆教程"延伸到"当下最流行的职场妆"等，进一步迎合用户的喜好，精准地吸引目标用户。

6. 地域属性数据：三大思路决定运营

不同地域的用户浏览今日头条信息时，关注的重点不同。根据今日头条数据统计显示：山西地区最关心与时政有关的内容，天津地区则喜欢阅读八卦新闻，河北地区最喜欢看段子等。根据用户地域属性数据，新媒体营销人员可以确定关注自己账号最多的是哪个地方的用户，为了留住这些用户，需要根据对方的喜好去改变内容风格，以提高用户的留存率。当然，在迎合用户喜好的同时，创作的内容中仍然要保住账号自身的闪光点，不能人云亦云，失去自己的风格。

7. 共同用户数据：聚焦你的合作伙伴

共同用户数据，即为今日头条与其他新媒体平台重合的用户，如微信公众号、百家号、抖音小视频、火山小视频等。对共同用户数据进行分析，能帮助新媒体营销人员实现新媒体平台之间的相互引流，从而增加账号粉丝的数量。

8. 终端属性数据：手机功能要衡量

今日头条后台提供了机型价格分布数据，即今日头条用户使用的手机类型及价格的分布，系统可以分辨出手机的品牌及手机的价格。这个数据可以帮助新媒体营销人员了解用户的消费水平，在内容上和变现模式上对症下药，找到更适合自己的创作方向。一般来说，机型价格越高，意味着消费能力越强。

新媒体营销人员在内容创作时，必须将用户使用工具因素考虑进去，这涉及内容的排版问题。例如，拍摄一个与美食相关的内容，若是 PC 端用户比较多，新媒体营销人员就需要横版拍摄，这更符合用户观看习惯。若是移动端用户比较多，新媒体营销人员可以竖版拍摄，适应手机竖版的屏幕比例。新媒体营销人员只有从用户的角度出发，提高用户的体验，才能留住用户。

二、今日头条作品数据分析

今日头条的各项内容数据，可以真实地反映出账号的运营推送情况，从而判断营销是否有效。新媒体营销人员熟练掌握、分析账号内容的各项数据，才能在出现错误时及时止损，在内容爆发时继续保持。

（一）总体图文：两大角度提升阅读量

头条号后台"数据"下有"作品数据"，即对图文形式的文章进行数据统计。作品数据包括阅读（播放）量、点赞量、评论量、展现量等，作品数据分析界面如图4-14所示。

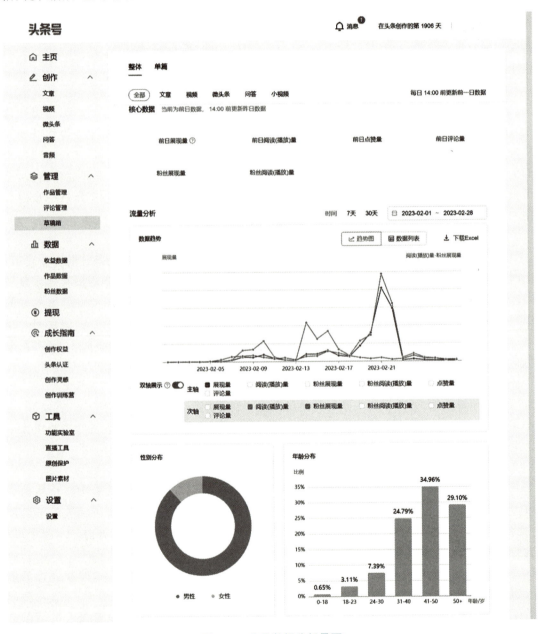

图4-14 作品数据分析界面

作品数据通过以下方面反映。

(1) 标题。标题是指用户点击标题的数量,这可以与用户的阅读完成率相对比。若标题的点击量很高,而用户的阅读完成率比较低。那么,标题很可能会被平台判定为"标题党"。所以,新媒体营销人员要经常观察标题的点击量。

(2) 推荐量。推荐量是指平台推荐文章的数据,反映了文章是否受平台欢迎和认可,若是受平台欢迎,则推荐量数据会高。若推荐量数据过低,新媒体营销人员则要警醒,查看内容哪里出了问题,是否违反了平台规定。推荐效果不好的主要原因如图 4-15 所示。

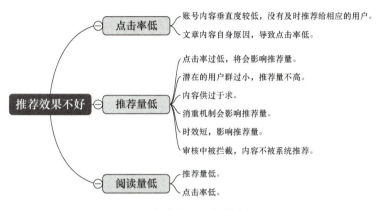

图 4-15 推荐效果不好的主要原因

(3) 阅读(播放)量和粉丝阅读(播放)量。阅读(播放)量包括了粉丝阅读(播放)量,这个数据可以真实地反映出文章内容质量的好坏,优质的内容,会吸引着用户一直阅读下去,进而有很高的阅读(播放)量。有的用户点击观看了文章,但是并没有关注,这是潜在的粉丝群体。新媒体营销人员要想办法写出更多对方感兴趣的内容,或者增加互动,引导关注。

(4) 评论量。评论量是判断内容是否受欢迎的依据之一。一般而言,爆款内容的评论都比较多。无论用户是否喜欢这个内容,只要他评论了,就能让内容获得更多来自平台的推荐。新媒体营销人员可以据此来判断怎样打造爆款内容。

(5) 收藏量。收藏量是指用户收藏文章的数量。

(6) 转发量。转发量是指用户将今日头条账号的文章转发到其他新媒体平台的数量,如 QQ 群、朋友圈、微博等。

这几个数据之间是互相影响的,标题点击数量越高,意味着有更多的用户阅读文章。只要质量过关,那么文章评论量、收藏量和转发量都会提升,从而提高平台的推荐数量。因此新媒体营销人员要养成分析数据的良好习惯,这样有助于其有针对性地去优化文章内容。

(三) 单篇图文:分析用户阅读体验

单篇图文可以从流量、收益、粉丝、互动等方面入手,具体指标如图 4-16 所示。

(1) 平均阅读时长。平均阅读时长是指在所有点击阅读的用户中,他们阅读这篇文章的平均时长。这一数值由多个方面决定,一般而言,内容越容易让人理解,其平均阅读速度就越快。

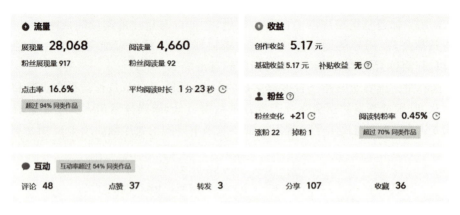

图 4-16 单篇图文的数据分析

（2）转化率。转化率是衡量一篇文章价值的重要因素，可以直观地反映用户是否乐意为文章买单。文章的转化率越高，意味着文章越优质，传播效果越好。一般而言，转化率分为以下两种。

① 图文转化率。图文转化率是指整体的用户阅读转化情况，包括已经关注的用户和没有关注的用户。转化率越高，说明营销越成功，用户对文章的整体阅读体验越好。

② 一次传播转化率。一次传播转化率是指今日头条平台给关注账号的用户推送文章后，用户会马上阅读或者将文章分享到其他新媒体平台。一次传播转化率越高，意味着文章的内容越受用户欢迎。较高的一次传播转化率可以帮助新媒体营销人员维护粉丝的稳定，提高粉丝的黏性。

（3）阅读来源。分析文章的阅读来源，可以帮助新媒体营销人员开发获取粉丝的渠道。今日头条上的文章，大多数用户来源于今日头条平台，但是有一些用户也可能来自二次传播。例如，有的用户将文章转发到朋友圈，好友点击观看就达到了二次传播的目的。因此，新媒体营销人员除了要利用好平台推送外，还需要在文章中引导用户转发分享。同时，多在文章的内容上下功夫，用户看到有趣的内容或者认为有价值，就会自愿转发。

（4）用户属性。分析阅读图文的用户属性，新媒体营销人员能够更精准地定位目标用户，从而针对目标用户进行营销推广。

当某一篇图文成为爆款文章后，新媒体营销人员可以进行着重分析。从标题、内容和排版三个方面分析其成为爆款的原因，并且将总结的经验运用到其他文章中去。

（四）微头条内容：准确反映用户兴趣

微头条是今日头条旗下的社交媒体产品，是创作者与粉丝高频互动交流的平台，与新浪微博相似，是粉丝经济的主要体现。不同于新浪微博的是，微头条除了社交分发机制外，还具备人工智能推荐机制，让头条号文章触达粉丝的概率更高。因此，新的今日头条账号发布优质内容将有很大机会获得 10 万以上的阅读量。因此，今日头条用户可以通过微头条发布内容，与他人互动，从而建立关系，快速获得粉丝。

在微头条分析模块，新媒体营销人员可以选择查看 7 天、14 天、30 天内任意时间段的微头条数据，包括发布时间、阅读量、评论量、点赞量和转发量。

（五）问答内容：搭载上今日头条的快船

头条问答是今日头条账号的一个重要产品，它是有针对性地获得精准目标用户的最佳途径之一。因此，新媒体营销人员有必要了解问答数据，对各个问答的具体数据进行查看、对比，并得出有效结论，利于问题的选择和回答问题技巧的运用。

新媒体营销人员可以在头条问答的数据页面查看数据。在每个问答下面有两个表示数据的区域：一个是在问题标题的下方，显示的是针对这一问题的数据，也就是说，关于这一问题有多少人回答了，又有多少人收藏了；另一个是在今日头条账号问答的下方，可以显示出每个回答或提问的数据，包括阅读量、评论量和点赞量等数据。

因此，新媒体营销人员不仅可以通过比较问题的数据，选择那些回答比较多、关注度比较高的问题，还可以通过比较每条"问答内容"的数据，看看各项数据比较高的问答内容是如何回答的，而各项数据低的问答内容又是怎样的，然后取长补短，打造更好的爆款问答内容。

三、今日头条收益数据分析

头条号后台数据中的收益数据包括整体收益、图文创作收益和视频创作收益三个页面。其中图文创作收益页面内共包括"概览""收益趋势""创作收益构成""千次阅读单价趋势""单篇创作收益"五个板块，创作者可以在该页面内查看文章、微头条和回答的创作收益金额等。

（一）概览与收益趋势分析

创作者可以在概览与收益趋势版块查看昨日累计获得的图文、问答、微头条创作收益总金额，以及一定时间内获得的总创作收益金额，并查看自己的收益变化趋势。如图4-17所示。

图4-17　概览与收益趋势分析

（二）创作收益分析

创作者可以分别查看文章、微头条或者问答任意体裁的创作收益构成或千次阅读单价趋势。如图4-18所示。

图4-18 创作收益分析

点击"千次阅读单价趋势",可以查看单价主要影响因素的波动情况,协助创作者找到单价波动的原因。千次阅读单价受用户阅读时长系数、内容价值系数、粉丝阅读占比等因素综合影响,并非是一成不变的。

(1)用户阅读时长系数。用户阅读时长系数可以用于衡量用户阅读时长的高低,系数越高,内容阅读时长较平台整体阅读时长越长。

(2)内容价值系数。内容价值系数用于衡量内容商业价值的高低,系数越高,内容的商业价值较平台整体水平越高。

(3)粉丝阅读占比。粉丝阅读占比=当日粉丝阅读量/当日总阅读量。

(三)单篇收益分析

创作者可以在单篇收益分析版块查看图文、问答或者微头条任一体裁的内容在发布日起任意时间段内的创作收益情况。单篇作品收益具体项目如表4-4所示。

表4-4 单篇作品收益具体项目

图文	创作收益/元		基础收益/元		补贴收益/元		粉丝收益/元	非粉丝收益/元	累计阅读量
	昨日	累计	昨日	累计	昨日	累计			

总之,每个平台都提供了数据分析的功能,每个平台也会不断地改进后台管理功能,因此新媒体营销人员要不断学习,利用各种工具去分析平台的数据,更好地运营新媒体平台。

【思政园地】

今日头条利用信息流创造价值

通过今日头条发布的《2022今日头条年度数据报告》数据发现,今日头条确实成为一些用户学习和看世界的工具:有近1200万人,在2022年1月1日那天,通过直播观看了"天安门举行2022新年升旗仪式";也有人在今日头条上用专栏学习商业财经、亲子教育知识。购买专栏最多的前五个省份分别是广东、江苏、浙江、山东、北京。

《2022今日头条年度数据报告》首次公布了头条寻人等项目的最新进展,从另一个角度解读了信息流动为用户带来的价值。《2022今日头条年度数据报告》显示,通过基于地理位置的精准信息推送技术,头条寻人累计弹窗寻人线索100434次,帮助12000个家庭团圆,包含4837位老人,1123位未成年人。找回年龄最大的走失者101岁,年龄最小的走失者仅有3个月。除寻找走失者之外,头条寻人还拥有两岸寻亲、寻找烈士后人、无名患者寻亲等多元化寻人项目,并在2022年发起"亲情守护计划",让信息在更多移动互联网平台间流动,帮助更多需要回家的人。

贫困地区山货难卖的困境,也被信息流动所打破。2022年,今日头条通过"山货上头条"助农项目,让三农信息找到需要的人,吸引近55万名用户共同参与消费助农,帮助114款农产品走出大山。

感光计划则通过信息分发,以摄影公益的方式帮助了9个大病群体,6个助农项目和1个环保项目。该项目联合全国优秀摄影师,用1477组图片故事讲述了大病家庭的艰难治疗过程,联合公益组织为1343个家庭募集爱心救助资金。

今日头条年度报告相关负责人表示,未来的今日头条仍会不断完善内容生态,提高信息分发效率,用通用信息平台,帮助用户看见更大的世界。

【模块四职业技能任务】

任务名称	今日头条营销任务						
任务目的	通过本次实践操作，能够对今日头条账号的营销活动进行数据分析，以便优化今日头条账号的运营，并深刻领会技术、创新、科技强国的理念。						
任务提示	为了更好地分析今日头条数据，除了今日头条账号后台数据，建议再结合巨量星图、新榜指数等第三方数据分析工具，获得更多运营数据。理解党的二十大报告中提出的"坚持创新在我国现代化建设全局中的核心地位"的具体任务。						
第（ ）组	学号						
	姓名						
任务实操	(1) 分析优质今日头条账号的账号定位和内容定位。						

细分类别	知名账号	粉丝数	文章数	视频数	微头条数	问答数	橱窗数
名人							
专家							
企业创始人							
企业高管							
"草根"							

(2) 注册个人号并策划合适的账号名称和账号定位。

账号名称		账号定位	
账号介绍		用户群体	
职业认证		兴趣认证	

(3) 寻找垂直领域下的热点事件，制作全年营销日历，确定各个时间节点的文案选题。

时间节点	活动名称	文案关键词

(4) 收集积累垂直领域下优秀的经典文案（10万以上阅读量），形成标题、文案库。

标题名称	推荐量/阅读量/评论量/点赞量	文案包含的关键词	文章采用的结构形式

(5) 制作今日头条文章的内容排版模板。

(6) 策划一个主题活动，分析活动的主题、活动的目标以及活动的目标用户，撰写活动的策划方案，并通过各大平台进行活动的推广。

(7) 对今日头条账号运营进行复盘分析，撰写数据分析报告，要求不少于1000字。

(8) 通过对《今日头条利用信息流创造价值》的解读，结合党的二十大报告提出的"完善科技创新体系"的理念，谈一谈，新媒体营销人员在开展今日头条营销活动过程中，应如何充分利用科技创新手段服务于民。

【模块四考核评价】

评价说明：在本次任务完成后，由任课老师主导，采用学习过程评价与学习结果评价相结合的方法，综合运用自我评价、小组评价及教师评价三种方式，由教师确定三种评价方式分别占总成绩的比例，并加权计算出学生个人本次任务的考核评价分。

模块任务完成考核评价表			
任务名称	今日头条营销定位		
班级		学生姓名	
评价方式	评价内容	分值	成绩
自我评价	职业技能任务工单完成情况	70	
	对知识和技能的掌握程度	10	
	我胜任了小组内的工作	20	
	评价意见：		
小组评价	本小组的本次任务完成质量	30	
	个人本次任务完成质量	30	
	个人参与小组活动的态度	20	
	个人的合作精神和沟通能力	20	
	评价意见：		
教师评价	个人所在小组的任务完成质量	30	
	个人本次任务完成质量	30	
	个人对所在小组的参与度	20	
	个人对本次任务的贡献度	20	
	评价意见：		
总评＝自我评价×（　）％＋小组评价×（　）＋教师评价×（　）％＝			

截至2022年12月，我国短视频用户规模已首次突破10亿，短视频用户使用率高达94.8%。同时，伴随着我国5G网络正式商用，移动网络成本逐渐降低，时空限制将进一步被打破。技术成熟为短视频发展奠定了基础，庞大的用户群体为短视频营销提供了广阔的市场前景，越来越多的个人和企业将产品营销的目光锁定在短视频这一新兴赛道。短视频营销作为内容营销，依托于短视频的表现形式，将品牌或产品融入视频内容，在不知不觉中把产品推荐给用户，更容易引起用户的共鸣，利于用户主动下单和传播分享，从而达到裂变和引流的目的。

模块五 抖音短视频营销

【学习目标】

1. 知识目标

（1）了解抖音短视频营销的概念、抖音短视频的三大典型类型。
（2）理解抖音营销的价值、抖音平台营销定位。
（3）掌握抖音短视频的策划和制作技巧、抖音短视频的营销技巧、用户画像等方法。

2. 能力目标

（1）能够开通并发布抖音短视频，搭建小型创作团队，运营个人抖音账号。
（2）能够配合营销目的，策划并制作抖音短视频内容。

3. 素养目标

使学习者认识到，以抖音为代表的短视频平台既是短视频创作者自由表达新创意、展现新生活的舞台，也是新传播时代的重要舆论场。短视频创作者要有"守好舆论阵地，传播中国声音"的自觉，继承和弘扬中国优秀文化，讲好中国故事。

【思维导图】

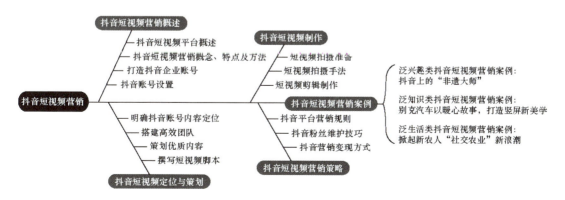

【引例】

抖音短视频：平台玩法＋立体营销，助力冰雪文化破圈

所谓"出场即顶流"，大概说的就是2022年北京冬季奥运会（以下简称"冬奥会"）。数据显示，2022年北京冬奥会是至今为止收视率最高的奥运会，也是数字媒体平台观看人数最多的冬奥会，在全球社交媒体上吸引超20亿人次关注。在国内众多的冬奥会关注用户中，60%以上以短视频作为他们获取信息的首选渠道。如图5-1所示为用户获取冬奥会信息的短视频平台偏好。

冬奥会期间短视频平台用户偏好TOP6

- 抖音 79.1%
- 快手 39.2%
- 微视 13.7%
- 西瓜视频 10.0%
- 抖音火山版 9.6%
- 好看视频 7.3%

数据来源：关于北京2022年冬奥会的调研问卷，2022年2月
© 易观分析   www.analysys.cn

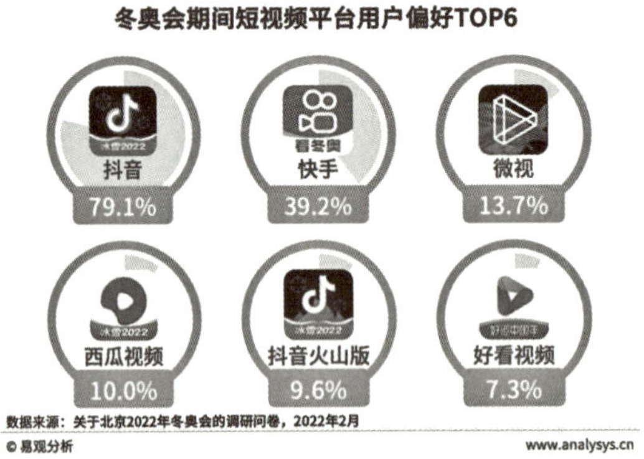

图 5-1　用户获取冬奥会信息的短视频平台偏好

借着北京冬奥会的"东风"，以抖音为代表的短视频平台不仅将一众运动健儿带出圈了，还为短视频内容创作提供了丰富的素材。不管是开幕式、吉祥物、参赛选手，还是冰雪文化、运动项目等，都让用户产生了热烈讨论。通过短视频大数据分析平台新抖的"声量查询"功能，发现冬奥会开幕半个月以来，抖音平台上冬奥会相关作品日均发布15.66万次，日均获赞量高达7196.65万，在吸引更多用户关注北京冬奥会的同时，也让用户更愿意参与冰雪运动、了解冰雪文化。

1. 平台玩法创新，用户参与度高

在北京冬奥会期间，抖音平台紧贴热点，巧用热搜话题、BGM（背景音乐）、视频特效、拍同款等创新玩法，引导用户关注冬奥会话题，并且亲身参与其中。例如，在开幕式后，从美到窒息的二十四节气仪式视觉大赏到各国运动员羽绒服样式评比，从普通中国人手手相传国旗到五星红旗与冰雪五环交相辉映，从满屏中国红到超燃震撼的点火仪式，这些精彩纷呈的中国元素挨个登上了抖音热搜话题；抖音BGM《我只想要一只冰墩墩》则精准地唱出了大家渴望的心声。这首BGM视频播放量高达10亿以上，有超过120万人参与使用，足以体现用户的高参与度。

2. 多元内容表达，用户获得感强

北京冬奥会不仅为抖音平台营销提供了契机，也为短视频内容营销提供了大量素材。观察梳理冬奥会期间点赞量破百万的热门短视频，大致可以分为以下四类：

一是冰雪运动科普。例如，抖音账号"科技领航员"科普水立方变冰立方的短视频，获赞

超110万;抖音账号"爱较真的戴老师"分享冰壶比赛为什么要"擦地板",获赞超110万;抖音账号"Max无限创意"分享的冬奥会最烧钱项目雪车,获赞超100万;等等。

二是冬奥内容解析。例如,抖音账号"陈诗远"对开幕式"中国式浪漫"进行解读,获赞超过260万,分享超过20万;抖音账号"杨藩讲艺术",他提出开幕式蕴含了一种"诗词感",展现了大国的文化自信,其作品获赞超120万。

三是选手故事分享。冬奥会期间,明星选手如中国的谷爱凌、苏翊鸣,日本的羽生结弦,俄罗斯的特鲁索娃、瓦利耶娃等受到关注,选手的比赛故事也会引起粉丝兴趣。例如,抖音账号"北野武状元"以"血色魅影"为题,分享了羽生结弦花滑故事,其中蕴含的体育精神令人动容,该作品获赞超280万。

四是相关热点体验。例如,抖音账号"梦想做大佬的男人"用有颜色的沙子在瓶中堆出冰墩墩的短视频,获赞超180万;抖音账号"音乐人三号樵夫"制作翻糖冰墩墩迅速出圈,视频获赞超过250万,并且一周内为账号涨粉166万,催生了一位新"百万博主"。

冬奥会期间,通过多元化的短视频内容表达,从不同角度让用户拓宽视野、丰富知识,使用户的获得感增强。北京冬奥会期间抖音相关数据如图5-2所示。

（a） （b）

图5-2 北京冬奥会期间抖音相关数据

3. 产品植入恰当,用户体验感好

北京冬奥会期间,国家队队服的赞助商安踏就屡屡凭借运动服设计、运动服科技等话题出圈。特别是当青年运动员谷爱凌在自由式滑雪项目中大放异彩时,她身着安踏"金龙雪服"迅速登上热搜榜。赛后,谷爱凌向记者介绍这件雪服由她亲自参与设计的影像在抖音被大量转发。脱离了硬性广告的短视频软植入形式,使得"自信、创新、科技、时尚"的安踏品牌形象走进受众心中。

【模块分析】

随着 5G 时代的到来，以抖音为代表的短视频平台已成为不同行业及品牌推广各类产品、构建品牌形象、开展营销活动的重要渠道。2022 年，抖音累计活跃用户已超过 6.8 亿，共计有 19346 家餐厅、3783 处景点、超 100 家出版社第一次开启抖音"云端"新生意。抖音高校直播共 21103 场，场次同比提升 46%，观看用户超 9500 万人。4 位诺奖得主、45 位院士、近 400 位教授在抖音传播知识，拉近专业内容与公众的距离，促进知识科普。抖音电商共售出 2.5 亿单图书，成年"00 后"成图书消费增幅最大群体，占比达 52%，其次为 90 后占比 38%、80 后占比 22%。这些"漂亮"的数字不仅反映出抖音短视频的营销效果，也印证了短视频已成为当前用户了解品牌信息的首要渠道。

如今，抖音短视频不仅仅是"人人都能做导演"的视频发布平台，更是企业及内容创作者进行营销推广的"主战场"。对企业及内容创作者来说，想要通过抖音实现品牌或产品的曝光，甚至进一步营销变现，首先需要了解抖音短视频的特点和规则。数据表明，短视频能否有效触达受众的要点之一就是"内容为王"。

本模块从抖音短视频营销概述（单元一）入手，逐一解析抖音短视频定位与策划（单元二）、抖音短视频制作（单元三）等短视频内容生产全流程，解析抖音短视频营销策略（单元四），按短视频大类复盘典型抖音短视频营销案例（单元五）。

单元一 抖音短视频营销概述

【知识准备】

随着 5G 网络和智能手机的普及，单一的文字、图文交流已经无法满足人们的需要，以"短、平、快"著称的短视频形式逐渐成为人们喜爱的交流和娱乐方式，其中蕴藏的巨大商业价值也日渐突显。

作为广受大众喜爱的平台，抖音平台具有用户量与营销价值上的独特优势：用户体量大、变现能力强、视频内容多样等。由此，诸多企业纷纷将目光锁定在抖音短视频平台，希望能从中分得一杯羹。对于希望入驻抖音的企业或个人来说，应了解抖音是什么，思考如何运用抖音短视频平台营销、如何打造抖音号等问题，由此迈出抖音短视频营销的第一步。

一、抖音短视频平台概述

（一）抖音平台概述

抖音平台上线于 2016 年 9 月 20 日，所属公司为北京字节跳动科技有限公司，是一款音乐创意短视频社交软件，也是面向全年龄层的短视频社交平台。在抖音上，用户可以分享自己拍摄的短视频作品，同时也可以观看他人发布的短视频作品。

截至 2022 年，抖音的总用户数量已超过 8 亿，人均单日使用时长超过 2 小时。据巨量算数数据显示，截至 2022 年 6 月，抖音万粉以上创作者数量达到 320 万，同比增长超过 48%，抖音创作者粉丝总量超过 4300 亿，对比 2021 年同期增长了 47%，并且这些数据还在持续增长中。正如抖音的宣传语"记录美好生活"所言，抖音记录了人们生活的方方面面、让大家足不出户就能了解各行各业、让知识的传递不再受限于时空、让兴趣电商带动区域经济发展……抖音已经成为许多人生活中不可或缺的一部分。

相较于其他短视频平台,抖音平台主要有三种特色玩法。

1. 视频拍摄功能

抖音在 2018 年 6 月开启了拍摄界面,并且配备了多种特效,更有利于普通用户上手,降低了拍摄短视频的门槛。

2. 抖音直播功能

通过平台申请即可开通直播功能,可用于孵化 IP 和带货。

3. 抖音热榜和猜你想搜

用户点击首页顶部的放大镜图标可以跳转到搜索栏,就能看到抖音热榜和猜你想搜,方便用户迅速找到自己感兴趣的主题观看或制作相关短视频,增加了社交性、互动性、及时性。

(二)抖音首页界面功能

抖音首页界面主要可以分为顶端栏、右侧栏和底端栏三个区域,每个区域都有各自的功能,如图 5-3 所示。这些功能便于用户使用和操作,因此我们需要了解抖音的界面功能,才能有的放矢地完成相关操作。

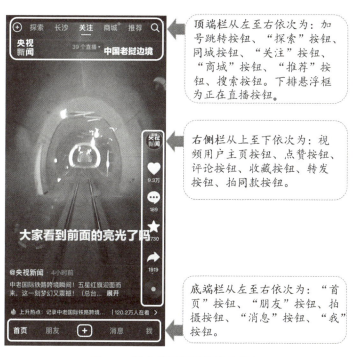

图 5-3　抖音首页界面及其功能分区

1. 首页界面"顶端栏"功能

打开抖音后,首先进入首页界面。在"顶端栏"从左至右依次为:加号跳转按钮、"探索"按钮、同城按钮、"关注"按钮、"商城"按钮、"推荐"按钮、搜索按钮。下排悬浮框为正在直播按钮。

加号跳转按钮:可通过该按钮直接跳转到拍日常、发图文、写文字、扫一扫、添加朋友等多个使用频率较高的功能。点击加号跳转按钮后的界面如图 5-4 所示。

图 5-4　点击加号跳转按钮后的界面

"探索"按钮：点击"探索"按钮，界面将出现用户可能感兴趣的内容和榜单，帮助用户发现和探索新鲜的内容。点击"探索"按钮后的界面如图 5-5 所示。

图 5-5　点击"探索"按钮后的界面

同城按钮：点击同城按钮后将看到与所在城市美食、休闲娱乐、游玩、住宿等相关的短视频内容，便于用户及时了解所在城市的相关资讯。同城的城市默认为定位所在城市，也可以切换至其他城市。点击同城按钮后的界面如图 5-6 所示。

图 5-6　点击同城按钮后的界面

"关注"按钮：点击"关注"按钮，用户将看到自己关注的抖音用户所发布的短视频内容。点击"关注"按钮后的界面如图 5-7 所示。

图 5-7　点击"关注"按钮后的界面

"商城"按钮：点击"商城"按钮将直接跳转抖音商城首页，还能提示用户订单和购物车的实时状态。点击"商城"按钮后的界面如图5-8所示。

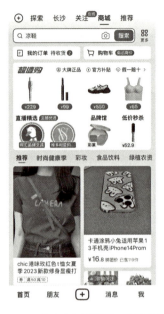

图5-8　点击"商城"按钮后的界面

"推荐"按钮：一般来说，用户打开抖音进入首页即可看见"推荐"页面。通常是根据用户的兴趣、点击行为等信息更加准确地为用户推送可能感兴趣的相关内容。

搜索按钮：点击放大镜图标可以跳转到搜索栏，能看到"猜你想搜"和抖音热榜、同城榜、直播榜、音乐榜、品牌榜等。点击"搜索"按钮后的界面如图5-9所示。

图5-9　点击搜索按钮后的界面

2. 首页界面"右侧栏"功能

右侧栏从上至下依次为：视频用户主页按钮、点赞按钮、评论按钮、收藏按钮、转发按钮、拍同款按钮。

视频用户主页按钮：点击图标将跳转至视频用户的主页，能看到该用户的全部视频内容。点击图标下方"＋"号，可添加对方为关注抖音账号。

点赞按钮：点击该按钮可以为该条视频点赞，再次点击则是取消点赞，下方数字为点赞数。

评论按钮：点击该按钮可以为该条视频发布评论，还可以看到其他用户对该条视频的评论，下方数字为评论数。如图5-10所示。

收藏按钮：点击该按钮可以收藏该条视频以便日后观看，再次点击则是取消收藏，下方数字为收藏数。

转发按钮：点击该按钮可以分享该条视频至抖音好友和其他第三方平台，另外还有解锁保存视频、邀请好友一起看视频、标记为不感兴趣、举报、帮上热门等功能。注意，此处的弹窗可以左右滑动。如图5-11所示。

图5-10　抖音评论跳转界面　　　　图5-11　抖音转发跳转界面及相关功能

拍同款按钮：点击该按钮会跳转至拍同款界面，可以直接转发该条视频的音乐至自己主页的日常，也可运用同款音乐拍摄自己的短视频。抖音拍同款界面如图 5-12 所示。

(a)　　　　　　　　　　　(b)

图 5-12　抖音点击拍同款按钮及跳转界面

3. 首页界面"底端栏"功能

底端栏从左至右依次为："首页"按钮、"朋友"按钮、拍摄按钮、"消息"按钮、"我"按钮。

"首页"按钮：点击该按钮可切换至首页界面。

"朋友"按钮：点击该按钮能看到互相关注的抖音好友所发布的短视频内容。

拍摄按钮：点击该按钮会跳转至拍摄界面，可以运用平台提供的拍摄道具、滤镜、美化、音乐等功能，拍摄制作自己的短视频。抖音拍摄界面如图 5-13 所示。

"消息"按钮：点击该按钮会跳转至消息界面，将看到所有评论、点赞、关注、私信、@我的、新增粉丝等相关消息提示。

"我"按钮：点击该按钮会跳转至个人中心，可以看到自己发布的作品、动态，还能看到点赞数、关注人数、粉丝人数等。在这里可以编辑资料、添加朋友。点击该界面右上方的拓展按钮，会从右侧弹出菜单，在这里将看到"我的订单""我的钱包""我的二维码""观看历史""设置"等相关功能，可以进行相关操作，如图 5-14 所示。

图 5-13 抖音拍摄界面

(a)   (b)

图 5-14 抖音点击"我"按钮后的弹出菜单

二、抖音短视频营销概念、特点及方法

(一)抖音短视频营销的概念

在移动广告时代,内容营销方式逐渐由图文形式过渡到短视频形式。以抖音为代表的短视频平台成为又一个推广营销的重要方式。抖音短视频营销是指在抖音平台上开展的所有营销活动,是一种内容营销方式。随着抖音短视频营销慢慢被大众所接受,一方面越来越多的企业或个人用户通过抖音卖货、推广品牌,另一方面抖音短视频平台也开始走向规范化、多样化、专业化。

(二)抖音短视频营销的特点

1. 抖音短视频营销代入感更强

与静态的图文内容相比,短视频是一种辅之以音乐、剧情、语言、文字等视听语言的动态内容,形式上对用户更具有吸引力,内容上使用户的代入感更强。

以口红为例,图文形式用户只能看到颜色和上唇的效果,但短视频形式用户不仅能看到口红的颜色、效果,还能看到上唇时的质感、触肤状态等,并且观看过程相较于图文而言更轻松、不费眼、不费脑,更容易代入自己的使用感觉。如图 5-15(a)为图文形式,图 5-15(b)为短视频形式。

2. 用户的互动性和分享性更强

从界面形式来看,往往阅读图文内容时需要看到最后才能使用"点赞""评论""分享"功能,而抖音短视频平台则不同。用户可以边看边点击右侧栏的按钮进行互动,这使得短视频具有更强的用户互动性和分享性。

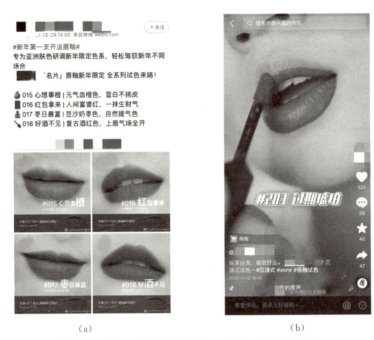

(a)   (b)

图 5-15 图文与短视频呈现方式在代入感方面对比

不仅如此,抖音平台还有合拍、拍同款、挑战赛、一起看视频等功能,这使得用户具有内容消费者和内容生产者的双重身份。这些互动的玩法进一步加强了短视频用户的参与快感,使得用户黏性更强。如图 5-16 所示为图文与短视频呈现方式在互动性和分享性方面的对比。

(a)   (b)

图 5-16 图文与短视频呈现方式在互动性和分享性方面对比

3. 粉丝经济有效带动产品口碑

企业或个人用户均可以通过发布优质的短视频内容来吸引粉丝,并且可以针对粉丝群体进行产品和品牌的营销推广,实现营销转化。相较于普通用户,粉丝的营销转化力更强,并且更愿意转发分享,从而带动品牌和产品的口碑。

4. "边看边买"提高转化力

在抖音平台观看短视频时,有些可以看到悬浮于界面下方的"购物车"图标,点击即可跳转至商品购买页面。抖音这种让用户"边看边买"的设计,大大节省了用户下单决策的时间。在观看短视频被"种草"的瞬间,即可轻松点击加购转化为消费。如图 5-17 所示为播放视频时跳转购买产品。

 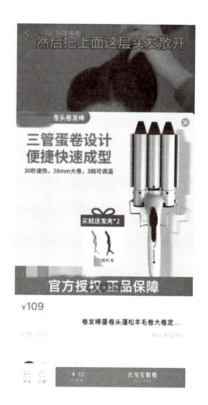

(a) (b)

图 5-17 抖音短视频播放时可以点击"购物车"跳转购买产品

5. 抖音短视频传播渠道更广泛

大多数情况下,短视频的播放量都会高于该账号的粉丝量。因此,一条优质的短视频很容易被大量转发至其他平台,进而形成二次传播。加之短视频"短而小"的特点与互联网碎片化传播的特性不谋而合,这使得短视频很容易形"病毒式"传播。

6. 抖音短视频营销推广成本低

随着智能手机和低门槛剪辑软件的广泛应用,使得拍摄和制作短视频的成本大大降低。虽然短视频时长有限,但其承载的信息量却是巨大的。加上抖音平台本身已有的几亿用户,这使得短视频营销的价值得到提升,但成本却是相对低廉的。

(三)抖音短视频营销的方法

1. 展示好产品的功能

要实现成功的营销,首先就需要让受众明确知道,这条短视频展示的产品具有哪些功能,可以如何使用、在哪里使用等。例如,在抖音上销量排行第一的某品牌空气炸锅,仅凭一条短视频就已经售出9.4万件。短视频的内容较为简单,依次展示出了烤排骨、鲫鱼、火腿肠、鸡翅、糖炒栗子等食物的制作时长和温度,并搭配了极简的操作方法,让受众迅速明白这款空气炸锅的功能是什么,并且感觉好上手。如图5-18所示。

2. 抓住用户的好奇心

在短视频营销中,如果新媒体营销人员一开始就牢牢抓住受众的眼球,让他们对视频内容和相关商品产生兴趣,这就成功了一大半。比如,2023年9月4日,瑞幸咖啡与贵州茅台合作推出的新品"酱香拿铁"爆火,许多抖音用户秀出了自己抢到"酱香拿铁"、成功打卡的短视频。这一波营销让许多平时不喝咖啡的用户产生好奇心理,加之这款咖啡"美酒加咖啡,就爱这一杯"的宣传语,在满足用户追求新奇的消费心理需求的同时,带动了持续的"酱香拿铁热"。"酱香拿铁"单品首日销量突破542万杯,单品首日销售额突破1亿元,引得国内外品牌争相模仿。瑞幸咖啡"酱香拿铁"的营销短视频如图5-19所示。

图 5-18 空气炸锅营销

图 5-19 "酱香拿铁"营销

3. 着重宣传产品优势

着重宣传产品优势与展示产品功能不同，着重宣传产品优势需要强调该产品在同品类中的特殊性和强势优点，通常可以通过在短视频中测评、实验等方法予以强化。例如，路虎汽车以各种"爬坡挑战"为营销点，在抖音平台常年有各种爬坡测评，其中以"路虎揽胜爬坡挑战，天门山50度999级天阶"最为震撼，着力突出了该款汽车的超强越野爬坡功能，让观众对这款汽车和路虎品牌都留下了深刻的印象。路虎汽车爬坡挑战如图5-20所示。

4. 软性植入内容营销

除了上述直接对产品进行营销的短视频外，还有一种比较柔和的营销方式，即内容包装。通过拍摄与产品相关联的视频内容，将产品植入其中，并将其进行美化和包装，使受众产生购买欲。抖音知名旅游博主"房琪kiki"就特别擅长运用这种方法，由于她旅行博主的身份，她常常在唯美的视频中植入与旅行相关的产品，如汽车、防晒霜、食品等，产品的植入自然、不突兀，吸引的粉丝也是与之有相同价值观的用户。如图5-21所示为短视频中软性广告的植入。

图 5-20　路虎汽车爬坡挑战

图 5-21　旅行博主的软性广告植入

5. 巧用产品口碑营销

实体店经营者可以通过口碑营销的方式带动店内流量。这种营销方式巧妙利用了人们的"从众心理"，在许多"探店类"视频中常常见到。尤其是当用户看到大排长队的某品牌奶茶，抑或某种靠抢购才能买到的限量盲盒时，往往都能被激发购买欲。

三、打造抖音企业账号

在了解了抖音的基本功能和使用方法后,结合上述抖音短视频的营销思路,新媒体营销人员就可以开始打造抖音企业账号了。

(一)如何注册抖音账号

注册抖音账号的方式有很多种,使用最广泛的是通过手机号码注册:只需要打开抖音App,点击首页右下方的"我",就可以进入账号登录页面。输入手机号码,获取验证码,就能自动完成抖音账号的注册。如果有今日头条、腾讯 QQ、微信、微博等账号,也可以通过关联的方式获得抖音账号。登录抖音账号后,还需要用户完善资料,包括上传头像、设置用户昵称等。如图 5-22 所示。

(a)   (b)

图 5-22 注册抖音账号

(二)企业用户如何申请"蓝 V 认证"

抖音"蓝 V 认证"即抖音平台的企业认证服务,具体的申请方式如下:

首先,使用电脑浏览器打开 https://renzheng.douyin.com 扫码或手机号登录后,找到正中间的"开启认证"按钮,单击进入认证页面。然后,在资料里依次填写公司相关信息,包括：抖音账号、企业名称、认证信息等，并上传营业执照、认证公函等相关支持文件；个体户营业执照还需要上传法人的身份证正反面。接下来，填写运营者信息及领取发票的邮箱，认证后电子邮箱中会收到一份后期操作资料。最后，所有资料填写完成后，会生成一个付款二维码，通过支付宝或微信支付认证费用600元即可。一般情况下，两个工作日内就会有认证人员与联系人电话联系，完成进一步认证手续。申请抖音"蓝 V 认证"首页界面如图 5-23 所示。

图 5-23　申请抖音"蓝 V 认证"首页界面

四、抖音账号设置

如果想让抖音账号具备"圈粉"和"变现"的能力，那么新媒体营销人员还需要对抖音账号进行进一步的"装修"。除了要具备持续输出优质内容的能力，账号设置也很关键。

打造具备"走红体质"的账号，新媒体营销人员主要可以从以下三个方面入手。

1. 拟好账号名称

具备"走红体质"的抖音账号名称往往能反映出该账号的核心属性，通常具备简洁有趣、定位清晰、个性突出等特点。具备这样的命名特点的账号能够有效节约传播成本。例如，在抖音拥有180多万粉丝的博主"吃很多星"，通过抖音账号名称，用户能迅速判断出这是一位美食博主；还有拥有2000多万粉丝的博主"老爸评测"，用户也能够通过账号名称判断出这是一位测评博主，同时还具备"父亲"这样一个"拉好感"的"人设"，容易吸引用户关注。

2. 巧选账号头像

头像能带给用户最直观的印象，也是用户辨识账号的主要标志。用户很多时候看到账号头像就能被吸引，从而进入其主页或点击关注。巧选账号头像主要有几种思路：如果想强调并进一步打造个人IP，可以用博主本人照片作为头像；如果想强化品牌形象，则可以选用配色鲜亮、设计感强的品牌 Logo;如果视频内容带有搞笑幽默的特色,则可以选择一些卡通漫画作为头像。总之,账号头像要与视频内容、视频风格相呼应。

3. 垂直内容输出

当用户被账号的某一条短视频吸引进入主页,说明该用户对视频内容产生了兴趣,希望看到更多与该条视频相关联的垂直内容。这时,如果主页内有很多相关联的垂直内容,就有利于"路人用户"点击关注,转化为账号粉丝。相反,如果一个抖音账号今天做汽车、明天做美妆、后天做美食,那么被某条内容吸引进入主页后发现大量不感兴趣的内容时,潜在粉丝就很可能会流失。因此,新媒体营销人员应专注于垂直内容的输出。

知识延展 5-1
抖音"养号"
的正确方法

单元二　抖音短视频定位与策划

【知识准备】

抖音短视频营销与其他营销方式既有很多相似之处,也有它的特殊性,其营销的要点在于做好定位,以短视频的形式深度垂直做好内容。所谓"内容为王",只有持续输出用户感兴趣的优质视频内容,才能保持用户黏性,获得持续关注。那么,新媒体营销人员如何做好账号定位?如何搭建团队运营账号?如何策划优质短视频内容?如何撰写短视频脚本?这些问题都需要依靠大量的分析和策划工作来解决。

一、明确抖音账号内容定位

(一)抖音短视频分类

抖音短视频的分类方法多种多样,细分类型已经有 50 余种,从内容方向上大致可以划分为三大类:第一类是泛生活类短视频,这类短视频主要通过镜头记录人们生活的方方面面,传递平凡生活中的幸福与温情,主要包括美食、生活方式、三农、萌宠等;第二类是泛知识类短视频,这类短视频往往秉持严谨的匠心精神,让各种知识得以通俗化传播,主要包括母婴、军事、数码、汽车、财经等;第三类是泛兴趣类短视频,这类短视频往往从抖音创作者的个人兴趣爱好出发,比较适于打造个人 IP,主要包括搞笑、游戏、舞蹈、旅游、健身等。

从整体来看,轻松欢乐、与幸福生活相关的短视频内容在抖音平台上更受用户欢迎。

(二)抖音短视频内容定位方法

1. 明确定位

要想打造"出圈"的抖音账号,最重要的一点就是要明确自身定位,将自己的特性、特色通过短视频的方式展示出来,吸引固定用户群的关注,进而达到进一步营销的目的。

新媒体营销人员一方面要考量自身的优势,另一方面也需要考虑品牌产品的用户群体,综合二者来选择适合自己的定位。如同样是汽车品牌,像宝马、奔驰这一类高端汽车品牌,用户多为成功人士,那么账号定位要与这一类人群相匹配,侧重生活方式、职场、情感等方向。而理想、蔚来这一类新型电动车品牌,用户多为年轻人群,那么账号定位就需要考虑用年轻人喜欢的方式来进行内容输出,侧重搞笑、Vlog 等方向。

2. 用户画像

新媒体营销人员可以借助用户数据来进一步了解用户的喜好和期望,再有针对性地进行营销，才能取得事半功倍的效果。了解用户并进行用户画像是创作者进行创作时的第一要务。用户画像能帮助创作者换位思考，让创作者设计时"以用户为中心"，挖掘用户需求，实现精准化营销。

在如今的大数据时代，依托于庞大的用户数据可以构建出一套完整的用户画像。构建用户画像主要有以下六个步骤。

(1) 用户信息数据分类。用户信息数据分为静态信息数据和动态信息数据两类。静态信息数据就是指用户的固有属性，是构成用户画像的基本框架，主要包括用户的基本信息，如社会属性、商业属性、心理属性等。这类静态信息数据的常量巨大，如姓名、年龄、性别、家庭状况、地址、学历、职业、婚姻状况等。在实际操作中，只需要选择符合要求、密切相关的即可。动态信息数据就是用户的网络行为，包括搜索、点赞、评论、关注、分享、加入购物车、购买、取关等。动态信息数据也得符合产品的定位。

(2) 确定用户使用场景。创作者需要把以上用户特征融入一定的使用场景，才能深入了解用户的感受、喜好，进一步了解用户。确定用户使用场景通常采用经典的5W1H方法：

Who——短视频用户；

When——观看短视频的时间；

Where——观看短视频的地点；

What——选择观看什么样的短视频；

Why——某项行为背后的深层动机，如关注、转发、点赞等；

How——可以与用户的静态、动态使用场景结合，洞察用户使用时的具体场景。

(3) 确定用户的动态使用场景模板。结合用户动态信息数据和用户使用场景，提前设计动态使用场景模板，具体的设置内容依据创作者期待获取的信息来进行。用户的动态使用场景模块如表 5-1 所示。

表 5-1 用户的动态使用场景模板

问题	调研内容
常用的短视频平台	
使用频率	
活跃时段	
周活跃时长	
使用地点	
感兴趣的美食话题	
什么情况下关注账号	
什么情况下点赞	
什么情况下评论	
什么情况下取关	
用户其他特征	

(4) 获取用户的静态信息数据。创作者可以通过灰豚数据、卡思数据等大数据开放平

台来获取用户的静态信息数据。这类平台通常提供全方位的数据查询、用户画像、视频检测等服务,为创作者提供各种数据支持。下面以美食短视频账号为例,展示具体操作方法:

① 打开灰豚数据网站,可以看见各种细化分类,如生活、美食、美妆等。灰豚数据界面如图 5-24 所示。

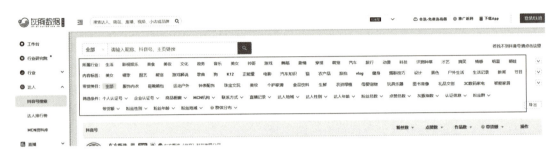

图 5-24　灰豚数据界面

② 进一步筛选与本账号比较接近的标签,点击进入对标账号。

③ 点击粉丝列表画像,即可以看到用户的基本静态信息数据,如性别分布、年龄分布、地域分布等。如图 5-25 所示。

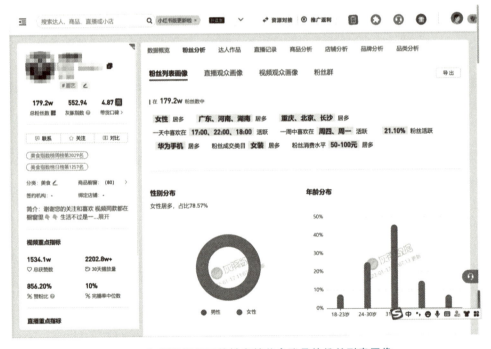

图 5-25　灰豚数据显示的抖音某美食账号的粉丝列表画像

④ 再选取 2～3 个与自身账号定位相似度高的账号,对其用户数据进行分析,就能基本确定本账号的用户画像静态信息数据范围。

(5) 获取用户的动态使用场景信息。通常可以采用问卷调查、用户深度访谈等方式构建用户画像。值得注意的是,用户深度访谈属于定性分析,如果对用户刻板地询问感受,他们可能无法给出明确的答案。获取用户动态使用场景信息时需要有更多的耐心倾听,以便准确把握用户做决定时的心态,深入挖掘用户点赞、评论、转发、关注、取关的原因。

(6) 形成短视频用户画像。整合以上静态信息数据和动态使用场景信息,就形成了属于该账号的用户画像。以打造抖音美食账号为例,通过上述分析可以得出用户画像大致如下。

① 静态信息数据如下。

性别:女性占比约70%,男性占比较小。

年龄:30~40岁约占46%,20~30岁约占25%,40~50岁约占15%,其他年龄段共占14%。

地域:广东、河南、湖南居多。

婚姻状况:未婚者居多。

使用频率:女性3~5次/周,男性2次/周。

活跃时间:晚上19:00—20:00,中午12:00—13:00。

周活跃时长:2~8小时/周。

地点:家、公司、学校。

感兴趣的美食话题:首页的各种特色美食。

② 动态信息数据如下。

什么情况下关注账号:画面有美感、日常可借鉴、持续输出关于美食的优质内容。

什么情况下点赞:比期望值高、特别走心。

什么情况下取关:视频内容质量下滑、不符合预期、不更新、广告过多。

用户其他特征:喜欢高质感、高颜值、高品位的物品;对摄影、美妆、母婴等感兴趣。

3. 竞品分析

在明确账号定位和完成用户画像后,新媒体营销人员还需要与同类账号进行对比区分,即竞品分析。"竞品"一词最早源于经济学领域,现在被广泛应用于互联网产品筹备策划阶段。竞品分析是指对现有的或潜在的竞争产品的优势和劣势进行评价,以有效提升产品的设计和运营。

新媒体营销人员在进行竞品分析时需要具备系统性思维,遵循不同维度要点,逐步推进。竞品分析的主要步骤如下。

(1) 确定目的。做竞品分析是为了厘清现状,分析自身账号和产品所处的阶段,了解目标用户,然后确定账号的内容范畴。

(2) 确定关键词,包括联想关键词和选取关键词两个步骤。

① 联想关键词。结合账号定位,通过头脑风暴,从用户、元素、场景等角度发散思维,获得与账号及产品相关的关键词。

② 选取关键词。设计一个四象限的图表,按相关度高低、体验感高低将获得的关键词填入其中。重点分析体验感好,同时相关度高的关键词。然后根据选取的关键词确定内容方向。

(3) 对比分析。按照多个维度对竞品进行逐项对比,分析优劣,分析后撰写竞品报告。主要分析维度包括粉丝量、点赞量、分享量、评论量、爆款选题等。另外,还可以参考抖音平台公开的各品类账号大数据分析报告。

二、搭建高效团队

(一)常见团队配置

常见的团队配置可以分为简易配置、经济配置和豪华配置,具体选择哪种团队配置,可以结合账号现阶段的客观情况来定。常见团队配置如图 5-26 所示。

图 5-26　常见团队配置

1. 简易配置

如果只有 1~2 个人,那么他们必须是全能型选手,需要会策划、会拍摄、会剪辑、会表演、会运营。

2. 经济配置

如果团队要保留最关键的两个角色,那一定是内容策划者和视频制作者,有时候可以适度增加 1~2 人。这种配置适用于每周视频拍摄量比较少、要求相对较低的团队。因为人手少,分工难以明确,往往需要一人分饰多角,这样才能维持整个团队的运作。

在这样的团队中,内容策划者的核心职能是脚本策划和镜头辅助,最好还能充当演员;而视频制作者的角色则需要一位全能型人才,负责和视频内容相关的所有工作,包括策划、撰写脚本、拍摄、剪辑等,必要时也可以充当演员。

3. 豪华配置

专业的短视频团队每周视频产量多、工作量大,需要明确分工才能完成。豪华配置团队主要由以下成员构成:

导演:承担统领全局的角色。短视频的主要风格、内容基调、视频内容策划和脚本都需要导演把关,拍摄和剪辑环节也需要导演参与。

内容策划者:负责选题的储备,搜寻热点话题,进行题材的把控和脚本编写。

演员:演员需要出镜表演,要符合人物形象,具备表现人物特点的能力。很多时候,团队其他成员也需要出镜充当演员。

摄影师:这是一个非常关键的角色,好的摄影师能够降低剪辑成本,使视频具有美感。摄影师要善于运用镜头,搭建拍摄场景,把控拍摄风格,设计镜头、光线等。

制作剪辑:负责把控整个短视频的节奏,前期参与到策划中,后期通过对短视频的剪辑来和观众进行沟通。

运营:熟悉并能针对抖音平台的属性,通过文字的引导增加用户对视频内容的期待,然后进行平台渠道分发、用户反馈管理、粉丝及评论的维护等。

其他:如灯光师、录音师等,具体情况依据团队需要来设置。

从经济层面考虑,很多职能可以由团队成员兼顾。例如,运营人员除了做好维护运营工作外,也可以承担部分剪辑工作等。

(二)提升团队效率

标准作业程序(Standard Operating Procedure,简称 SOP)是提升团队工作效率的一种办法,即将一件事的标准步骤确定下来,用来指导和规范重复的日常工作。短视频团队的 SOP 通常如下。

1. 确定各任务组的职责范围

确定各任务组的职责范围即根据工作分解结构(Work Breakdown Structure,简称 WBS)原则进行分割细化,明确到人,进行任务分发。

2. 制订周/日工作计划

短视频团队需要制订周/日工作计划。

周工作计划包括:几个平行项目的优先级、承接人、成果、内容等。

日工作计划包括:每日的具体推进内容、完成情况、情况说明等。短视频团队工作计划表示例如表 5-2 所示。

表 5-2 短视频团队工作计划表示例

××××年×月第×周短视频组工作计划				每日计划				复盘	
优先级	组别	成果	任务内容	周一	周二	周三	周四	周五	完成情况	情况说明
	策划组									
	制作组									
	运营组									

3. 新人培养

短视频团队属于新型行业,从业人员流动快,很多时候都会有新人加入团队。因此,在团队中还需要有能力者充当带教老师的角色,迅速带新人熟悉 SOP。同时也需要根据团队的实际工作情况,实时调整、补充、完善 SOP,以提高团队的工作效率。

三、策划优质内容

(一)如何做好选题

短视频团队在策划选题时,首先需要明确以下三个方面。

(1)用户定位。只有了解用户喜好和行为模式才能有针对性地生产内容。

(2)竞争对手。了解竞争对手包括了解其粉丝基数、周更新量、单集播放数据、内容风格等,还需要分析竞争对手的优点,学习其优点并融入短视频创作。同时,要注意保持自身账号的特色。

(3)自身定位。短视频团队应清楚自身的现状和优势、资源和短板,并通过短视频内容满足用户需求。

在厘清用户定位、竞争对手和自身定位后，短视频团队就可以进入选题阶段了。通常，切入选题有以下五种方法。

方法一：做有资源的。

"资源"包括了物力、财力、人力等各种物质要素。对这些要素有效整合，使其成为短视频创作的优势。例如，某人是私房菜馆大厨，平时言语幽默、颇具喜感，那么可以尝试开设一个以幽默搞笑为基调的美食账号。

方法二：做有兴趣的。

新账号运营之初总是比较困难，短视频团队只有做感兴趣的视频内容，才能有持续的创作热情，也有利于账号在一个领域里垂直深耕。如何判断某个领域是否为自身兴趣呢？创作者可以选择几个对标账号，分析其内容深度和价值属性，判断自己的兴趣能否支持稳定持续的内容输出。

方法三：做有热点的。

做短视频选题也常常可以运用"蹭热度"这一思路。这个热点既可以是实时的、外部环境的热点，如各种大型活动、节日、热点事件等，也可以是从抖音热榜上寻找到的灵感而确定的主题，因其紧跟热点，能利用现有流量，从而达到营销目的。抖音热榜界面如图 5-27 所示。

图 5-27　抖音热榜界面

方法四：做有痛点的。

短视频选题忌不痛不痒，如果能策划出关于当下困扰大众的问题的选题，往往能够吸引用户关注。例如，脱发怎么办，失眠怎么办，长痘怎么办，领导不器重怎么办等。

方法五：做有点击量的。

创作团队还可以根据之前的平台数据，对选题方向进行分析和调整。例如，在某一类选题范围内做了很久，仍然不涨粉、少流量，这时候就要换一个思路进行了。一旦越过试错阶段，创作团队就能摸索出最适合自身账号的内容和未来发展方向了。

（二）如何获得创意

创意是爆款短视频不可或缺的元素，好的创意会给短视频带来流量和点赞量。那么要如何获得短视频创意呢？创作者可以从以下三个维度来思考。

（1）从新媒体平台寻找灵感。例如，热门微信公众号、视频号、热门文章，还有微博、知乎、豆瓣上的热帖等。

（2）从日常生活收集灵感。人们常说，艺术源于生活而高于生活。生活中的趣事、教训、经验等，都能成为创意的源泉。因而，短视频创作者一定要养成善于观察生活，勤于记录生活的好习惯。

（3）从竞品账号获得灵感。创作者通过观看竞品账号的短视频也可能获得创意。在观看时要着重观看创意思路和拍摄方法，再结合自身的特点创作，切记不要照抄和洗稿。同时，还要学会举一反三，学习创作逻辑而非照搬内容。例如，观看一个通过家庭生活故事营销健康食品的短视频，就可以将这种创作逻辑运用到适合家庭出行的汽车、电器、生活用品上来。

四、撰写短视频脚本

（一）什么是短视频脚本

短视频脚本可以理解为短视频的拍摄大纲和要点规划，主要用来指导整个短视频的拍摄方向和后期剪辑，起着统领全局的作用。虽然短视频相较于其他影视作品展示时间更短，但是其镜头、语言、剧情等都是需要精心设计的。

（二）短视频脚本类型

常用的短视频脚本类型主要有拍摄提纲、分镜头脚本两种类型。

1. 拍摄提纲

拍摄提纲就是短视频的拍摄要点，用来提示各种拍摄内容，主要包括以下六个方面。

① 阐述选题：主要用于明确选题立意、创作目标。

② 阐述视角：包括呈现选题的角度和切入点。

③ 阐述体裁：不同体裁的表现技巧、创作手法不同。

④ 阐述调性：包括作品风格、画面、结构、构图、光线明暗、节奏轻快或沉重等。

⑤ 阐述内容：主要是写清楚视频的故事情节和拍摄内容。

⑥ 完善细节：需要完善的细节包括补充剪辑、音乐、解说、配音等。

2. 分镜头脚本

分镜头脚本是前期拍摄的脚本，也是后期制作的依据，还可以作为视频长度和经费预算的参考。分镜头脚本示例如表5-3所示。

表 5-3 《新春祝福》分镜头脚本（节选）

镜号	时长	景别	技法	画面	音效	备注
1	3s	全景	切入 淡出	一辆出租车停在校园门口		
2	3s	中景	推 切出	车内放了一些口罩、文具、暖宝宝		
3	4s	全景	切入 移 切出	空旷的街头，偶有几位路人行色匆匆		
4	4s	中景	切入 推 切出	年迈的校长从车里下来，张罗着给无法回家过年的学生送物资		
5	5s	近景	切入 切出	老校长的手指冻得通红，他对门口接应的学生说：春节快乐，春天很快就来了！		
6	3s	特定	定格	老校长的眼神坚毅而温暖	《春天里》	
…	…	…	…	…	…	…

分镜头脚本通常包括以下六个方面：

① 镜号：镜头的编号排序。
② 时长：单个镜头时间长度，单个分镜头时长在 3~10 秒，具体时长根据情节来决定。
③ 景别：短视频的拍摄手法，如全景、近景、远景、特写、俯拍、仰拍等。
④ 技法：短视频运动和转场的手法，如推、拉、摇、移、跟、淡入、淡出、定格等。
⑤ 画面：短视频的镜头内容，包括人物动作、故事情节、空间环境等。
⑥ 音效：短视频的音乐、声音特效、音响等。

单元三　抖音短视频制作

【知识准备】

抖音作为迄今为止发展成熟的短视频平台之一，带给用户更直观的展示、更沉浸的体验、更快速的转化，其平台优势离不开短视频这一形式的赋能。如何运用一些方法和技巧拍摄制作短视频，从而更好地进行短视频营销，这成为新媒体营销人员的必修课。

一、短视频拍摄准备

拍摄短视频，其实就是把经过策划后形成的文字（包括拍摄提纲、分镜头脚本等）转化为视听语言的过程，需要借助镜头与声音将一个抽象的创意、一个动人的故事呈现在观众面前。

由于是短视频营销，所以短视频的画面和声音就显得尤为重要。即使创意与故事俱佳，一旦出现画面模糊、声音嘈杂、场地混乱等问题，也难以吸引用户。为了获得较好的拍摄效果，在拍摄短视频之前，需要做好哪些准备工作呢？新媒体营销人员主要可以从以下三个方面着手准备。

（一）选择拍摄设备

拍摄短视频首先需要根据预算和专业程度选择与之相匹配的拍摄设备。拍摄设备没有绝对的好坏之分,只要与拍摄团队当前的情况相适应,就是最恰当的选择。通常来说,短视频拍摄设备主要包括智能手机、微单相机、单反相机三种。

1. 智能手机

在团队是新手或预算较低的情况下,智能手机就是最佳选择。例如,华为、iPhone、OPPO等品牌的智能手机均已满足一般短视频的拍摄需求,并且手机拍摄还具备拍摄灵活的特点,可以随时做好影像记录。如图5-28(a)所示为智能手机。

知识延展 5-2
如何提升手机的视频拍摄质量

2. 微单相机

微单相机即微型可换镜头式单镜头数码相机。在设备性能上,它相较于手机具有更强大的功能性,相较于单反相机更便宜、轻便。因此,对于预算有限,又想提升视频质量的团队来说,微单相机是一个较为合适的选择。目前,许多相机品牌均有生产微单相机,技术已经较为成熟。大多数短视频博主常用的机型有以下几种:佳能 G7x、佳能 M6、尼康 Z6、索尼 A7、索尼 ZV1 等。如图 5-28(b)所示为微单相机。

3. 单反相机

单反相机即单镜头反光式取景照相机。当短视频团队发展稳定、往专业内容生产方向发展时,就可以考虑选择单反相机。它相较于智能手机和微单相机来说体积更大、质量更重,但视频品质与效果也表现得更为优异。通常一些专业的短视频拍摄团队会选择以下几款单反相机机型:索尼 A7M3、富士 XT4、佳能 EOS R6、佳能 EOS 200D 等。如图 5-28(c)所示为单反相机。

(a)智能手机　　　　(b)微单相机　　　　(c)单反相机

图 5-28　短视频拍摄设备

4. 其他拍摄设备

针对不同类型短视频的需要,以及短视频团队的专业程度不同等情况,还有一些拍摄设备在特定情况下也需要准备。

云台:无论是手机还是相机,在拍摄运用镜头时,都建议搭配云台使用,这可以大大提升视频的稳定性。

支架:在拍摄固定镜头时,为保证画面稳定、提升拍摄质量,建议使用手机或相机支架。

DV 摄像机:由于摄像机是专门用来拍摄视频的设备,所以其功能十分齐全,同时价格也昂贵许多,更适合专业团队或拍摄规格较高的情况下使用。

无人机:通常在需要航拍时使用,如拍摄旅行、驾驶、户外运动、大型活动等情况下,需要展示从空中俯拍的特殊效果,就要用到无人机拍摄。

（二）准备收音设备

虽然绝大多数视频拍摄设备自带声音录制功能，但是如果遇到拍摄环境嘈杂、拍摄空间空旷、拍摄运动场景等情形时，拍摄设备自带的声音录制功能就可能存在录音效果不佳的问题，导致无法听清楚声音。这时候，就需要选择专门的收音设备了。收音设备通常有以下三种。

手机：最简单的办法就是增加一台手机放置于声源附近，专门用作收音。

无线麦克风：小蜜蜂是一种常见的无线麦克风，具有体积小、好携带的特点，许多专业的抖音短视频博主都会使用这一收音设备以确保收音效果，如图 5-29 所示。

图 5-29　常见的无线麦克风

指向性麦克风：这种麦克风可以捕捉到需要的目标声源，是较为专业的视频声音录制设备，适合对视频拍摄要求高的专业团队使用，如图 5-30 所示。

图 5-30　指向性麦克风

（三）布置拍摄场地

为了在拍摄短视频时获得更优质的画面效果，通常在拍摄前需要从空间布置、灯光布置、道具布置三个方面准备场景布置。

1. 空间布置

如果拍摄空间存在物品堆放杂乱、色彩搭配不和谐等问题，会影响画面效果和用户观看感受。因此，在拍摄短视频前，新媒体营销人员首先要根据视频脚本选择合适的拍摄场地，其次务必要提前到现场勘查，然后要对拍摄空间予以一定的布置，包括但不限于颜色和谐统一、环境整洁美观、物品摆放有序等。

同时，在布置短视频拍摄的场地时，新媒体营销人员也需要考虑是否与视频账号的整体风格一致、是否与人物形象匹配、是否与视频内容贴合等问题。

2. 灯光布置

选择好拍摄场地后,新媒体营销人员还需要观察拍摄场地的光照条件是否充分、是否能够满足视频内容的需求。如果光照条件不好,则需要准备灯光设备补光,以保证画面的亮度和清晰度。

常见的灯光设备主要包括以下两种。

(1)摄影灯。摄影灯又称机头灯、采访灯、新闻灯,是一种专业的补光设备,其作用如同闪光灯对于数码相机的作用一样——当拍摄时,如果拍摄时光源不足就需要用到这样的辅助光源。否则过暗的拍摄光线将影响画面清晰度,即使后期处理也是无法改善。如图5-31 所示为摄影灯。

知识延展 5-3
三灯光补光法

图 5-31 摄影灯

(2)美颜灯。在拍摄各种直播类短视频时,最常用的补光设备就是美颜灯。这种美颜灯往往可以调节灯光亮度和色温,同时兼具柔光的效果,使得被拍摄人物的皮肤质感更透亮柔和,如图 5-32 所示。

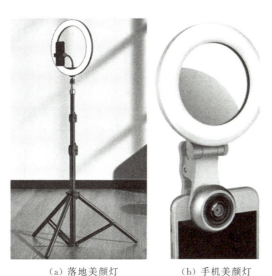

(a)落地美颜灯　　(b)手机美颜灯
图 5-32 美颜灯

3. 道具布置

在拍摄视频时,为了提升画面的美感,有时候也需要准备一些与视频内容、账号类型、人物设置等相关的道具。但值得注意的是,道具的作用在于点缀,切忌让道具占用过多的画面空间。同时,也要注意所选道具与整个空间色彩的和谐。

二、短视频拍摄手法

当创作者为视频拍摄做好了充分准备后,就可以进入视频拍摄阶段了。同时,创作者需要掌握基本的拍摄手法并加以灵活运用,才能在较短时间内拍摄完成优质的视频内容。

(一)镜头的运用

1. 固定镜头

固定镜头是拍摄短视频的基本方式。拍摄固定镜头时务必保持画面的平稳,不要抖动。拍摄时可以利用一些防抖器材来实现画面的稳定。最常见的防抖器材就是三脚架,也可以使用手机云台等防抖设备,如图 5-33 所示。使用有防抖功能的拍摄设备时,拍摄前记得打开防抖功能。

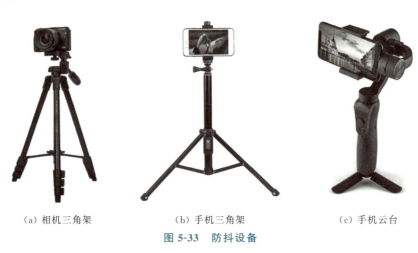

(a) 相机三角架　　(b) 手机三角架　　(c) 手机云台

图 5-33　防抖设备

2. 运动镜头

运动镜头能够将静态的画面带动起来,既能带来一定的视觉变化,也能推动情节的发展。在拍摄时,主要有推镜头、拉镜头、摇镜头、移镜头、跟镜头、升降镜头六种运镜技巧。

(1) 推镜头。推镜头是指被摄主体位置不动,镜头(拍摄设备)逐渐向被摄主体推进,使画面由大景别过渡到小景别,常用于刻画细节、制造悬念、突出主体等。

(2) 拉镜头。拉镜头和推镜头相反,拉镜头是被摄主体不动,镜头逐渐远离被摄主体,使画面由小景别过渡到大景别,画面中能容纳更多的信息,同时营造出一种渐行渐远的效果。拉镜头常用于表现从局部到整体的画面效果,强调画面主体与所处空间的关系。

(3) 摇镜头。摇镜头是指摄影机位置不动,通过镜头摇动拍摄角度进行的拍摄,类似于人们转动头部,环顾四周的效果。摇镜头包括水平摇动和垂直摇动两种。

(4) 移镜头。移镜头是指摄影机沿着水平面做各个方向的移动拍摄。这种运镜手法会带来一种打开画面的感觉,表现出更为丰富的画面内容。

(5) 跟镜头。跟镜头又称为"跟拍",是指镜头跟随被摄主体移动拍摄。这种拍摄手法可以表现被摄主体的动作、表情、运动轨迹等。

(6) 升降镜头。升降镜头顾名思义包含着升镜头与降镜头,是指镜头向上或向下运动拍摄。这种手法能带来强烈的视觉冲击力,常用于拍摄宏大场景、风景、建筑等。升降镜头的运动方向既可以是垂直的,也可以是斜向或不规则方向。

(二) 转场技巧

在许多爆款抖音短视频中,常出现"一秒换装""瞬间位移"这样的手法,通常是通过分段拍摄单个镜头,再把这些镜头剪辑到一起来实现的。为了使镜头或场景之间的衔接更加流畅,还需要使用一定的转场技巧。

1. 无技巧转场

无技巧转场通过镜头之间的自然过渡进行衔接,强调视听的连续性。在实际拍摄时,需要注意寻找自然且合理的转换因素。例如,一些特殊的造型、动作、动势等。

常用的无技巧转场主要有以下十种。

(1) 同景别转场:当前一个镜头的最后景别和后一个镜头的第一个景别一致时,就可以使用同景别转场。

(2) 特写转场:又被称为"视觉的重音",是一种应用较广的转场方式。无论前一镜头的最后景别是什么,下一个镜头都从一个特写镜头开始。通过这样对局部或细节的强调、放大,可以呈现出特别的视角。

(3) 空镜头转场:空镜头是指一些没有人物入画的镜头,多是一些风景、建筑等场景,可以起到渲染情绪、刻画心理、展示时空等作用。

(4) 主观镜头转场:通过模拟人物视角,作为转场的逻辑依据,指上一个镜头拍摄主体在观看的画面,下一个镜头接转主体观看的对象。

(5) 声音效果转场:利用同一种声音自然过渡到下一画面,用音乐、解说词、对白等声音元素与画面内容相配合,从而实现柔和的转场。这也是常用的转场方式之一。

(6) 同一主体转场:前后两个场景使用同一物体来衔接,上下镜头形成承接的关系。常见的使用方法是镜头保持跟随拍摄主体,但主体所处的时空已经发生变化。

(7) 相似主体转场:前后镜头通过外形相似的物体来转场,如鸟和飞机、洋娃娃和儿童等。

(8) 遮挡镜头转场:在上一镜头快结束时,被摄主体不断靠近镜头直到完全挡住形成类似黑场的效果。下一镜头从黑场开始,被摄主体从镜头前移开,以实现场景的转化。这种方式既能带给观众较强的视觉冲击,又能使画面节奏紧凑。

(9) 逻辑因素转场:前后镜头具有因果、并列、呼应、递进、转折等逻辑关系时,可以使用这一转场手法。

(10) 出画入画转场:前一镜头结束时拍摄主体走出画面,下一镜头开始时拍摄主体走入画面。

2. 技巧转场

如果说无技巧转场强调过渡自然,那么技巧转场则形成了一种明确的段落感。通常需要依靠一些技术性手段来转场。

常用的技巧转场主要有以下四种。

(1) 淡入淡出转场。淡入淡出转场指上一镜头画面由明转暗直至黑场,下一镜头由暗转明直至正常的亮度。通常淡入淡出的时间不宜过长,最好在 2 秒内完成。

(2) 叠化转场。叠化转场指上一镜头的画面与下一镜头的画面相叠加,并且上一镜头的画面逐渐暗淡隐去,下一镜头的画面逐渐显现清晰。当叠化与慢镜头相结合时,还能形成一种时间缓慢流逝的感觉。

（3）划像转场。划像转场可以分为划入与划出。划出是指画面从某一个方向退出画面，划入指下一画面从某一方向进入画面。一般可以用来突出时间、地点的跳转，切入与切出之间没有过多的视觉联系。

（4）定格转场。定格转场指画面运动主体突然变为静止状态，可以强调拍摄对象、制造悬念、造成视觉冲击等。往往定格转场用于结尾。

（三）构图方法

在拍摄短视频时，掌握一定的构图方法，可以提升画面的美感，让人赏心悦目。常见的构图方法主要有四种。

1. 九宫格构图法

当拍摄视频时，可以提前打开拍摄设备的网格线，这样就可以通过视窗看到画面上出现有纵横四条线形成的四个交叉点。这四个交叉点又被称为黄金交叉点，如图 5-34（a）所示。

九宫格构图法常常与三分线构图法结合使用。所谓三分线构图法是指将画面中的重要信息放在两条三分线上，如最下方的草、中间的树、上方的云，如图 5-34（b）所示。这种构图特别适合拍摄风景。

（a）

（b）

图 5-34　九宫格构图法

2. 中心构图法

中心构图法是将被摄主体放在画面的中心位置，强调和突出主体。这种构图方法在以人物为主的短视频、宠物短视频、美食短视频中都经常用到。中心构图法如图 5-35 所示。

图 5-35　中心构图法

3. 对称式构图法

对称式构图法是指拍摄内容在画面正中垂线两侧或是正中水平线上下，对称或大致对称，使画面布局平衡，结构规矩。这种构图法经常运用在情景或者物体本身是左右或上下对称的情况下。常见的对称构图可以分为上下对称、左右对称、对角线对称等。这种构图法会给画面带来一种庄重肃穆的氛围，具有平衡、稳定、相对的特点，很多的古建筑和器皿用具都是对称式的结构。对称式构图法如图 5-36 所示。

　　（a）左右对称构图　　　　　　　（b）上下对称构图　　　　　　（c）对角线对称构图

图 5-36　对称式构图法

4. 引导线构图法

引导线构图法是指通过具有视线引导力的一组或多组线条来构图。引导线具有汇聚中心点的作用。例如，延伸的铁轨、高耸的摩天大楼、蜿蜒的河流等。如图 5-37 所示为引导线构图。

　　　　　　（a）　　　　　　　　　　　　　　　（b）

图 5-37　引导线构图法

【案例分析 5-1】

走进李子柒古风美食短视频的"圈粉秘籍"

近年来，随着短视频成为网络新生代的宠儿，以农村生活和美食等作为内容的视频博主不断涌现。而李子柒几乎是以一人之力，带起了古风美食短视频的热潮。截止到 2022 年 4 月，李子柒在抖音平台的粉丝数已超过 5300 万，甚至还火到了国外。央视主播评价李子柒的短视频时是这么说的：没有一个字夸中国好，但她讲好了中国文化，讲好了中国故事。

短视频博主李子柒以乡村生活为内容主体,走出了一条独特的道路,收获了大量的粉丝。究其"圈粉秘籍",除了其短视频所传达的回归单纯质朴的田园生活的理念迎合了都市人的心理诉求外,还与李子柒在视频拍摄时所使用的视听手法密不可分。

1. 景别与构图

李子柒短视频中的景别以特写和远景为主。在拍摄制作美食的具体环节时,镜头景别以特写为主。如在《叫花鸡》一集中,用盐、姜、花椒碎、八角碎、葱、香菇、酱油和料酒等佐料腌制鸡肉的过程是用特写镜头拍摄的。而拍摄食材采集、整理和自然风光时则以远景为主,特写为辅。如在《姜》一集中,首先出现的是一幅远景的自然风光画面,近景是碧波荡漾的湖水,中景是岸边郁郁葱葱的植被,远景是被烟雾环绕的群山和朦朦胧胧的天空,配以字幕"春末",将观众带入了采集姜的时节。

在构图方法上主要以主体中心和丰富景深层次为原则。作为展示美食制作的视频作品,将食物置于画面中心的构图方法是李子柒短视频中采用最频繁的方法。

2. 拍摄手法

李子柒短视频的镜头运用方式以固定镜头为主、运动镜头为辅。在李子柒早期发布的视频中,开端会通过简单的摄影机运动展示食物的原材料,中间制作食物的部分都通过固定镜头展示出来,结尾会通过简单的摇镜头展示盛放在餐盘里的美食。如在《青梅酒》中,开头通过推镜头展示了生长在树上的青梅。之后以一个采摘青梅的固定镜头衔接。在展示白酒、冰糖等配料时采用了摇镜头的手法。紧接着拍摄水煮青梅的过程时又转变成固定镜头的方式。青梅酒制作完成后,镜头以密封罐里的青梅酒特写切入,伴随着拉镜头的运动,景别切换到案板的近景,随即在同一个镜头中,镜头上方出现一盆花,最后在墙面处结束这一镜头。

3. 光线处理

李子柒在白天拍摄时主要使用自然光源,晚上拍摄会借助打光。如在《雪水鱼》一集中,前一分钟的画面是在白天拍摄的,湖光山色的大远景画面前后景内容清晰,层次丰富,优美的雪山景色令人心旷神怡,特写镜头同样画质清晰。在《面包窑》一集中,李子柒制作面包窑的夜晚,在仅有的一盏灯光下,李子柒逆光踩黏土的全景镜头中她纤瘦的身影在画面中格外醒目,从她口中呼出的热气观众可以感受到她在严寒中坚持工作的毅力。

李子柒古风美食短视频为观众展示了一幅幅充满了中国传统文化特色的画卷,勾勒出中国文化中与自然和谐共生、勤劳工作、认真生活的理念,让观众得到了美的享受。

【分析提示】

当我们观摩学习优质短视频时,往往可以从视听语言的多个角度予以全面分析。视听语言的合理运用,能够让形式助力内容的升华,这是李子柒短视频的"圈粉秘籍"。那些清新自然的画面,缓慢而意境悠远的音乐,为观众营造了一种身临其境的美感。无论是朴实的光影,还是令人食欲大开的美食,观众都能透过短视频看到创作者对生活的热爱,或许这种表达的"初心"也是重要的"圈粉秘籍"。

三、短视频剪辑制作

短视频后期剪辑是指借助剪辑软件,在手机或电脑上将已经拍摄完成的镜头或原视频素材进行链接,使镜头的逻辑顺序和结构严密,同时也能够让观众了解情节发展,生成具有一定表现力的完整短视频。

(一)剪辑的基本原则

好的剪辑可以让观众觉察不到剪辑的痕迹,让短视频呈现出更好的视听效果。剪辑的基本原则主要有以下四点。

1. 剪辑逻辑清晰

在剪辑视频前,剪辑者应根据分镜头脚本、故事线索、视频素材等厘清剪辑逻辑,包括镜头放置的先后顺序、时间、转场方式、视频特点等。这是剪辑视频的第一步,也是最重要的一步。

2. 镜头衔接连贯

在剪辑视频时,剪辑者要把握住平衡连贯的视频总体效果,带给观众行云流水、自然而然的观看体验。如果镜头衔接不够连贯,很容易让观众划走或无法进入剧情之中。

3. 选好剪辑位置

在实际剪辑中,很多新手习惯将一连串动作从开始到结束全部纳入其中,导致最后呈现的效果拖沓。因此在剪辑时,剪辑者要选择恰到好处的剪辑点,避免单个镜头过于冗长或因为关键信息缺失,让观众无法看懂。

4. 合理使用特效

在抖音自带的剪辑功能或其他剪辑软件中,往往已经内置了许多剪辑特效。无论是画面特效还是人物特效,虽然看起来颇有趣味性,但如果滥用则会让观众感到费解。因此,在剪辑时,剪辑者要根据视频内容和账号定位合理使用特效,以免得不偿失,导致用户反感。如图5-38所示为剪映App的特效。

(a)　　　　　　　　　　　　(b)

图 5-38　剪映 App 的特效

(二)使用剪辑软件

一款好用易上手的剪辑软件是短视频新手的刚需。市面上的剪辑软件多种多样,但基本的使用方法是相似的。在这里以抖音官方推出的一款剪辑软件——剪映为例,介绍剪辑软件的使用方法,以供参考。

剪映既有手机版 App,也有可供电脑操作使用的专业版。其主要功能有剪切、变速、倒放,还有一些滤镜、特效、动画、字幕等,可以让视频剪辑得更加丰富多样。同时,剪映还具备一些独特的优势,如"剪同款"功能,可以让创作者按照参照视频的形式,快速上手剪辑成同款视频;还有"识别字幕"功能,可以根据视频的声音自动生成字幕,对于需要上较多字幕的短视频来说,无异于节省了大量的时间。

以下为运用剪映完成一些基本剪辑操作的流程。

1. 导入视频

首先点击打开剪映 App,点击"开始创作"勾选想要编辑的视频或图片。然后点击"添加到项目",就能进入到视频剪辑界面。导入视频如图 5-39 所示。

剪映操作演示

(a)　　　　　　　　　　(b)

图 5-39　导入视频

2. 剪辑分割

进入剪辑页面后,选择"剪辑"功能,就可以左右滑动时间轴,在需要分割开的地方点击"分割"。选择已分割的段落在页面下方选择"删除",就可以去掉不需要的内容。剪辑分割如图 5-40 所示。

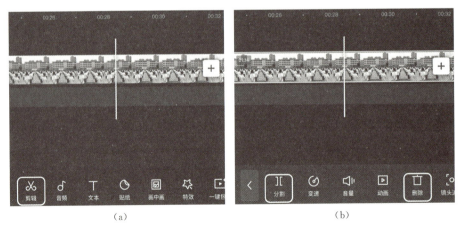

(a)　　　　　　　　　　(b)

图 5-40　剪辑分割

3. 加入效果

将单个视频内容剪辑分割好后，可以根据视频所需，加入适合的效果，如变速、定格、滤镜、动画等。各种功能都在界面下方的横拉菜单里，左右滑动即可选择。加入效果如图5-41所示。

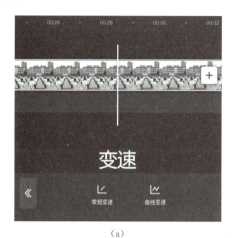
(a)

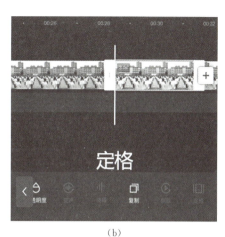
(b)

(c)

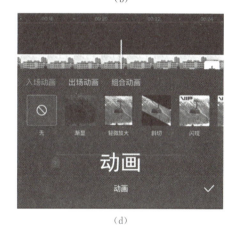
(d)

图 5-41 加入效果

4. 添加音乐

剪辑好影像后，还可以添加音乐。剪映软件里自带各种风格的音乐曲库可供选择。创作者也可以根据需要导入其他音乐，或者从其他视频中提取音乐。如图5-42所示。

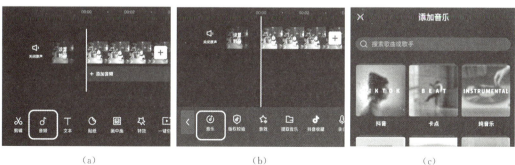

(a)　　　　　　　　　　(b)　　　　　　　　　　(c)

图 5-42 添加音乐

5. 导出发布

当短视频的画面和声音都处理完成,就可以点击"导出"。注意,在视频导出时不可以切换到其他软件。待视频导出后还可以一键分享到关联的抖音账号。如图 5-43 所示。

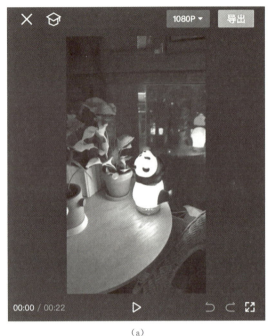
(a)

(b)

图 5-43　导出发布

除了上述所介绍的基本剪辑功能外,抖音还有其他强大的剪辑特效,例如,画中画、调色、转场特效、添加字幕等,创作者可以多尝试、多探索,挖掘并应用好剪映丰富的剪辑功能。

单元四　抖音短视频营销策略

【知识准备】

对于想往专业抖音短视频内容创作者方向发展的人们来说,无论最开始创作抖音短视频的目的是分享生活,还是传播知识,或是社交娱乐,只要坚持内容输出,最终一定会面临如何变现的问题。要实现最终变现的目标,首先要具备一定的抖音平台短视频营销策略,还要能够吸粉涨粉,并且了解变现方式,只有这样,才能保证抖音账号的持续运营。

一、抖音平台营销规则

短视频经过策划与制作,接下来就进入了营销环节。一个账号想要持续地运营下去,只有内容输出还远远不够,还要在遵守规则和了解推荐机制的基础上,配合行之有效的营销策略才能打造出优质账号。

知识延展 5-4
《抖音社区自律公约》(2022 年版)

(一)抖音平台基本规则

目前,短视频平台众多,不同平台都有自己的"游戏规则"。抖音平台的短视频创作者必须了解平台的"游戏规则",才能顺利播出并持续运营下去。抖音平台的基本规则主要有以下内容。

1. 符合国家法规

《关于进一步规范网络视听节目传播秩序的通知》从短视频节目的制作、播出、冠名等不同方面提出了要求。从事短视频内容的制作及传播的从业者需格外注意以下三点。

(1) 坚决禁止非法抓取、剪拼、改编视听节目的行为。

(2) 加强网上片花、预告片等视听节目管理。

(3) 加强对各类节目接受冠名、赞助的管理。

2. 遵守平台商业规则

《抖音社区自律公约》提出以下要求。

(1) 我们呼吁建立平等友爱的抖音社区,尊重抖音社区内的其他用户。关爱未成年人群体,关照老年人群体,尊重性别平等;不攻击、谩骂、侮辱、诽谤、歧视他人,不侵犯他人合法权益,共同营造温暖和谐的社区氛围。

(2) 我们鼓励原创、优质的内容。建议减少拼接网络图片、粗劣特效、无实质性的内容;创作画质清晰、完整度高和观赏性强的作品。

(3) 我们提倡记录美好生活,表达真实的自己。建议真人出镜或讲解,避免虚假做作、博人眼球的伪纪实行为;避免故意夸大、营造虚假人设。

(4) 我们建议重视文字的正确使用,避免出现错别字,减少用拼音首字母缩写表达,自觉遵守语言文字规范。

(5) 我们倡导尊重劳动成果、勤俭节约、合理饮食,避免炫耀超高消费,反对餐饮浪费。

(6) 我们建议提高网络安全防范意识,对网络交友、诱导赌博、贷款、返利、中奖、网络兼职点赞员等网络诈骗高发领域及行为应提高警惕。如发觉异常,可随时向平台举报。

(7) 我们鼓励发布经过科学论证的内容,不造谣、不传谣。我们鼓励经济、教育、医疗卫生、司法等专业人士通过平台认证发布权威真实的信息,分享专业知识,促进行业繁荣。

3. 杜绝盗版侵权

现在,越来越多的创作者进入短视频行业,各大平台的短视频内容也鱼龙混杂,违法剪辑传统媒体机构的节目影像和未经授权引用影视节目片段的侵权行为也在逐渐增加,抖音平台应严厉打击侵权违规行为。

4. 遵守平台补贴规则

为了鼓励短视频创作团队在抖音平台发布独家的高质量短视频,抖音平台会与创作团队签订合约,并予以一定的补贴。一旦签订,就不能违反独家播放规则,否则将面临平台的惩罚。

(二) 抖音短视频审核规则

对于用户上传至抖音平台的短视频,为了保证视频的合法性,抖音建立了一套自己的审核规则。

1. 机器审核

机器审核是由人工智能模型来完成的,主要审核视频画面及文案内容,审查是否违反《抖音社区自律公约》及相关法律法规,如《中华人民共和国广告法》中明令禁止的关键词等。机器审核一旦发现有违规内容,抖音平台就会对该短视频实行拦截、限流等操作。

另外，机器审核过程中，如果发现短视频的重复率较高，该短视频也会被限流，进入低流量或降权推荐通道。

2. 人工审核

对于疑似违规的短视频内容，在机器审核后会再进行人工审核。人工审核主要审核短视频的标题、封面、关键画面等信息。如果存在违规内容，该短视频将会被系统删除，并针对发布该条短视频的账号做降权、警告等处理，严重者将永久封号。

（三）抖音短视频算法推荐

顺利通过审核的短视频将会进入抖音的推荐系统。该系统为著名的信息流漏斗推荐算法。

第一步，冷启动。冷启动过程中，抖音会给新上传的短视频以初始流量池：200～300 个在线用户（也可能有上千个用户）。不论抖音账号是不是大号，只要有能力产出优质内容，就有机会与大号竞争。同时，也会将短视频推送给账号的粉丝、附近的人、与视频标签相匹配的用户。

第二步，数据加权。抖音会根据初始曝光所产出的数据，结合账号分值来分析是否给该短视频加权。例如，完播率、点赞率、关注率、评论率、转发率、转粉率、浏览深度等，这些数据决定了平台是否对该短视频进行第二轮推荐及推荐力度的大小。如果创作者想让自己的视频火起来，那么就应该提高完播率、点赞率、评论率、转发率。

第三步，加大流量推荐。这一步会给数据好的短视频进行更大的加权，并且会在第三步强化人群标签分发，让内容分发得更加精准，这类似"猜你喜欢"的贴标签，视频是有标签的，用户也是有标签的，两者之间会做标签匹配。

账号的权重影响着初始流量池的大小，经常出爆款视频的账号无一例外都有很高的权重，这就要求新媒体营销人员从养号开始就提升账号的权重——坚持定期发布视频，保证视频内容优质与专注，同时不要违反官方规则。

第四步，进入精品推荐池。一旦进入精品推荐，人群标签就被弱化了，就像当年 Papi 酱的短视频，几乎每个抖音用户都能刷到。

二、抖音粉丝维护技巧

（一）获取种子粉丝

抖音账号运营初期通过冷启动曝光获得种子粉丝，这是短视频创作者在初期阶段运用的核心。获取种子粉丝主要有以下六种方法。

1. 增加曝光率

增加曝光率主要依靠多渠道转发、参加抖音挑战赛、创作利于传播的短视频内容等。

2. 蹭热度

蹭热度主要有以下两种方法。

（1）评论热门短视频。在一些大 V 账号的评论里积极评论、回复、分享自己的观点、解决别人的问题等。

（2）蹭当下热点话题。热点新闻、热点话题往往自带流量。这时，短视频创作者可以结合自身账号定位，与热点话题进行关联。

3. 从其他平台引流

创作者可以充分调动自身及亲友的人际关系，在各个平台转发推荐，将粉丝集中向抖音平台引流。

4. 活动推广

在抖音账号运营初始阶段,创作者可以通过一些转发抽奖、线下推广等形式吸引粉丝。

5. 互动留住粉丝

与粉丝互动是留住粉丝的一个重要方法,只有增加粉丝用户的活跃度,引导粉丝持续关注账号,增强粉丝黏性,才能留住粉丝。与粉丝互动主要有以下三种方法。

方法一,回复粉丝评论。在各种与粉丝的互动中,评论的价值最高。因为评论互动既方便,又能让创作者了解粉丝诉求。

方法二,回复粉丝私信。对于一些活跃度较高的粉丝私信,创作者可以将其作为重点培养的粉丝用户,增加关注度,适时予以私信回复。

方法三,增加话题活动。在账号的文字中增加一些有利于用户参与传播,并且具有趣味性的话题活动,这也是比较有效的互动方式。

6. 引流增加粉丝

抖音号互推是短视频引流的常用方法,如大号带小号、两个账号之间相互转发视频实现粉丝共享。这种引流方式可以实现短期内大量曝光及涨粉。

三、抖音营销变现方式

(一)橱窗卖货

随着抖音橱窗功能的开放,电商卖货已经成为抖音短视频变现的重要方式之一。通过短视频下方的购物车浮标,即可迅速进入购买页面,下单短视频同款。抖音购物车功能如图5-44所示。

(a)   (b)

图 5-44 抖音购物车功能

(二)知识付费

知识付费是泛知识类抖音短视频账号常用的变现方式。例如,抖音账号"六日"是一个主打生活中心理学的账号。"六日"通过深入浅出地剖析生活中的心理知识,吸引了大量粉丝,并且通过以在购物车挂链接的方式出售心理学相关课程实现变现。

这类账号不仅可以通过知识的输出吸引粉丝购买课程实现变现,还可以将粉丝导流到知识付费平台实现变现。

(三) 广告代言

通过广告代言实现变现更适合大V账号、名人账号。这种变现方式对于抖音账号的粉丝总量、粉丝质量均有较高要求,且合作的商家往往是比较知名的品牌。在抖音平台上,抖音短视频博主可以通过台词植入、道具植入、文案植入、视频贴片等多种形式与品牌展开合作,实现为品牌代言。

单元五　抖音短视频营销案例

【知识准备】

抖音平台短视频最大的特点是平民化,人人都能拍视频,人人都是发声筒。然而,当我们从营销角度分析研究那些典型案例时,不难发现那些优秀的抖音短视频营销案例往往在内容、形式、主题、营销策略等方面具备一些特质可供学习参考。本单元将从抖音短视频的三大类型中各选取一个典型案例进行解析,探索这些短视频"出圈"背后的"秘籍"。抖音短视频的三大类型如图 5-45 所示。

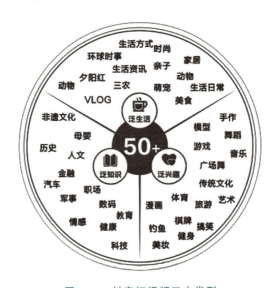

图 5-45　抖音短视频三大类型

一、泛兴趣类抖音短视频营销案例:抖音上的"非遗大师"

油纸伞、珐琅、竹编、拓画鱼、泥塑、盘纸、鼻烟壶内画、皮影戏、京剧……打开抖音 App,除了搞笑、美妆、美食等常见的短视频内容以外,传播非物质文化遗产(以下简称"非遗")的短视频正在被越来越多的用户关注。在获得用户啧啧称奇的同时,也帮助这些"非遗大师"出售自己的产品,传播优秀传统文化。

1. 精准把握平台扶植政策

近年来,以抖音为代表的短视频平台纷纷推出多种针对"非遗""传统手工艺"的原创视频扶植政策。例如,2020 年 4 月,抖音宣布推出"非遗合伙人"计划,通过加强流量扶持、提高变现能力、打造非遗开放平台及开展城市合作等方式,全面助力非遗传播,培养挖掘年轻一代对非遗的兴趣,发掘非遗的文化和市场价值,让非遗被更多人看见。抖音 2022 年发布的《非遗数据报告》显示,2021 年 6 月 1 日—2022 年 5 月 31 日,抖音上国家级非遗项目相关视频播放总数达 3726 亿,获赞总数为 94 亿,1557 个国家级非遗项目的抖音覆盖率达 99.74%。抖音非遗项目直播场次同比增长 642%,获直播打赏的非遗主播人数同比增长 427%,濒危非遗视频播放量同比增长 60%。

在诸多抖音扶植的"非遗大师"中,抖音账号"闻叔的伞"是最成功的案例之一。闻士善是省级非遗纸伞代表性传承人,开通抖音以前,闻叔的生活就是配合非遗中心的安排去学校上课,然后在家做伞。他的伞以出口为主,工艺复杂程度比国内同行都要高,一度因为售价打不开市场。在闻叔有了抖音账号,并从短视频的角度推广"非遗"后,在一个月内转化了人民币 10 万元的销售额,单条视频最高转化了人民币 6 万元。

2. 账号内容深度垂直

据《2022 年中国新汉服行业发展白皮书》指出,2021 年,中国新汉服行业消费者规模达 1021 万人,市场规模为 101 亿元。在新汉服目标消费者中,女性用户占比 74.8%,其中 35 岁以下消费者群体占 71.4%。古风,开始成为年轻人的主流。那些原本快被遗忘的传统文化,通过一条短视频、一场线上直播就能轻易地进入年轻人的心。

在抖音政策的扶植下,无论是富阳纸伞制作技艺的传承人闻士善,还是乔家手工皮艺传承人乔雪、贵州雷山苗族村落的银匠潘仕学等,他们的抖音账号都有一个共同点,就是专注于自身的手艺,账号内容深度垂直。做好一个抖音账号的营销并不需要面面俱到地去吸引所有人,而是要深耕某一领域,去吸引"同频"的用户。

3. 唯美视听刻画匠心

有了观众爱看的优质内容,还需要辅之以唯美的视听语言。纵观这些非遗抖音账号,不难发现它们大多善用特写镜头去捕捉非遗作品的精致细节,也善用缓慢的运动镜头渲染制作过程的艰难繁复,还善用唯美音乐营造古风氛围。这些视听元素巧妙地从多个维度还原了"非遗大师"制作打磨产品时的匠人匠心,让用户仿佛触摸到了作品背后来自手工的"温度"。

二、泛知识类抖音短视频营销案例:别克汽车以暖心故事,打造竖屏新美学

2020 年春节前夕,在全国抗击新型冠状病毒疫情的严峻时刻,许多人坚守岗位,就地过年,在贡献自己一分力量的同时,"过年回家"也成为这一期间大众的心愿。汽车领域是短视频用户最关注的领域之一,以别克为代表的汽车企业巧妙借势春节节点,联合张艺谋导演团队,一口气拍摄了《遇见你》《陪伴你》《温暖你》《谢谢你》四支竖屏美学系列短视频,别克汽车的这番营销操作,不仅将短视频拍出了美感和烟火气,也传递了品牌温度和人文关怀。

1. 优质内容链接观众情感

别克联合张艺谋的春节营销,最大的亮点在于用一个春节串起四个故事,四大场景,四种情感,凭借连续性、递进式的营销互动,将品牌声量持续贯穿整个春节,成功吸引受众的眼球。《遇见你》讲述了两个年轻人在过年回家列车上邂逅彼此的浪漫故事;《陪伴你》讲述了爸爸带着孩子"突袭"妈妈工作的地方,陪伴忙于工作的妈妈吃饺子过年的感人故事;《温暖你》讲述了发生在手扶电梯之上、陌生人之间,助人为乐也快乐自己的趣味故事;《谢谢你》讲述了公司白领在同理心驱使下,为擦窗工人递上一杯热咖啡,随后收获一张笑脸,传递彼此

善意的温暖故事。

在四个不同的短视频中,既有熟人之间的深厚情谊,也有陌生人之间的温柔善意,将用户对于身边的团聚、邂逅、小确幸的想象情绪全部打开。其中,《遇见你》这条短视频点赞量达到256万。由此可见,优质的短视频内容更容易达到链接用户情感,激发潜在用户认可品牌理念的效果。

2. 竖屏美学形成沉浸观影

选择竖屏拍摄方式,不单是营销噱头创新,更是基于对竖屏短视频广告传播效果的深入思考:既满足年轻用户群体的内容消费需求,降低用户对于广告的抵触感,又为用户带来了全新的美学体验。

在移动端,竖屏形式的展示面积超过横屏,这意味着竖屏能够为用户呈现更多内容信息,营造沉浸式的美学观感。张艺谋导演团队根据竖屏的垂直特性,精准洞察自带垂直属性的背景和场景拍摄,充分释放竖屏广告全屏、原生感、互动性强的天然优势,形成强烈的观看沉浸感,达到撩动用户情绪的营销效果。

3. 描绘场景打造品牌形象

从营销层面分析,"别克×张艺谋"竖屏美学系列短视频,打破以往品牌＋短视频"直给直出"的方式,相反露出别克汽车产品的画面并不多,仅出现在个别场景里:《陪伴你》中,男主驾车来看工作中的妻子;《温暖你》中扶手电梯的背景等。这一系列短视频通过描绘生活场景,让用户在感知产品实用场景的同时,也领悟到人生的意义:学会感恩、学会温暖他人,由此传递出品牌温度,提升大家对于别克品牌形象的好感度。

三、泛生活类抖音短视频营销案例:掀起新农人"社交农业"新浪潮

抖音可以算是"史上最强带货神器"之一了,短短的15秒视频带火了一批人和数不过来的产品,这其中凭借着抖音火起来的"新农人"也不计其数,有人把自己包装成了接地气的"网红",产品大卖! 如丽江石榴哥,通过抖音直播卖石榴,最高纪录每分钟4000单。

那么,他们都是如何借助"带货神器"引爆农产品市场的呢?

"抖农大学"的创始人勤劳农哥认为,抖音为三农电商提供了一个普通人翻身的机会。勤劳农哥把出圈的三农抖音短视频总结为三种类型。

第一种是个人IP型。短视频中需要一个固定的人出镜,最好就是创始人出镜,且出镜人员有一定特点,这样出镜的视频效果更好,吸粉能力更强。例如,抖音账号"小范的海鲜美食"的创始人是来自青岛做海鲜的单身爸爸,靠卖海鲜产品起家。他经常会在海边现场去拍摄视频,一个单品销售2万多件,每一个视频内容会附着一个购买链接,并持续推广这个产品。

第二种是农村生活场景型。农村生活场景型主要呈现种植、养殖的场景,以及当地的真实生活,这种类型账号的带货能力也比较强。例如,抖音账号"心农园",一个女生借助抖音短视频卖柚子,她从零开始起步,一点一点实地拍摄。当抖音流量起来之后,在柚子上货季节可以卖出1万箱。

第三种是直接呈现产品。通俗地说,就是直接卖货! 拿着产品在镜头前切开,拍细节,然后配上音乐,这就完成了一个短视频作品。特写镜头很容易引起观众的食欲,从而激发购买欲。这样的短视频相对门槛较低,缺点是容易被模仿。例如,抖音账号"水果大叔(鲜达果园)",以介绍攀枝花芒果的一个视频为例,带货了7万多订单。水果大叔拿小刀在小溪旁切

水果,吸引用户的是自然风景和产品的天然无污染。虽说看起来普通,但却有一定的效果。

根据《2022丰收节抖音电商助力乡村发展报告》显示,2022年共有28.3亿单农特产通过抖音电商出村进城、卖向大江南北。随着5G时代到来,抖音电商在未来的发展空间还将进一步扩大。抖音平台短视频也将凭借自身优势,扶植"新农人",助力乡村振兴。

【思政园地】

杜绝过度娱乐,传播中国声音

2018年10月,国家新闻出版广电总局发布了《关于进一步加强广播电视和网络视听文艺节目管理的通知》(以下简称《通知》)。《通知》要求"广播电视和网络视听文艺节目坚持讲品位、讲格调、讲责任,抵制低俗、庸俗、媚俗,大力弘扬社会主义核心价值观,传播正能量,坚守底线红线",不断推出优秀作品,满足人民群众精神文化需要。要进一步加强管理,从严整治艺人违法失德、"饭圈"乱象等问题,旗帜鲜明地树立爱党爱国、崇德尚艺的行业风气。当前,年轻观众已经成为抖音短视频的主要受众群体,杜绝过度娱乐是当前所有网络视听节目亟须面对的问题。

近年来抖音根据《通知》要求,已加大审核与惩罚的力度。2020年2月26日,抖音官方还表示,将对恶意炒作、炫富等不良行为进行打击,具体包括:

(1) 宣扬拜金主义、攀比享乐、幻想暴富内容等生活方式和不良价值观的内容;

(2) 不正当展示自身优越条件、社会地位,存在对非富群体进行歧视、嘲讽或攻击等行为的内容;

(3) 涉及未成年人发布大量奢侈品信息,以及其他非理性炫富行为、语言的内容;

(4) 以"白富美""高富帅""白手起家逆袭成精英""回国留学生"等人设进行营销、社交或诈骗的内容;

(5) 不正当使用人民币等货币,有故意展示大量现金、撒钱等行为的内容;

(6) 制作、销售炫富类视频、图片、文案等内容。

对短视频创作者而言,大量的内容生产模式和强大的曝光量也带来了许多问题。由于上传视频的门槛较低,加上视频展示时间很短,一些用户为了吸引关注,做出一些高难度或猎奇的动作来博眼球。2018年3月,湖北武汉一位父亲拉着两岁女儿模仿抖音中高难度翻跟头动作,不慎导致女儿骨髓严重受损。另有一篇《人民不需要"让水变油"的抖音》的文章,将抖音推向了风口浪尖,一个微商式的推广账号,声称一桶无色透明液体可以代替汽油成为新能源,该视频对很多用户产生了误导,用户纷纷指责抖音内容审核不严。

过度娱乐化的严重后果已经引起人们的警醒,"娱乐至死"的可怕之处,一是在于人们日渐失去对社会事物进行严肃思考和理智判断的能力,二是在于人们被轻佻的文化环境培养成为既无知且无畏的理性文盲,却又不能够自知。目前,针对这一问题,抖音已计划上线"风险提示系统"。

作为短视频领域的"龙头",抖音经历了质疑也收获了认可。近几年,抖音短视频达人制作的创意短视频走红海外,例如,中国舞者杨柳、自得琴社、日食记等,这些短视频创作者塑造了可信、可亲、可敬的中国人形象,甚至带动了"中国元素"的时尚潮流,引发海外民众对中国文化的浓厚兴趣,成为传播中国文化的"新阵地"。

在短视频领域竞争日益白热化的当下,无论对平台还是创作者而言,杜绝过度娱乐的同时,还需要树立传播中华优秀传统文化的意识,自觉维护网络环境的清朗。

(资料来源:季丹,李剑."抖音"在短视频领域的异军突起及其优化研究[J].传媒观察,2018(10):6.有改动)

【模块五职业技能任务】

任务名称	抖音短视频营销			
任务目的	通过创建自己的抖音账号，以"宝藏传统手工艺"为主要营销内容，根据营销定位、短视频策划、短视频制作、短视频营销的相关知识，完成视频的全流程营销任务。			
任务提示	党的二十大报告指出："中华优秀传统文化源远流长、博大精深，是中华文明的智慧结晶。""宝藏传统手工艺"是中国优秀传统文化的精髓，蕴含着五千年来中华民族的智慧。"宝藏传统手工艺"主要包括刺绣、陶瓷、剪纸、木雕、竹编等。新时代，这些宝藏的传统手工艺制品也可以通过短视频平台营销在青年一代中"出圈"，使青年人了解传统手工艺制品的故事，传承其所代表的中国优秀文化。			
第( )组	学号			
	姓名			
任务实操	(1) 请根据自身优势，组合搭建短视频创作团队，并明确各自分工。			
	(2) 根据任务要求，搜索与"传统手工艺""传统文化"等相关的短视频账号，并对标账号进一步明确自身账号的定位。			
	(3) 根据账号定位，结合热门话题，完成三个短视频的策划，并写作拍摄分镜头脚本。			
	(4) 根据分镜头脚本完成短视频的拍摄和制作工作，并上传至抖音账号。			

【模块五考核评价】

评价说明：在本次任务完成后，由任课老师主导，采用学习过程评价与学习结果评价相结合的方法，综合运用自我评价、小组评价及教师评价三种方式，由教师确定三种评价方式分别占总成绩的比例，并加权计算出学生个人本次任务的考核评价分。

模块任务完成考核评价表

任务名称	抖音短视频营销			
班级			学生姓名	
评价方式	评价内容	分值	成绩	
自我评价	职业技能任务工单完成情况	70		
	对知识和技能的掌握程度	10		
	我胜任了小组内的工作	20		
	评价意见：			
小组评价	本小组的本次任务完成质量	30		
	个人本次任务完成质量	30		
	个人参与小组活动的态度	20		
	个人的合作精神和沟通能力	20		
	评价意见：			
教师评价	个人所在小组的任务完成质量	30		
	个人本次任务完成质量	30		
	个人对所在小组的参与度	20		
	个人对本次任务的贡献度	20		
	评价意见：			

总评＝自我评价×（　　）％＋小组评价×（　　）％＋教师评价×（　　）％＝

> 随着消费者直播购物习惯的不断改变,直播产业链的不断完善,直播渠道与参与者呈现多元化趋势,直播行业获得爆发式增长。与此同时,国家陆续出台政策加强行业规范,保障行业健康发展,注重培育直播人才,鼓励直播走向下沉市场。各类型KOL角逐直播市场,探索商业化路径,为各企业利用抖音平台,依托自身运营能力,开展品牌直播打造新基建,与达人共建品牌直播矩阵,达到投资回报或商业落地的目的,助力品牌抢占兴趣交易新战场。

模块六 抖音直播营销

【学习目标】

1. 知识目标

(1)了解直播营销的概念、优势及直播平台的类型。
(2)理解抖音直播营销活动的基本流程和运营规范。
(3)明确并掌握直播环境搭建、内容策划与实施,并能通过直播数据分析有效指导直播活动的开展。

2. 能力目标

(1)具备根据直播平台定位进行环境搭建和内容策划的能力。
(2)具备利用直播数据指导直播营销活动开展与实施的能力。

3. 素养目标

通过直播项目的实施,使学生感受到中国科技事业的蓬勃发展,激发学生的爱国热情和民族自豪感。培养学生利用数据分析工具获取客观真实数据,引导学生形成实事求是的精神品质,以及诚信经营的商业道德。

【思维导图】

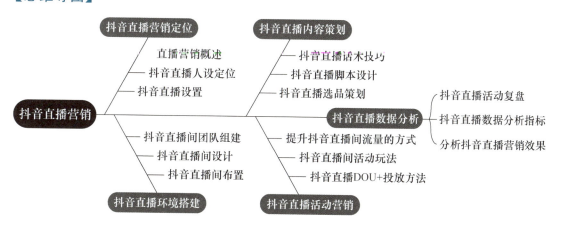

【引例】

"东方甄选"直播成功出圈

在直播已成为新常态的当下,无数的直播间争相吸引着观众们的注意力,流量的获取已经变得越发艰难。自"双减"政策实施之后,新东方转型之路一直备受外界关注。2021年12月28日,新东方宣布成立东方甄选,进军直播带货界。

1. 多年品牌积淀+丰富的故事性

新东方的品牌背书,多年来在家长群体和行业内积累的好口碑,以及俞敏洪老师面对"双减"的体面退场,让东方甄选受到各界关注,也让新东方的转型变得颇具有故事性。从宣布开始直播带货到2023年7月底,东方甄选抖音号已拥有3050.9万粉丝。

2. IP效应

新东方英语老师董宇辉在抖音直播间里双语直播,一边"上课",一边"卖牛排",幽默风趣、耳目一新的直播方式火出了圈。东方甄选抖音直播间在2022年6月9—10日的观看人次超过了760万,单日销量总额也超过了1500万。

【模块分析】

新东方是企业转型非常成功的案例。对于现在的很多老企业来说,转型迫在眉睫。这时候,盘活优势,抓好趋势,稳抓稳打,是制胜的关键。按照党的二十大报告要求,紧跟加快建设"网络强国""数字中国"的步伐,全面贯彻新发展理念,以信息化培育新动能,用新动能推动新发展,以新发展创造新辉煌,快速实现品牌数字资产化。

抖音这个"超强带货平台"已然直接打通了产品与消费者之间的通道,直播的传播方式能够更加立体地完成品牌文化以及产品的展示。那么,直播平台有哪些类型?如何利用抖音平台开展直播活动?本模块从抖音直播营销定位(单元一)入手,深入解析抖音直播环境搭建和内容策划(单元二、单元三),解构抖音直播活动营销(单元四),分析抖音直播数据(单元五)。

单元一 抖音直播营销定位

【知识准备】

随着互联网红利的逐渐消失,以直播为载体的内容营销全面爆发,直播已经成为各个企业或品牌开展营销活动的重要手段。随着平台对直播活动的持续投入,用户通过直播进行购物的习惯的逐渐养成,直播营销产业链的渐渐成型,再加上5G技术的进一步普及和运用,直播营销在未来将呈现爆发式成长的状态,引领内容营销的新潮流。

一、直播营销概述

在当前信息广泛传播的网络时代,静态的图文内容越来越难以吸引用户的注意力,而直播是以视频的形式向用户传递信息,其表现形式不仅立体化,还能实现实时互动,更容易吸引用户的注意力,所以直播获得了很多人的青睐。随着直播行业的蓬勃发展,企业或品牌也纷纷运用直播来开展营销活动,以实现销售渠道的开拓和销售额的提升。

(一)直播与直播营销的概念

1. 直播的概念

传统意义上的直播是指广播电视节目的后期合成与播出同时进行的播出方式,如以电视或广播平台为载体的晚会直播、访谈直播、体育比赛直播、新闻直播等。

在互联网时代,随着智能手机的普及和移动互联网传输速度的提升,直播的概念有了新的延展,越来越多基于互联网的直播形式开始出现。自此以后,直播的含义更倾向于"网络直播"。

当下俗称的"直播",即网络直播,也叫互联网直播,是指用户在PC端或移动端安装直播软件后,利用摄像头对某个事物、事件或场景进行实时记录,并在直播平台实时呈现,同时,其他用户可以在直播平台直接观看与实时互动。

根据直播内容的不同,直播平台可以分为综合类、游戏类、秀场类、带货类、教育类等多种类型。本书主要以带货类直播平台为主进行讲解,探析直播营销技巧。

2. 直播营销的概念

营销的本质是连接商品和用户,而连接方式就是构建消费场景。商品简称为"货",用户即"人",场景是"场"。"人""货""场"构成了营销的三要素。

基于互联网的直播营销通常包括场景、人物、产品、创意等四大要素。

第一,场景。企业或品牌需要用直播搭建销售场景,让观众仿佛置身其中。

第二,人物。主播或嘉宾是直播的主角,他的定位需要与目标受众相匹配,并友好地引导观众互动、转发或购买。

第三,产品。企业或品牌产品需要巧妙地植入主持人的台词、道具、互动等之中,从而达到产品软性植入直播之中的目的。

第四,创意。网民对于常规的"歌舞晚会""朗诵直播"等已经产生审美疲劳,创新的户外直播、互动提问、明星访谈等,都可以为直播加分。

因此,直播营销是一种基于直播媒体的新型营销方式,是指企业或品牌以直播平台为载体进行营销,并达到提升品牌影响力和提高商品销量目的的一种营销活动。该营销方式有效重构了"人""货""场"三要素,更符合用户的购物体验,是一个更加高效的新商业模式。

(二)直播营销的优势

借助直播营销,企业或品牌可以在呈现产品价值环节支付更低的营销成本,收获更快捷的营销覆盖,在实现价值交换环节取得更直接的营销效果,收到更有效的营销反馈。

1. 精准用户

在观看直播时,用户需要在一个特定的时间共同进入直播播放页面。这种直播时间上的限制,确保在特定时间里进入直播页面的用户大多是具有较高忠实度的精准目标人群。所以,直播吸引到的都是较为精准的"目标用户"。

2. 实时互动

由于直播是即时性的,在直播过程中,用户可以发起弹幕发表自己的看法,与主播产生有效的互动,甚至还能动用民意的力量改变直播进程。这种实时互动的真实性和立体性,大大提升了用户的参与感。

3. 维系情感

现在许多企业在直播营销时非常注重营造"粉丝"的归属感,将一批志趣相投、有共同爱好的人聚集在一起,"粉丝"之间、"粉丝"与主播之间情绪相互感染,增强"粉丝"对企业或品牌的黏性。

4. 增加认同

在互联网时代,用户的目光总是聚焦在热点的周围,这就是从众心理的体现。在直播营销的过程中,企业可以利用用户的从众心理让用户参与到品牌的整个建设过程之中,可以增加用户对此品牌的认同感。

(三)直播营销产业链结构

根据直播平台的不同,带货类直播模式可以分为短视频平台式、电商平台式和私域流量式三种类型。如图 6-1 所示。

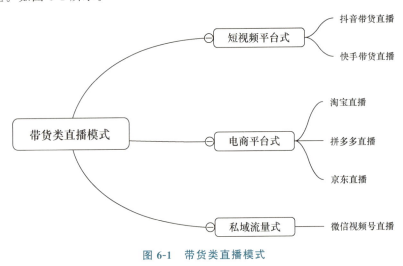

图 6-1　带货类直播模式

基于不同的直播平台模式,目前衍生出以下两种直播营销产业链。

1. 以电商平台为基础的直播营销产业链

该产业链主要分为达人主播模式和商家自播模式两种(如图 6-2 所示)。达人主播模式:供应商将产品以较低的价格提供给在主流电商平台上有内容生产资质的网红孵化中心(Multi-Channel Network,简称"MCN 机构"),通过该机构签约的达人主播在主流电商平台上进行吸粉引流,从而达到销售产品的目的。商家自播:供应商自己入驻主流电商平台,利用平台直播功能进行吸粉引流,以达到销售产品的目的。

一般来说,小品牌或新上市的品牌喜欢采用达人直播模式,以达到将产品信息快速传递到精准目标人群的目标。大品牌或老品牌则喜欢采用商家自播模式,以达到用最小的成本获取最优质客户的目标。

2. 以短视频平台为基础的直播营销产业链

该产业链是供应商将产品以较低的价格提供给在主流短视频平台上有内容生产资质的MCN 机构,通过该机构签约的达人主播在主流短视频平台上进行吸粉引流,从而获取订单或向电商平台引流,最终实现产品销售的模式。如图 6-3 所示。

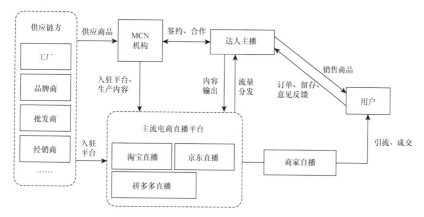

图 6-2　以电商直播平台为基础的直播营销产业链

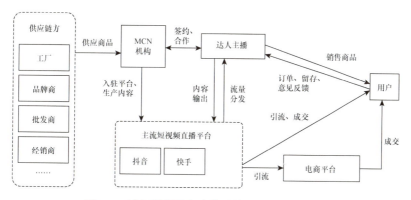

图 6-3　以短视频平台为基础的直播营销产业链

(四) 抖音直播平台优势分析

抖音是一款音乐创意类短视频社交软件,以音乐创意表演内容打开市场,获得了大量用户。基于庞大的用户基础,抖音在直播营销行业占据着头部平台的位置。截至 2022 年 8 月,抖音总用户数量已超过 8 亿,活跃用户约 6.8 亿,人均单日使用时长超过 2 小时,可见抖音直播的潜在用户规模巨大。

在城市分布上,抖音直播用户主要集中在三线及以上城市,其中三四线城市的用户人数最多。在年龄与性别结构上,抖音直播的用户群体年龄主要在 25~35 岁,主要为"80 后"和"90 后"用户。在性别结构上,女性用户比例略高于男性用户比例。从抖音直播用户活跃时间分布上来看,8:00—22:00 用户活跃度较高,午高峰为 12:00,晚高峰为 21:00。周末一般 7:00—17:00 用户更活跃,工作日一般 19:00—23:00 用户更活跃。

抖音用户偏好演绎、生活、影视、新闻等视频类型,男性用户对游戏、汽车、运动等内容偏好度较高,女性用户对舞蹈、创意、美食等内容偏好度较高。"00 后"用户对游戏、电子商品、时尚穿搭类直播内容偏好度较高,"90 后"用户对影视、母婴、美食类直播内容偏好度较高,"80 后"用户对汽车、母婴、美食类直播内容偏好度较高。

综上所述,抖音直播平台具有以下三个营销优势。

(1) 潜在用户多。抖音凭借内容分发机制的优势和优质的短视频内容,成为短视频用户最常用的软件之一,在各个年龄段、性别及地区都拥有大量的忠实用户群体,用户使用时长也在不断增加。

(2)能够精准投放。抖音直播平台能够利用用户画像分析用户的兴趣爱好,进行有针对性的推送,减少对不相关用户的干扰,找到精准用户。

(3)直播运营计费灵活,店铺投入成本低。抖音平台上的直播运营计费方式灵活,在抖音平台上进行直播营销,只需要开通橱窗,就可以在直播间添加购物车,不需要在开设店铺上投入大额资金。

二、抖音直播人设定位

主播人设的打造对直播带货而言起着决定性的作用,主播不断输出专业内容,在内容中展现自己独特的风格,逐渐形成个性化标签,久而久之就会形成人物IP,粉丝会特别信任主播及其所说的话,愿意购买主播推荐的商品。

(一)人气主播具备的特点

1. 有正向的价值观

主播在某种程度上可以被看作是"公众人物",其一言一行都会被很多人看到,因此无法预料哪个用户在观看了主播的直播后改变了什么想法或做出了哪些行为。当在直播平台传播一些内容时,主播要积极宣传正向的价值观。

有正向价值观的主播更容易获得支持。一方面,主播对于一些热点事件的点评或个人经历的分享,符合正向价值观的观点,更容易展示主播的社会责任感,引起用户的好感;另一方面,看到主播拥有正向的价值观,用户会更加相信,主播及其团队是有责任心的,他们会做出优质的直播内容,会推荐真正好的商品。

直播营销是需要建立在信任的基础上的,正向价值观及符合正向价值观的言行,更容易获得用户的信任和长期支持。

2. 语言幽默风趣

幽默风趣的语言,有助于提升主播的个人魅力,也有助于调节直播间的气氛。在幽默风趣的氛围中,即使是毫不相识的用户,也愿意交流彼此的看法。

主播要想在直播间熟练使用幽默风趣的语言,可以从以下三个方面进行训练。

(1)巧妙的语气。主播需要去理解每一段幽默的内容,知道引人发笑的地方在何处、什么时候停顿留伏笔、什么时候加快语速,主播通过在关键之处的语气安排,让内容呈现出幽默风趣的效果。

(2)丰富的素材。平时,主播需要注意从网络和生活中收集丰富的场景素材,通过高低起伏的情节设置,将其设计成属于自己的幽默段子,并以适合自己的风格讲述出来。

(3)模仿学习。不苟言笑的主播也可以通过模仿脱口秀节目或娱乐节目中主持人的说话方式来提升自己的幽默感。

3. 讲解专业且贴合现实

直播间的用户不完全会进行冲动型消费,不完全会听信主播的话语。他们会评估商品的质量、品质和价格,也会判断主播是不是真的了解商品,以及商品对自己来说是否"有用"。主播只有充分了解商品,在直播中能够全面介绍商品的主要特点,才可能真正得到直播间用户的信任。

而主播要想提升自己的专业度,可以从如表6-1所示的四个维度来介绍商品。

表 6-1 介绍商品的四个维度

维度	核心问题
价格	日常价格、促销价格、打折的比例、相当于每天只花多少钱
亮点	商品的卖点、是否有功能需要配合现场演示
场景	该产品在哪些场景能用得上,除了自己还有谁能用
理由	为什么我要推荐这款商品,我或者身边人使用的体验如何

此外,主播要尽可能地提升自己对商品所属行业的认知。例如,对于美妆类商品,主播要对商品成分、护肤知识、化妆技巧、彩妆搭配等领域做到尽可能精通;对于服装类商品,主播要对衣服的材质、风格、时尚流行、穿搭技巧等方面也要有所钻研。

(二)抖音主播人设策划

1. 依据用户群选择人设角色

根据"与用户的关系",主播的人设角色可以分为四种,即专家型、知己型、榜样型、偶像型。这四种角色所代表的含义如下。

(1)专家型,即在某一学科、行业或某项技艺上有较高造诣的专业人士,已经拥有某个领域或多个领域的知识体系,能够有效解决领域内的各种问题,也能够通过写作、演讲等方式持续输出行业内的专业知识。

(2)知己型,女性用户群的"女闺蜜",男性用户群的"好兄弟",都是知己型人设。

(3)榜样型,是指在某个或某些方面能力突出的人,堪称榜样,也称作"达人"。

(4)偶像型,是指拥有比较突出的外在形象和才艺特长,拥有偶像型人设的主播更适合推广与潮流相关的品类,如美妆、服饰、影音、运动、旅行商品或服务等。

直播营销团队策划主播的人设时,可以根据直播间主要销售商品的品类或直播间主要用户群的消费偏好,选择合适的人设;也可以根据主播个人的特点,如年龄、形象风格、语言风格等特点,为其策划合适的角色。

除此以外,直播营销团队还可以根据主播对一些生活问题的看法来丰富主播的人设形象。

如果主播在抖音账号已经聚集了一批粉丝后才开通直播,而且,主播本人就是短视频和直播的出镜人员,直播中的主播人设就需要与短视频内出镜人员的形象保持一致。如果直播过程中主播风格与短视频中主播的形象有很大、很明显的差别,那么,依靠短视频积累的粉丝可能会感到失望,不愿意去观看关联的直播,直播的营销效果也就无从谈起了。

2. 为人设添加一些独特元素

抖音直播营销团队还需要为主播设计一些独一无二的属性,即挖掘主播的独特之处。挖掘主播的独特之处,可以通过以下三个方法来实现。

(1)提炼"闪光点"。即挖掘主播个人的核心优势,具体可以从主播的外表、性格、特长等方面入手,也可以从学习历程、工作经验、生活经历、独特技能、个人荣誉等方面寻找主播与其他主播的不同之处。总之,关键是要找到一处能够让人记住的"闪光点"。

(2)添加"反差"属性。确定"闪光点"后,直播营销团队就可以依据"闪光点"为主播添加一个"反差"属性。在不违背主流观念的情况下,为主播添加一个与众不同的属性,有助于提高主播"人设"的独特性和易记性。如抖音红人"丽江石榴哥"的"朴实的外表"与"丰富的内在"的反差,给人一种"大智若愚"的感觉,因而成功吸引了用户的关注,增强了用户的讨论度和关注度。

(3) 设计有辨识度的言行举止。确定主播的独特属性后,直播营销团队就可以根据要表达的独特之处,为主播策划和设计一些有辨识度的行为和语言,以打造其独具个性的人设。

其实,主播并不需要专门设计不符合自己特点的言行举止。每个人都有与众不同之处,或是外表,或是语言,或者是某些已经习惯的"缺点"。接纳与别人不一样的部分,从正向的、积极的角度去理解这个"不一样"之处,这一点"不一样"就是主播身上最具记忆点的个人特征。

(三)渲染主播人设

人设是出于直播营销团队的精心策划,但人设的建立,则需要基于用户评价和网络互动。人设要想打造成功,需要"立得住"。因此,抖音直播营销团队还需要通过以下三个方式积极渲染主播人设。

1. 策划一系列故事

策划一套能够表达人设的故事。这样的故事包括三个方面。

(1) 个人成长的故事。告诉用户主播个人的成长经历,让用户对主播的经历产生共鸣,进而对主播个人产生认同感。

(2) 得到用户肯定的故事。主播和直播营销团队凭借什么原则坚持做了哪些事,在这个过程中克服了哪些困难才得到了用户的肯定。

(3) 直播营销团队的趣事。日常趣事不同于前两者,它是轻松的、幽默的故事,是能够引人发笑的故事。

2. 在直播间讲故事

在直播间讲故事,并加入自己的观点,通过引起用户的情感共鸣,渲染自己在生活态度方面的人设。在直播间讲故事可以从以下四类入手。

(1) 正能量的故事。当今时代,正能量的故事往往更有传播价值,而且能够提升主播和直播营销团队的形象。

(2) 生活化的故事。即"接地气"的故事,能够让用户觉得真实,感觉跟自己相关,也更能打动人。

(3) 有个性的故事。有个性,即是有主见、不盲从,主播往往也会有自己的信念,且能坚持。

(4) 有情怀的故事。讲述的多是执着追求自己认为正确的事情,展示的是内心的满足,而不是功利的得失。

3. 打造自媒体传播矩阵

对主播人设的宣传,抖音直播营销团队不需要局限在直播间,还可以利用与直播间相关联的头条、微博、微信等新媒体平台。

要想大幅度提高直播间人气,就需要为主播在各个平台打造一个系统化的传播矩阵,定期频繁地输出符合主播人设的内容,增加主播的全网曝光度,为主播的直播间积累流量基础。

三、抖音直播设置

在明确抖音直播平台用户的基本情况、打造主播人设后,接下来,新媒体营销人员还需要掌握开通抖音直播以及抖音直播带货的要求和条件。

(一)抖音直播入口

目前,抖音直播是面向所有用户的,只要完成实名认证都可以在抖音 App 上发起直播。具体来说,打开抖音直播的方式有两种。

第一种打开方式:进入抖音 App→底部栏"+"→滑动至"开直播"→点击"开始视频直播",即进入直播状态。这是一种较为快捷的打开方式。

第二种打开方式:打开抖音 App→点击底部"我"→点击右上角"☰"→点击"抖音创作者中心"→点击"开始直播",同样可以进入直播界面。

抖音为用户提供了视频、语音、手游和电脑四种不同的直播方式,其中,手游直播可以让抖音用户实时观看手机上的游戏或其他应用画面,电脑直播需要在电脑端安装抖音直播伴侣且抖音账号粉丝数大于 1000 才可以申请使用。

此外,抖音平台上可以开展的直播内容有:音乐、舞蹈、聊天互动、户外、文化才艺、美食、知识教学、其他。其中,购物/电商内容在其他版块中。如图 6-4 所示为抖音直播内容选择。

图 6-4 抖音直播内容选择

(二)开通抖音直播带货

1. 开通电商带货

想要在抖音平台上开展直播带货,还需要开通电商带货功能。电商带货功能开通途径如下:

打开抖音 App→点击底部"我"→点击右上角 →点击"抖音创作者中心"→点击"电商带货",之后就可以在直播间添加商品链接了。开通抖音电商带货功能界面如图 6-5 所示。

当然,要成为带货达人还需要满足以下条件:实名认证、缴纳作者保证金、公开发布视频数大于或等于 10 条、抖音账号粉丝量大于或等于 1000。

当前,抖音为扶持创作者快速成长,推出了"0 元入驻"计划。即允许创作者在未缴纳保证金的情况下,先入驻平台进行有限制的试运营,后续足额缴纳保证金至应缴额。

图 6-5 开通抖音电商带货功能界面

也就是说,抖音直播带货门槛与视频购物车门槛一致,只要开通了商品分享功能,就能直接开通直播购物车功能。这一模式适合分享商品为主的抖音创作者。

2. 抖音开通小店

普通抖音创作者不支持 0 粉丝开通直播带货权限,如果想要 0 粉丝带货,需要在抖音开通小店。抖音小店是指抖音电商体系下,用户入驻后开的线上店铺。目前,主要分为个人、个体工商户和企业/公司三类开店主体。开通抖音小店可以通过移动端和 PC 端两种方式,PC 端官网地址为 https://fxg.jinritemai.com/,建议选择手机号+验证码登录。

知识延展 6-1 抖音小店违约行为的处罚

开通抖音小店需要准备营业执照、法人/经营者身份证明、店铺 Logo、其他相关资质证明等。在通过资质审核后,个人即可成功开店;个体工商户需要缴纳保证金后,才能开通小店;企业/公司则需要使用银行预留手机号进行实名认证或对公账户打款验证并缴纳保证金后,才能开通小店。不同类目、不同开店主体用户所要缴纳的基础保证金标准有所不同,目前对于个人来说大部分商品无须缴纳保证金。移动端开通抖音小店界面如图 6-6 所示。

图 6-6　移动端开通抖音小店界面

单元二　抖音直播环境搭建

【知识准备】

当前直播的风头越来越强劲,越来越多的领域正在涌向直播行业这片蓝海。无论是个人还是企业,都正在推动直播行业向专业化、规范化的方向发展。组织好直播营销团队、搭建好直播环境是开展直播营销的前提条件。

一、抖音直播间团队组建

(一) 直播营销团队组织架构

当成立直播营销部门的目的在于商品销售时,企业则需要配置专业的直播营销团队。如图 6-7 所示为直播营销团队组织架构。

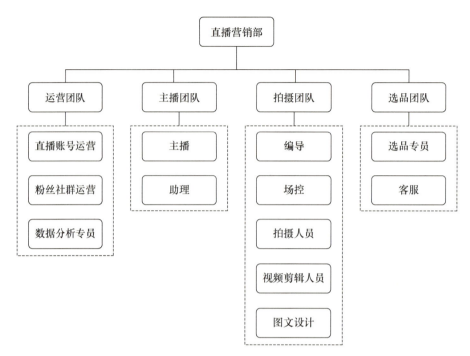

图 6-7　直播营销团队组织架构

（1）运营团队。运营团队是直播营销策划、实施的核心团队，主要负责直播账号运营、粉丝运营、活动运营、数据分析等工作。

（2）主播团队。主播团队是直播营销实施的主力团队，主要包括主播和助理两类人员。主播的工作内容主要有开展直播，跟用户互动，对用户进行引导，以及参与策划直播的内容。助理的工作强调辅助，工作内容主要是协助主播开展直播，参与策划直播内容，在各大平台发布直播预告，在直播间充当副主播的角色，与用户进行互动，对用户进行引导。

（3）拍摄团队。拍摄团队是直播营销保障实施团队，主要负责直播内容的编导、场地的软硬件设备搭建、配合直播间的互动、直播预告封面拍摄、直播过程中的后台操作、直播回看视频的剪辑制作等。

（4）选品团队。选品团队是直播营销的产品供应团队，主要负责与运营团队共同进行直播产品的选择和产品内容规划、促销活动策划、价格规划等。

（二）抖音直播营销团队配置

无论是个人还是商家，要想真正做好直播带货，组建直播营销团队是非常有必要的。根据直播工作岗位设置、工作内容、工作流程等要素，个人或商家可以组建2人、4人、6人、8人或11人等多种不同层级的直播营销团队。下面以6人直播营销团队为例解析团队职能分工。

1. 6人直播营销团队的职能分工

6人直播营销团队需配置2名主播、1名编导、1名助理、1名运营人员和1名选品人员。

（1）主播。主播需要熟悉商品、熟悉直播话术、介绍直播间促销活动、介绍及展示直播间商品、对用户答疑、营造直播间氛围，以及对直播内容进行复盘总结等。

（2）编导。编导需要研究竞品、策划主播人设、策划商品介绍节奏、策划及撰写直播话术、直播前沟通和预演、监测直播效果,以及对直播内容进行复盘总结等。

(3)助理。助理需要上架及下架商品、调试直播设备、引导直播间用户关注、配合主播表演、提醒主播、传递直播间样品等。

(4)运营人员。运营人员需要对直播平台活动进行运营、研究直播平台运营规则、策划直播间的促销活动、撰写商品文案等,以及对直播内容进行复盘总结等。

(5)选品人员。选品人员需要了解用户需求、招募品牌商和供应商、选择商品、开展价格谈判、维护供货商关系,以及协助处理售后事务等。

2. 6人直播营销团队的运营策略

(1)尝试设定团队工作目标。直播营销团队的工作目标可以定位为稳定提升直播间的"带货"能力。为此,直播营销团队需要齐心协力地做好用户需求识别工作和选品工作。

(2)延长直播时长。由于团队配置了2名主播和1名助理,每场直播的时长也可以适当延长至6小时左右。直播期间,2名主播也可以轮流直播,减轻每名主播的直播压力。

(3)制定合理的商品推荐时长和商品数量。虽然直播时长已经有所延长,但考虑到此时的直播营销团队仍然处于成长期,需要用全面、专业的商品介绍来获得用户的信任及更多的商业合作机会,主播每次推荐商品的时间不宜太短,每个商品介绍应该保持在15分钟左右。同时,为了增强用户对直播间的黏性,每场直播还应该进行多次抽奖送福利活动。因此,一场6小时的直播,主播一般推荐20款商品即可。

二、抖音直播间设计

封面图是直播间的门面,靓丽或有趣的封面图能吸引粉丝点击进入直播间,提升观看量和转化率,是直播间流量高低的直接关联因素。

(一)抖音直播间封面设计

在抖音直播广场,有很多直播间展示,而决定用户是否进入某个直播间的最直接因素就是直播间封面是否吸引人。根据相关统计,设置了封面的直播间比使用默认头像的直播间观看人数要多得多。直播间封面图的设计要注意以下四点。

1. 干净、清晰

简洁大方的封面能给人留下好印象,模糊不清的封面会让用户在看到的时候就划走,错失吸引用户进入直播间的机会。所以,直播间封面一定更要干净、清晰。

封面是直播间给用户的初次印象,所以无论是静态图还是动态图都要尽可能清晰明亮,要让用户一眼就能看懂封面的意义。如果太模糊或太昏暗,会给人粗制滥造的感觉,影响用户体验。

2. 突出人物标签和特点

不要让直播间封面图与直播内容毫无关联性。萌宠主播的直播间封面图尽量与萌宠有关,动漫主播的直播间封面图需要突出动漫特点,美食主播在直播间封面图上则要突出美食特点,这更能吸引用户群体进入直播间。如"良有才教美食"抖音直播间封面图是美食肠粉,既突出了美食的特点,又点明了本次直播主题是"教大家制作肠粉",如图6-8所示。

假如用户是为了美食而进入直播间,而直播间里却是在讲动漫,就会让观众产生一种被欺骗的感觉,从而离开直播间。

3. 禁止低俗化

有一些人为了博眼球,会用一些低俗、诱惑性强的封面来吸引用户进入直播间。使用这样的直播封面,被官方检测到后,封面会被重置,不仅失去吸引力,严重者还可能被封禁警告。

4. 直播间封面图更换频率

如果直播间封面图已经形成了明显的 IP 或风格,就可以直接稳定使用,不需要频繁更换封面图。所以,尽量从最开始就制作符合账号特色或人设 IP 的直播间封面图,让目标用户在看到直播间封面图的时候,就能准确地找到直播间。如"洛阳旅游"抖音账号直播间封面图采用的是其头像 Logo 的图片,具有较高的识别度,如图 6-9 所示。

图 6-8 "良有才教美食"直播间封面图

图 6-9 "洛阳旅游"直播间封面图

当然,如果直播间人气持续较低,也可以尝试更换不同的封面来吸引人气,最终找到适合自己的直播间封面。

(二) 抖音直播标题设计

抖音直播标题需要制造亮点、创造新闻感、引发用户好奇心、让用户产生共鸣等,这能激发用户的点击欲望,才能让这一直播间从众多直播间中脱颖而出。

1. 设计抖音直播标题的要求

抖音直播标题的要求主要有以下六个方面。

(1) 突出主播特征。在标题上突出主播特征。例如,性格特征:可爱、高冷。突出人物标签,有利于用户在第一时间获取主播的关键信息。

(2) 突出内容和才艺展示。直播间的内容如果主要是唱歌,就要在标题中标明音乐主题;如果是跳舞,就要在标题中标明跳舞的主题,让用户第一时间知道直播间到底是做什么的。如果才艺比较独特,更要在标题中突显出来,从而进一步吸引用户关注直播间。

(3) 突出玩法新颖。如果在直播过程中有秒杀活动,或者赠送福利的环节,可以在标题中适当地透露出来,吸引用户关注直播间。

(4) 突出实力和内容信息。在直播标题中突出主播的特长,让用户知道。例如,"跳舞达人"等,让人产生一种"这个人跳舞很厉害"的感觉。

(5) 标题和直播内容相关。标题尽量与直播内容相关,不相关的、具有欺骗性的标题,会引起用户的反感,不利于提升直播间人气。

(6)标题合法合规。在直播标题上不能故意出现低俗暗示、暴力、赌博等违反平台规定或价值观的内容。当然,除了直播标题不能违规之外,直播过程中,如果出现了违规操作或者违规用语,也会导致直播间被限流、封号。

所以,如果想要好好运营直播间,避免被处罚,直播营销团队除了要掌握各种提升直播间人气的方法之外,还需要熟悉直播平台规则及直播违禁内容。

2. 设计抖音直播标题的技巧

(1)标题不宜过长。直播标题不宜过长,字数要控制在8~10字以内。因为太长的标题不能全部显示在页面,也无法突出重点。

标题示例:新人主播求守护;你好陌生人;新人主播来唠嗑;划到了就不要走了。

(2)建立群体标签。就是用一些关键词与特定的群体联系起来,形成这个群体的标签,群体标签越精准,进入直播间的用户群体也会更精准。

标题示例:四川人的奇葩分享;"90后"宝妈的自白;婚姻情感交流;兄弟们进来吃鸡;小个子春夏穿搭。

(3)标题含关键词。因为直播标题是为整个直播现场服务的,所以标题不宜太过夸张,与实际直播内容相差太远的话,容易失去真实性。直播的主题关键词可以写在标题的最前面,让用户一眼就关注到。例如,卖服装,可以重点写服装的风格,类似少女风、御姐范等。

标题示例:最全肌肤初夏护理指南;让你颜值开挂的新品;戳我,小心机显瘦搭配;可盐可甜气质仙女穿搭;美飒女孩必备单品。

(4)利益体现。低价才是粉丝们追随的主要动力,直播的优惠活动是吸引粉丝进直播间购买产品的最直接因素,因此,直播营销团队可以借用营销文案,把利益摆在粉丝面前。例如,专场、福利、折扣、豪礼、狂欢、惊喜、精品、优惠大放送、巨惠、特卖、直降、限量、限时、超强\值\低、划算、震撼、火爆、高档等。

标题示例:你需要的正在降价!新款上新、狂撒福利;满减省钱攻略来袭;看直播享大额优惠券~半价囤货,抽奖还免单!

(三)抖音直播预告设计

为吸引更多的粉丝准时关注直播间,提升直播间的访问量,直播营销团队可以通过在抖音短视频中添加直播预告的方式,触达更多潜在用户,并通过多个流量场景在开播前及时召回,从而进一步提升直播间的精准推荐与转化效果。在短视频中添加直播预告的方式主要有以下四种。

1. 添加直播预告贴纸

当直播营销团队上传作品的时候,不要立即点下一步,而是先点击右上角的"贴纸",然后点"直播预告",在这里设计直播时间,设置完之后再发布作品。注意,发布作品后应按时开播。添加直播预告贴纸如图6-10所示。

2. 设置开播时间

抖音直播预告中,在设置时间时,要注意以下两个方面的问题。

(1)最多支持预告近7天开始的直播,即最晚可设置时间不超过第7天的24:00。

(2)可以预告非整点时间,例如,可以选择预告20:50或者21:10的直播场次。设置开播时间如图6-11所示。

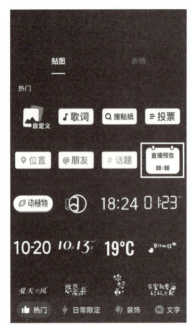

图 6-10　添加直播预告贴纸

图 6-11　设置开播时间

3. 开播提醒

视频预告的开播时间前 10 分钟，抖音平台会通过站内消息和站外推送发送开播提醒，引导主播直接到达开播界面，若将已发布的视频预告删除，则不会发送开播提醒。

若主播未能在约定时间前后 15 分钟内开播，且设置的开播时间过时 20 分钟后，系统将发送"直播预告开播提示"的站内信，提醒主播准时开播，如图 6-12 所示。

　　　　（a）　　　　　　　　　（b）

图 6-12　开播提醒

4. 主播个人主页直播动态

在个人主页设置与修改直播公告,当任意用户访问主页时,都能随时在直播动态栏看到发布的直播公告,并可以标记"想看"进行预约,直播动态界面如图 6-13 所示。

图 6-13　直播动态

三、抖音直播间布置

直播间的设计影响着直播画面的整体呈现效果,直播间的环境布置留给用户的第一视觉感受影响着用户对直播活动的体验。直播间的设计风格一定要与主播的人设相吻合,与主播性格匹配度越高,就越有代入感,越容易使用户沉浸在直播的氛围中。如果是电商直播,直播间的风格最好与企业形象或品牌气质保持一致,这样能够加深用户印象,增加辨识度。

(一)直播场地的选择

以营销为目的的直播场地一般可以分为室内场地和室外场地。

室内场地,即主播在室内进行直播。直播营销团队可以在办公室、店铺、住所、会议场地等地方搭建直播间。

室外场地,即主播在公园、商场、广场、景区、农田等室外场地直接进行直播。

直播营销团队选择直播场地有以下两个常用方法。

1. 根据商品场景选择直播场地

直播营销团队进行场地筛选时,要优先选择与商品相关的场景,以拉近与用户之间的距离,加深用户观看直播的印象。

2. 根据现场人数和直播内容确定场地大小

直播营销团队可以根据现场人数确定场地大小。一般情况下，室内场地的大小为8～40平方米。如果是个人主播，那么，可以选择8～15平方米的房间作为室内直播场地；如果是直播营销团队，那么，可以选择20～40平方米的房间作为室内直播场地。而对于需要邀请很多嘉宾的大型直播活动，如粉丝见面会、新品发布会、年会直播等，直播营销团队可以选择面积较大的室内会议场所或室外封闭场地。

（二）直播场地的布置

直播场地的布置一般是指直播间的布置，直播间在一场直播中是传达视觉形象的重要场地。风格定位与用户需求、商品特点高度契合的直播间，更有助于提升用户对主播及直播间的好感度。因此，直播间的布置主要包括三个要素。

1. 抖音直播间的空间布局

直播间的空间布局是直播营销团队按照直播画面的需要设定的。在普通的室内直播间，一般出现在直播画面中的包括背景墙、主播及助理。其他工作人员和与所推荐的商品不相关的物品一般不会出现在直播画面中。因此，在空间的布局上，一般可以将直播间分为背景区、主播活动区（包含商品展示区）、硬件摆放区及其他工作人员活动区。其中，硬件摆放区包括提示区、摄像机摆放区、监视器摆放区。背景区和主播活动区需要出现在直播画面中，而其他工作人员活动区不会出现在直播画面中。

在主播活动区中，主播要站在最合适的位置，既要出现在直播画面的主要位置，使主播的脸部在直播画面中能够被清晰地呈现，又不能距离摄像头太近，合适的距离可以使直播画面更具层次感和立体感。抖音直播间空间布置如图6-14所示。

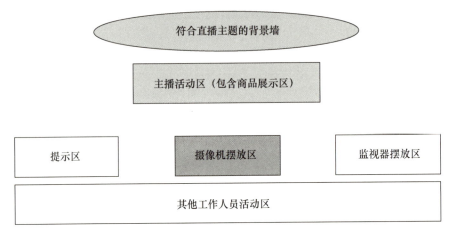

图6-14 抖音直播间空间布置

2. 直播间的背景装饰

直播间的背景装饰需要符合直播的主题及主播的人设。在此基础上，可以使用以下技巧来装饰直播间。

（1）背景颜色。如果主播的人设风格是有亲和力的，那么，直播营销团队可以使用暖色风格的背景墙或窗帘。如果主播的人设风格是成熟稳重的，则直播营销团队尽量设置纯色的背景墙。

（2）装饰点缀。如果直播间背景区域比较大，为避免直播间显得过于空旷，可以适当地添加一些小物品来丰富直播间背景。

（3）置物架。如果直播间背景墙或窗帘样式不能体现直播主题，直播营销团队就可以用置物架来调节。

3. 直播间的光线布置

合适的光线能够提升主播的整体形象，从而起到提升商品展示效果的作用，为直播营销锦上添花。

一般情况下，布置直播间的光线时可以运用以下四个技巧。

（1）布光以软光为主。软光常会给人细腻、柔和的感觉，直播团队在直播的过程中使用软光，有助于打造直播间温暖、明亮、清新的氛围。

（2）选择冷光的LED灯为主灯。直播营销团队最好选择冷光的LED灯作为直播间的主灯，冷光会让主播的皮肤看上去更加白皙、透亮。

（3）前置的补光灯和辅灯应选择可调节光源的灯。直播间前置的补光灯和辅灯应选择可调节光源的灯，且功率要大，这样在直播过程中，主播可以自主调节光源强度，将灯光效果调整到自己最满意的状态。

（4）选择合适的布光效果。直播间布光的效果分为暖光效果和冷光效果两种，而在主播展示商品的过程中，暖光效果和冷光效果适用的商品有所不同。

暖光的光谱成分接近太阳光，利用暖光呈现出来的物体更为自然，能够给人一种亲切、温暖的感觉。如果直播营销团队要打造有温馨感觉的直播间，可以使用暖光。图6-15所示为抖音直播间暖光布置示例。

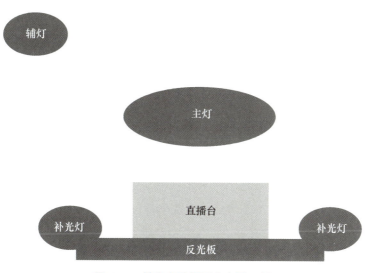

图6-15 抖音直播间暖光布置示例

通常情况下，冷光的色调都以蓝色为主，给人一种冷静、理性的感觉。如果直播营销团队需要展示商品的科技感和现代感，可以使用冷光效果。图6-16所示为抖音直播间冷光布置示例。

总之，直播间的光线布置应该根据直播风格和商品的类型来确定，直播营销团队应该利用光学知识打造直播美学,营造美感。

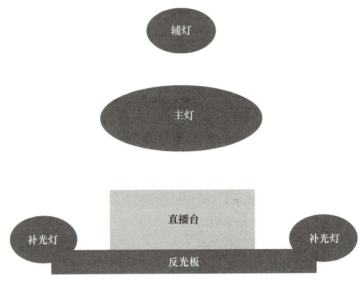

图6-16 抖音直播间冷光布置示例

单元三 抖音直播内容策划

【知识准备】

一、抖音直播话术技巧

对于主播来说,话术水平的高低直接影响直播间商品的销售效果。直播营销话术是主播吸引用户停留并促成交易的关键,因此在直播营销中,巧妙地设计直播营销话术至关重要。

(一)抖音直播营销话术设计要点

直播营销话术的最终目的是获得用户对主播和主播所推荐商品的信任和认可,让用户意识到自己的消费需求,从而产生购买行为。直播营销团队设计直播营销话术需要结合用户的期望、需求、动机等,以能够满足用户心理需求的表达方式来展示直播商品的特点。直播营销团队设计直播营销话术,需要考虑以下四个要点。

1. 话术设计口语化,富有感染力

在抖音直播间,如果主播直接念品牌方撰写的商品文案,不便于用户记住商品的特点。但如果主播能将这些文案用更符合日常交流情景的口语来表达,更容易让用户了解商品。

2. 话术配合情绪表达

直播就像一场电视节目,主播就如表演节目的演员,演绎到位才能吸引用户。演绎到位即意味着,主播不仅仅要说好"台词",还需要为"台词"配上能打动人的面部表情和丰富的肢体动作。

3. 语速、语调适中

主播在直播间推荐商品时,语速需适中,不能太慢,过慢的语速无法满足用户获取更多信息量的需求,也容易让用户对主播产生无精打采、懈怠、拖沓的印象;语速也不宜过快,过快的语速会让用户听不清内容,来不及思考,影响内容的接收。

4. 灵活运用话术,表达要有节奏

一场直播从开场到结束,从氛围的角度,可分为开端、舒缓、提神、释放四个阶段,每个阶段的话术所对应的作用依次是吸引用户、舒缓情绪、刺激促销及留下悬念。抖音直播话术节奏如表6-2所示。

表6-2 抖音直播话术节奏

阶段	话术目的	话术要点
开端	营造用户对直播间良好的第一印象	用热情的话术欢迎进入直播间的用户,用互动感的话术活跃气氛,用有吸引力的预告话术为用户打造期待感
舒缓	舒缓直播间的气氛,舒缓主播和用户的情绪	主播通过讲笑话、唱歌、聊天等形式,缓解直播间的气氛,缩短主播和用户的心理距离
提神	活跃气氛,吸引流量,促成转化	以兴奋的、激动的语气和话语进行抽奖送福利、惊喜价促销、"宠粉"秒杀或其他让用户兴奋的高品质商品活动
释放	提升用户满意度,为下期直播积累用户	真诚地向用户表示感谢,提升用户的满意度;介绍下期直播最有吸引力的商品和活动,让用户对下期直播产生期待

(二)抖音直播营销常用话术

根据抖音直播的流程,在不同环节有不同的营销话术设计技巧,具体可分为以下四个阶段的直播营销话术设计技巧。

1. 开播暖场阶段话术

开场是直播的重要环节,是决定用户是否会留下来的关键时间段,即使是简短的开场,也需要调动直播间的气氛,否则主播将无法在后续的直播中取得良好的效果。一个良好的开场是展示主播风格、吸引用户的关键。开播暖场阶段话术示例如表6-3所示。

表6-3 开播暖场阶段话术示例

话术应用场景	话术技巧	示例
直播预告	说明直播主题、直播时间、直播中的利益点	明天下午8点,母亲节来啦!一定要锁定××直播间,福利已经为你们准备好啦!转发并关注直播间,抽出100位幸运儿平分一万元现金红包哦
欢迎	介绍直播商品情况,介绍优惠或折扣力度	嗨,大家好,我是××,欢迎大家来到××直播间,今天是"618",年中大促销,我为大家带来×款超值商品,今天直播间的朋友可以享受超低直播价哦
欢迎	制造直播稀缺感	嗨,大家好!欢迎来到直播间,今天晚上的直播有超多的惊喜等着你,超高品质的商品都是超低价"秒杀",机会难得,大家一定不要错过哦
欢迎	引导用户互动留言,激发用户的参与感	感谢大家百忙之中来看我的直播,大家今天晚上有没有特别想实现的愿望啊?大家可以在评论区分享哦,万一我一不小心就帮你实现了呢
暖场	设置抽奖活动,引导用户参与互动	话不多说,正式开播前先来一波抽奖,今天是母亲节,在评论区输入口号"妈妈我爱你",我会随机截屏5次,每屏的第一位朋友将获得80元现金红包

2. 直播进行阶段话术

主播及助理需要在直播过程中引导用户关注直播间,从而将直播平台的公域流量转化为自己的私域流量。直播进行阶段主要的话术应用场景有引导关注、邀请用户进群、活跃直播间气氛、转场引起下文等。直播进行阶段话术示例如表6-4所示。

表6-4 直播进行阶段话术示例

话术应用场景	话术技巧	示例
引导关注	强调福利,引导关注	刚进直播间的朋友们,记得点左上角按钮关注直播间哦!我们的直播间会不定期发布各种福利
	强调签到领福利	喜欢××直播间的朋友,记得关注一下直播间哦,连续签到7天可以获得一张20元优惠券
	强调直播内容的价值	想继续了解服装搭配技巧/美妆技巧的朋友们,可以关注一下主播哦
邀请用户进群	设置福利,体现服务内容的价值	今晚我们为观看直播的朋友们专门建立了一个免费的美妆交流群,欢迎加入,我会不定期在群里为大家分享一些护肤方法和化妆技巧
活跃直播间氛围	强调优惠	这款翡翠手镯市场价格是16800元,今晚直播间的朋友们下单只需7999元就能买到,可以送给妈妈、送给爱人,真的特别值
	强调价值	21天绝对让你的PPT水平上一个新台阶
	使用修辞手法	啊!好闪,钻石般闪耀的嘴唇
转场引起下文	提问互动,引出下文	看了刚才的PPT演示,不知道大家以前是怎么做的呢,欢迎在评论区里留言哦
	说明商品特色,引出下文	下面我教大家如何在15秒内画好眼线,有人会说这怎么可能呢?因为我有这款非常好用的眼线笔

3. 转化下单阶段话术

直播营销的核心是推荐商品,而在推荐商品阶段,直播营销团队也需要事先设计好一定的话术,以尽可能地引导用户产生购买行为。转化下单阶段话术示例如表6-5所示。

表6-5 转化下单阶段话术示例

话术应用场景	话术技巧	示例
激发用户对商品的兴趣	提高商品的价值感	我给大家争取到了最优惠的价格,现在买到就是赚到
	打破传统认知	买这个颜色的口红,是你驾驭口红的颜色,而不是口红的颜色驾驭你
	构建商品的使用场景	穿着白纱裙在海边漫步,享受温柔海风的吹拂,空气里仿佛充满了夏日阳光的味道
	强调商品的细节、优点	这款便携式榨汁机是我用过的榨汁机中最好的一款,它的外观设计和安全设计非常好!今天我为大家争取到了7折的优惠价,买了它绝对超值

续表

话术应用场景	话术技巧	示　例
引导用户下单	强调售后服务	我们直播间的商品都支持7天无理由退货,购买后如果对商品不满意是可以退货的,大家放心购买
	与原价做对比	这款商品原价是×元,为了回馈大家的厚爱,现在只要×元,喜欢这款商品的朋友请不要再犹豫了,错过今天只能按原价购买了
	限时、限量、限购,制造紧张感	最后50件,大家抓紧时间下单吧; 库存还剩40件、26件…… 今天的优惠力度是空前的,这款商品今天商家只给了×件,今后再也不会按这个价格卖了; 福利价购买的名额仅有×个,先到先得!目前还剩×个名额,赶快点击左下角的购物袋按钮抢购哦!
	偷换心理账户,强调价格优惠	这个真的很划算,3包方便面的钱就能买到; 这款液体眼线笔真的值得买,一支能用一年,算下来一天不到3毛钱
	引导查看商品链接	大家如果想要了解更多的优惠信息,一定要点击"关注"按钮关注主播,或直接点击商品链接查看商品详情
	引导加入购物车	如果大家还没有想清楚要不要下单,什么时候下单,完全可以先将商品加入购物车,或先提交订单抢占优惠名额

4. 下播预告阶段话术

在结束阶段,主播及助理需要感谢用户的点赞、转发和关注,感谢给主播送礼物的用户,也需要预告下一场直播,还需要感谢直播营销团队的辛苦配合。下播预告阶段话术示例如表6-6所示。

表6-6　下播预告阶段话术示例

话术应用场景	话术技巧	示　例
下播预告	表达感谢,引导关注	谢谢大家,希望大家都在我的直播间买到了称心的商品,点击关注按钮,明天我们继续哦
	引导转发,表达感谢	请大家点击一下右下角的转发链接,和好朋友分享我们的直播间,谢谢
	强调直播间的价值观	我们的直播间给大家选择的都是性价比超高的商品,直播间里的所有商品都是经过我们团队严格筛选,经过主播亲身试用的,请大家放心购买。好了,今天的直播就到这里了,明天再见
	商品预告	大家还有什么想要的商品,可以在交流群里留言,我们会非常认真地为大家选品,下次直播推荐给大家
	预告直播利益点	好了,还有×分钟就要下播了,最后再和大家说一下,下次直播有你们最想要的×××,优惠力度非常大,大家一定要记得来哦

241

二、抖音直播脚本设计

直播活动的脚本方案（以下简称"直播脚本"），可以理解为直播内容的策划方案，是直播营销团队通过结构化、规范化及流程化的说明，为主播在直播间的内容输出提供的线索指引，以确保直播过程的顺利进行及直播内容的输出质量。

由于直播具有信息密度高、真实感强、体验场景广、互动效率高等特性，正成为未来商业变现和数字化营销的重要模式。开展一场完美直播的前提是设计、撰写详细的直播脚本。

（一）直播脚本的四大核心要素

1. 明确直播主题

主题就是核心，整场直播的内容需要从用户需求出发，围绕中心主题进行拓展，突出鲜明核心，如配合品牌上新、店庆活动或回馈客户等。

2. 把控直播节奏

直播节奏的把控简单来说是指对时间的规划。确定每段时间的直播内容，有助于主播从容不迫地把控整个直播方向，保证直播的流畅性，优化粉丝的观感体验。以下这些关键点一定要在直播脚本中规划并体现。

（1）直播前期的预热节奏。一般在直播前1~2天，直播营销团队在固定时间段，通过微博、朋友圈等多渠道投放直播倒计时海报、活动软文等相关宣传物料，进行直播前的造势，引导感兴趣的用户关注直播主题，争取最大的曝光和流量。

（2）直播中要反复强调直播的目的。无论是开场预热还是品牌介绍，或者是整场直播活动的简单介绍，给粉丝传输直播的目的是非常关键的一点，要让粉丝明白"我在看什么""我能得到什么""有哪些福利和产品"。

一件产品的讲解、表演、演示约需15~20分钟，主播可以用其中的5~10分钟来重复说明直播的目的、消费者互动能够得到的好处。

3. 调度直播分工

直播是动态的过程，涉及人员的配合、场景的切换、道具的展示，直播营销团队的分工在直播脚本上一定要体现，一是便于直播工作的筹备，二是利于直播营销团队现场的配合。

优秀的直播脚本一定是综合考虑了各个环节团队配合的，包括人员、场景、道具、时间、产品的综合性调度，其可以让主播在正式直播时有条不紊。

4. 引导直播互动

互动、游戏、福利等在什么时段插入需要提前制订好执行方案并体现在直播脚本上，这有利于主播明确把控直播节奏。

一般来说，在开播后的前5分钟，为快速吸引流量，直播营销团队可以开展签到打卡、点赞抽奖等互动活动。在直播间人气上涨后，直播营销团队可以提升对评论区的关注度，及时地对用户的评论给予正面的反馈，积极回答评论区的留言，当用户被回复时，就会更有参与感，更积极地互动，从而进一步提升直播间氛围。直播营销团队还可以通过发布定时福袋、抽奖活动等互动游戏，维持直播间热度。在直播结束前一小时，直播营销团队可以组织当场直播的高人气产品返场活动，确保整场直播热度不降低。除此之外，还可以开展情感性互动、故事性互动等，也会有出其不意的效果。

（二）抖音直播脚本

直播脚本可以分为直播前准备工作策划脚本、整场直播脚本和单品直播脚本。

1. 直播前准备工作策划脚本

为保证直播活动的效果,直播营销团队需要在直播活动开始前进行预热活动,在多个新媒体平台进行宣传推广,达到吸引用户观看直播的目的。因此,直播前准备工作策划脚本内容主要是直播前期的具体工作策划与安排,使团队做到心中有数。直播前准备工作策划脚本示例如表 6-7 所示。

表 6-7　直播前准备工作策划脚本示例

时间	工作内容	具体说明
直播前 15~20 天	选品	选择要上直播的商品,并提交直播商品链接、直播商品的折扣价
	确定主播人选	确定是由品牌方自己提供主播,还是由直播营销团队提供主播
	确定直播方式	确定是用手机进行直播,还是用电脑进行直播
直播前 7~15 天	确定直播间活动	确定直播间的互动活动类型和实施方案
直播前 7 天	寄样品	① 如果是品牌方自己提供主播、自己做直播,则无须寄送样品; ② 如果是品牌方请直播营销团队做直播,则品牌方需要向直播营销团队寄送样品
直播前 5 天	准备创建直播间所需的相关材料	① 准备直播间封面图:封面图要符合抖音直播的相关要求; ② 准备直播标题:标题不宜过长,要具有吸引力; ③ 准备直播内容简介:用一两段文字简要概括本场直播的主要内容,要重点突出直播中吸引用户的点,如抽奖、直播专享优惠等; ④ 准备直播间商品链接:直播时直播营销团队要不断地在直播间发布商品链接,让用户点击链接购买商品,因此,直播营销团队要在直播开始前准备好直播商品链接
直播前 1~5 天	直播宣传预热	直播营销团队采取多种方式,通过微淘、微博、微信等渠道对直播活动进行充分的宣传

2. 整场直播脚本

整场直播脚本是指对单次的整场直播活动完整表述的脚本。由于整场直播约需 2~6 小时,中间不会休息。因此,整场直播脚本最重要的就是对直播流程进行规划和安排,重点是逻辑顺序和玩法的编写及直播节奏的把控。

一场完整的直播活动包括以下流程:

(1) 开场预热:主播打招呼、介绍自己、欢迎粉丝到来,介绍直播主题。

(2) 话题引入:结合直播主题或当前热点事件引入话题,目的是活跃直播间气氛,调动粉丝情绪。

(3) 产品介绍:整场直播脚本介绍各个产品,应重点突出产品性能优势和价格优势。

(4) 粉丝互动:整场直播脚本应包括粉丝互动内容,主要有点关注、送礼、抽奖、回答问题等。

(5) 结束预告:结束预告内容包括整场商品的回顾、催促付款;感谢粉丝,引导关注,预告下次直播时间、福利和产品活动。

整场直播脚本需包括以上直播流程的具体内容。下面以 2.5 小时直播时长,共展示三件产品的直播为例设计整场直播脚本,如表 6-8 所示。

表 6-8 整场直播脚本示例

××直播脚本				
直播主题	××秋季新品发布(从用户需求出发)			
直播目标	"吸粉"目标：吸引10万名用户观看。 销售目标：从直播开始至直播结束,直播中推荐的三款新品销量突破10万件			
主播、副播	主播：××,品牌主理人、时尚博主。副播：××			
直播时间	2023年09月20日,20:00—22:30			
内容提纲(流程)				
时间段	流程安排	人员分工		
		主播	副播	后台/客服
20:00—20:10	开场预热	暖场互动,介绍开场截屏抽奖规则,引导用户关注直播间	演示参与截屏抽奖的方法;回复用户的问题	向粉丝群推送开播通知;收集中奖信息
20:10—20:20	活动剧透	剧透今日新款商品、主推款商品,以及直播间优惠力度	补充主播遗漏的内容	向粉丝群推送本场直播活动
20:20—20:40	讲解商品	分享秋季着装注意事项,并讲解、试用第一款商品	配合主播演示商品使用方法和使用效果,引导用户下单	在直播间添加商品链接;回复用户关于订单的问题
20:40—20:50	互动	为用户答疑解惑,与用户进行互动	引导用户参与互动	收集互动信息
20:50—21:10	讲解商品	分享秋季穿搭的技巧,并讲解、试用第二款商品	配合主播演示商品使用方法和使用效果,引导用户下单	在直播间添加商品链接;回复用户关于订单的问题
21:10—21:20	福利赠送	向用户介绍抽奖规则,引导用户参与抽奖、下单	演示参与抽奖的方法	收集抽奖信息
21:20—21:40	讲解商品	讲解、试用第三款商品	配合主播演示商品使用方法和使用效果,引导用户下单	在直播间添加商品链接;回复用户关于订单的问题
21:40—22:20	商品返场	对三款商品进行返场讲解	配合主播讲解商品;回复用户的问题	回复用户关于订单的问题
22:20—22:30	直播预告	预告下一场直播的时间、福利、直播商品等	引导用户关注直播间	回复用户关于订单的问题

整场直播脚本有以下三个方面的作用。

(1) 梳理直播流程。整场直播脚本在直播前期准备工作中,能起到梳理直播流程、掌控直播时间的作用,能保证直播有条不紊地进行。

(2) 管理主播话术。在直播过程中,整场直播脚本可以非常方便地为主播每一个时间段的动作行为、话语话术提供详细的指导,让主播清楚地知道在某个时间段该做什么。

(3) 便于复盘总结。整场直播脚本有助于在直播结束后的复盘总结,方便直播营销团队快速观察、识别本场直播过程中的优点与不足,为下一次的直播开展提供经验。

3. 单品直播脚本

单品直播脚本是概括介绍单个商品的脚本,其内容包含商品的品牌介绍、商品的功能和用途介绍、商品价格介绍等内容。在一场时长为2~6小时的直播中,主播需要推荐多款商品。因此,单品直播脚本需要以表格的形式罗列多款商品的特点。如表6-9所示为单品直播脚本示例。

表 6-9 单品直播脚本示例

项目	商品宣传点	具体内容
品牌介绍	品牌理念	××品牌以向用户提供精致、创新、健康的小家电产品为己任,该品牌主张以愉悦、创意、真实的生活体验丰富人生,选择××品牌不只是选择一个产品,更是选择一种生活方式
商品卖点	用途多样	具有煮、涮、煎、烙、炒等多种烹饪功能
商品卖点	产品具有设计感	① 分体式设计,既可以当锅用,也可以当碗用; ② 容量适当,一次可以烹饪一个人、一顿饭的食物; ③ 锅体有不粘涂层,清洗简单
直播利益点	"双十一"特惠提前享受	今天在直播间内购买此款电热锅,享受与"双十一"活动相同的价格,下单时备注"主播名称"即可
直播时的注意事项		① 在直播进行时,直播间界面显示"关注店铺"卡片; ② 引导用户分享直播间、点赞等; ③ 引导用户加入粉丝群

三、抖音直播选品策划

直播营销团队要想在抖音进行直播带货,就要有商品。但商品类目繁多,哪些类目适合自己,可以卖得好,是需要直播营销团队仔细分析的。选择商品是一项几乎可以决定直播盈亏的重要决策,因此直播营销团队一定要制定正确的选品策略。

(一) 选品的三个维度

通常情况下,直播营销团队选择商品时需要从直播营销目标、市场需求、季节与时节三个维度进行考虑。

1. 直播营销目标

直播营销团队在不同的阶段可能会有不同的营销目标。例如,在缺乏影响力时,直播营销团队可能希望先通过定期的高频率直播来提升主播和直播间影响力;而已经拥有一定粉丝量的直播营销团队可能更希望尽快获取更多的营销收益。针对不同的直播营销目标,直播营销团队采取的选品策略也不同。

2. 市场需求

市场需求,通俗而言,就是判断有多少人在多大程度上需要这个商品。判断市场需求有两个维度:一是需要使用的人数,二是需要使用的程度。需要使用的人数多,就是大众需求,否则就是小众需求。需要使用的程度越高,就是基本需求,是用户必备的需求,必须全部满足;如果需要使用的程度随着需求被满足的程度逐步升高,则是期望型需求。

3. 季节与时节

直播营销中的很多"大众刚需"型品类都会受到季节和时节的影响,从而呈现旺季和淡季之分。对于这些商品,直播营销团队需要对以下问题予以判断:多久更新一次商品?在什么时间淘汰什么商品?在什么时间进行直播间的清场促销?在什么时间对直播间商品进行整体更新换代?

(二)选品的六个步骤

对于中小型直播营销团队或新手直播营销团队,由于其缺乏自建品牌、自建供应链的能力,因而需要通过招商来进行选品。通过招商进行选品,一般有以下六个步骤。

1. 根据用户需求确定品类细节

直播营销团队要根据用户具体的需求确定选品的细节。例如,对于服装类商品,用户偏爱什么风格、什么颜色、什么用途的服饰;对于家居用品,用户希望商品有什么样的基本功能,喜欢什么样的商品造型,对商品包装有什么样的要求等。

2. 查看法律风险

对于某些商品品类,直播间是不允许销售的,直播营销团队应注意规避。如美瞳不允许在直播间销售,因彩色隐形眼镜被列入第三类医疗器械用品。

另外,对于涉嫌抄袭原创设计品牌的商品,如果在直播间上架销售,会影响主播和直播营销团队的声誉。因此,对于看起来像爆款的商品或自称独家设计的商品,直播营销团队要注意审查是否涉及侵权。

3. 查看市场数据

在当下,直播营销团队常用的专业数据平台有新抖、飞瓜数据等。直播营销团队在选品环节,要注意查看的数据是具体商品的"直播转化率",即了解商品销量和商品关联直播访问量的对比。这个数据能够帮助直播营销团队判断目标商品的市场需求有多大。

4. 了解专业知识

一方面,在竞争激烈的市场环境中,直播营销团队只有尽可能多地了解目标商品所属领域的专业知识,才可能把握商品的生命周期,在有限的时间内挖掘出商品的全部信息。另一方面,在当前市场几近透明的状态下,如果直播营销团队对商品有较强的专业认识,即使所销售的商品在直播平台竞争激烈,也能赢得用户的信任和支持。

5. 精挑细选,反复甄选

根据二八法则,20%的商品一般能带来80%的销量。直播营销团队的甄选目标是要尽可能地发掘出畅销的20%的商品。在这个筛选过程中,直播营销团队的专业程度决定了筛选结果。

6. 品类升级

任何一款商品都是有生命周期的。在直播间,今天的爆款商品,明天或许就会被市场淘汰;今天发现的新品,明天或许就会被其他直播间跟风销售。对于直播营销团队来说,爆款商品被淘汰、"被跟风销售"是无法避免的。因此,直播营销团队在获得用户的支持之后,要及时地进行品类升级。

(三)抖音直播间商品结构规划

一个优秀的抖音直播营销团队,要懂得合理规划直播间内的商品结构,商品结构规划不仅会影响直播间的销售业绩,还会影响直播间抵御风险的能力。通常来说,一个直播间内的商品应该包括印象款、"引流"款、福利款、利润款、品质款等五种类型,这五种不同类型的商品在直播间里分别担任不同的角色,发挥着不同的作用。

1. 印象款

印象款是指能给用户留下第一印象的商品,是促成直播间第一次交易的商品。适合作为印象款的商品可以是高性价比、低客单价的常规商品。印象款的特点是实用,且人群覆盖面广。在抖音直播间的商品配置中,印象款商品的比例可设置为20%左右,不宜过高。

2."引流"款

"引流"款是指吸引用户在直播间停留的商品。这些商品的价格比较低,毛利率属于中间水平。"引流"款一定要是大众商品,要能被大多数用户接受。"引流"款一般放在直播的开始阶段,如1元包邮、9.9元包邮等。有的主播会特地将某一场直播设置为全场低价包邮。直播营销团队可以先用极低的价格吸引用户,再用限时秒杀的方式快速提升直播间的购物气氛,为直播营销打造一个效果良好的开端。

3. 福利款

福利款一般是粉丝专属,即所谓的"宠粉款",直播间的用户需要加入粉丝团以后,才有机会抢购福利款。

直播营销团队在做福利款时,有的是直接免费送某款商品作为福利,回馈粉丝;有的是将某款商品做成低价款,如"原价99元,今天'宠粉',9.9元秒杀,限量1万件",以此来激发粉丝们的购买热情。

4. 利润款

利润款也叫"跑量"款商品,是指直播营销团队通过薄利多销的"跑量"方式来增加直播间的收益和整体利润。直播营销团队一定要推出利润款来实现盈利,且利润款在所有商品中要占较高的比例。在一场直播中,利润款商品可以达到50%以上。

利润款应适用于目标群体中某一特定的小众群体,这些人追求个性,所以这部分商品突出的卖点及特点必须符合这一小众群体的心理。

利润款有两种定价模式:一种是直接对单品定价,如"59元买一发二""129元买一发三"等;另一种是对组合商品定价,如护肤套盒、服装三件套等。

利润款要等"引流"款将直播间人气提升到一定高度以后再引入,在直播间氛围良好的时候推荐利润款,趁热打铁,这样更容易促成交易,提高转化率。

5. 品质款

品质款又称战略款、形象款,它承担着提供信任背书、提升品牌形象的作用。品质款的意义在于:引导用户驻足观看,但又让用户觉得价格和价值略高于预期。所以品质款要选择一些高品质、高格调、高客单价的小众商品。

单元四　抖音直播活动营销

【知识准备】

一、提升抖音直播间流量的方式

所谓"知己知彼,百战不殆",在实施抖音直播活动营销之前,需要先理解抖音直播间的流量要素,才能有效提升直播间人气。在理解抖音直播间流量要素的基础上,利用好抖音直播间的流量推荐机制、提升抖音直播间权重等方式可有效提升抖音直播间流量。

(一)利用好抖音直播间的流量推荐机制

想要提升抖音直播间人气,就要了解抖音的推荐逻辑。抖音分为五大流量入口,分别为直播广场推荐、视频推荐、同城、关注、其他,这些都属于自然流量形式。此外,还有通过DOU＋、feedlive、巨量千川等抖音付费按钮购买曝光的付费流量形式。

目前,抖音直播间的观众来源有以下几种:同城、关注、短视频、小时榜、PK连麦、直播广场。当抖音账号粉丝低于10万的时候,直播间的人气主要来源于直播广场推荐。但直播间并不是在开播后就能马上被官方推荐,而是由系统根据直播间的相对热度,判断直播间的受欢迎程度,进而决定是否推荐。

抖音是否给一个直播间上直播广场推荐,是与抖音直播平台的核心推荐算法机制有关的。

抖音直播一共有六个流量池,分别是百次曝光流量池、千次曝光流量池、万次曝光流量池、十万次曝光流量池、百万次曝光流量池、千万次曝光流量池。抖音直播流量池如图6-17所示。

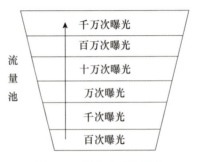

图6-17　抖音直播流量池

当一个新抖音直播账号第一场直播大于1.5小时,平台会给这个直播间百次曝光,在未来的七场直播当中,平台都会将流量控制在万次以下,用于测算该抖音直播账号的标签、直播时间、流量节点、用户停留观看时长、互动情况、付费情况等数据,有利于下次更好地向用户精准推送。

要想在经过连续八场直播后能进入下一个流量池,直播间的核心数据需要达到以下标准:

停留时长大于1分钟以上的用户需要达成30%,互动率(点赞评论)3%,付费转化率3%,直播涨粉1%。通俗来讲就是,平台将直播间推送给1000个用户,需要有300个用户进入直播间看了超过1分钟,有30个用户点赞评论,有30个用户刷礼物,有10个用户给直播间点了关注。

只有连续八场直播达成上述数据,第九场直播开始时,平台才会将该直播间推送到下一个流量池,以此类推。

值得注意的是,直播营销团队不能为了进入更高的流量池,采用机器人刷人气的方式达成目标,这样的操作只会导致账号被扣分。

根据抖音直播平台的核心推荐算法机制,不难发现,只有不断提升直播间的人气值,才有更多进入下一个流量池的机会。

因此,直播间的人气值非常关键,其中,影响人气值的关键因素主要是以下两个:

(1)直播间互动率,即直播间的用户点赞、评论及转发的数量。

(2)观看时长,即用户进入直播间后能够观看多久。

简单来说,直播间的点赞量越多、用户在直播间的停留时间越长、用户评论人数和评论次数越多、礼物越多,直播间的热度就越高;直播间的人气值越高,推荐量越高,就越有机会被推荐到直播广场,获得更多的流量。

因此,在抖音直播间,主播一定要引导用户点赞、积极发言,引导用户加入粉丝团。如在刚开播的时候,主播可以说"我卡吗?怎么看不到评论呢?大家都能听见我的声音吗,听见的话扣个1啊"。然后,就会看到用户回复"不卡不卡"或者"1",这样调动用户的积极性,直播间的热度也能在一定程度上得到提高。

(二)提升抖音直播间权重

直播时长、互动率、音浪、驻留时长、转化率等是影响抖音直播间权重的主要因素。对于新抖音直播账号来说,直播时长、互动率和音浪是最重要的三个影响因素。因此,直播营销团队可以从这三个影响因素入手,提升抖音直播间权重。

1. 保证直播时长

保证直播时长是对直播账号最基本的要求,对于新抖音直播账号来说,直播时长尤为重要。一般建议新抖音直播账号的主播要做到每天直播,每次直播至少2个小时。如果无法做到每天直播,至少也要做到每周直播2~3次。

如果关注过大V的直播间,不难发现:他们的直播频次非常高,基本每天都会直播,每次直播2~4个小时。

另外,新抖音直播账号的主播应尽量保证按时直播,保证直播开播时间的规律性。

例如,主播计划每周二、周四、周六三天直播,就尽量保证这三天直播时间的规律性。每天晚上8点到11点直播,或者每天白天固定时间段直播。

这样做有利于积累直播时长,提升直播间权重,规律的直播时间也能让粉丝养成定时定点进入直播间的习惯。

2. 提高互动率

互动率主要指具有点赞、评论和分享行为的用户占总观看人数的比例,体现的是用户对直播内容的喜爱程度。主播一般可以通过连麦互动PK和邀请粉丝点亮灯牌两种互动方式提升互动率。

连麦互动PK的好处是能给自己直播间引流;此外,与直播间粉丝或好友连麦直播,能让粉丝更有参与感,形成二次宣传,吸引更多人进入直播间,提升直播间人气,提升直播间权重。

邀请粉丝点亮灯牌的互动方式主要是能增强粉丝与主播之间的亲密值,从而提升直播间权重。粉丝灯牌级别越高,说明粉丝黏性越强、亲密级别越高。

3. 提升音浪

抖音音浪是抖音直播的虚拟货币,目前,一音浪等于0.1元人民币。音浪是粉丝给主播的打赏,音浪越多,表示主播人气越高,同时获得的收入也就越高。因此,通过提升音浪也能提升直播间的权重。

目前,获得直播音浪的主要方法有粉丝送礼物和完成任务两种。因此,要想快速提升音浪,可以通过在直播间拉近与粉丝的距离,制造有趣的互动环节等,引导粉丝送爱心、送花等,形成音浪的自然增长。此外,直播营销团队还可以通过参与平台提供的任务,在提升评论、点赞量的同时,提升音浪,从而提升直播间权重。

除通过以上三个因素提升抖音直播间权重外,还可以通过投放DOU+增加直播间流量,进而提升直播间权。DOU+具体投放方法将在后文详细介绍。

在前期直播间人数较少时,直播营销团队通过直接投放DOU+,付费购买流量,也可以增加直播间人气,提升直播间权重。

二、抖音直播间活动玩法

(一)抖音直播活动关键点

在抖音直播间开展活动时,直播营销团队需要注意前期预热、实时上架产品、设计活动内容、引导互动等几个关键节点。

1. 直播前做好预热

直播开始前的预热准备工作是非常重要的,好的前期预热能使直播间人气迅速、精准上涨。直播前期预热的方法主要有以下三种。

(1)短视频预告直播。短视频预告是进行直播前期预热工作的最重要的方式,主要告知用户什么时候开始直播,将信息发布出去,直播营销团队可以提前3~5天发布预告,在视频内容中注明直播日期、主题等信息。

直播营销团队可以准备多条预热引流短视频,视频内容可以是准备直播的花絮或者是筛选直播产品的过程等。

(2)个人主页及昵称预告直播。主播可以更改个人账号的信息,在抖音个人简介处添加直播预告,公布直播时间。通过这种方式做直播预告,用户知道什么时候直播,就会在这个时间点观看直播。

(3)站外流量预热。直播开始之前,直播营销团队可以在其他新媒体平台如微信群、朋友圈、微博、公众号、小红书等进行直播预告,将私域流量引入直播间。

2. 根据直播间的实时流量上架产品

直播间流量趋势和上架产品的客单价是正相关关系。直播营销团队应根据直播间的实时流量趋势确定上架产品。当流量处于上升阶段时,上架高客单价产品,提高成交利润;当流量处于下滑阶段时,上架低客单价产品,促成成交单数。

3. 根据人群定位设计活动内容

根据直播间的人群定位设计活动内容进行营销能取得事半功倍的效果,如果直播营销团队不清楚直播间的新用户构成、消费能力等情况,可以通过发放福利型产品,吸引用户下第一单,从而获取用户基本情况,为后续实施精准营销收集信息。

4. 抓住时机引导互动

直播营销团队可以根据直播间的实际情况设置抽奖环节,每隔半小时或者一小时即可抽一次奖,或者每讲解完几款产品抽一次奖,并且时不时提醒用户抽奖的时间,营造期待感。

直播营销团队还可以通过设置关键指标的预警值,创造营销活动的时机。当关键指标达到设定的数值时,即可开始进行抽奖、发红包等营销活动。一场直播的关键指标有:在线人数、场观人数、互动人数、订单数、GMV突破值(直播间成交金额达到或突破目标值的指标)、DOU+突破值(通过投放DOU+直播间流量达到或突破目标值的指标)等。

(二)抖音直播间带货方法及技巧

要在抖音直播间带货,开场、互动、促单等环节之间是互相联系的,每一个环节都需要主播掌握一定语言技巧,带动直播间氛围,促进直播间交易。

1. 抖音直播间互动方法及技巧

直播营销团队与用户的互动会直接影响直播间的氛围和人气,直播间有人气,才会有更多机会促进交易。因此,直播营销团队做好直播互动非常重要,直播营销团队与用户互动的方法主要如下。

(1) 发福利。直播间互动最有效最直接的方法就是发福利。例如,从购买的用户中抽取幸运奖免单;在评论中发关键词,凭截图领礼品;限时特价、1元秒杀、买一送一、发放优惠券等。根据抖音平台规则,用户在直播间的互动越多,被抽中的概率就越大。因此,直播营销团队发福利,既能吸引人气,又能增加直播间互动。例如,某抖音直播间通过引导粉丝点击左上角的"福利包"参与抽奖的方式发福利,如图 6-18 所示。

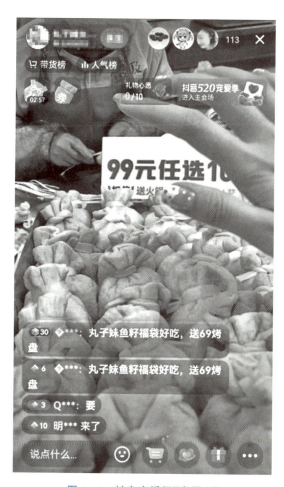

图 6-18　抖音直播间"发福利"

(2) 积极回答用户的提问,并引导发问。直播过程中,主播需要对用户提出的问题及时发现并回答,进一步引导更多人发问,不断提升直播间的互动热度。主播若来不及看弹幕就要让助播截图,或者助播在旁边帮忙回答,尽量做到不忽略任何一个关键问题。

2. 抖音直播促单方法及技巧

主播需要尽量在直播前准备好促单话语，哪些卖点要重点强调、反复强调，什么时候要刺激用户下单，用什么方法刺激用户下单等。比较常用的抖音直播促单方法及技巧包括以下几种。

（1）限时限量秒杀。例如，主播在直播间对用户进行价格引导：平时这款产品是多少钱，当下在直播间买，领完优惠券之后是多少钱；产品只有多少钱，几分钟抢购，限时限量，售完即止。

（2）竞品性价比对比。直播间卖货，用户对价格非常敏感。在直播时，主播可以通过和其他平台的价格进行对比说明该产品的性价比优势。

（3）营造抢购氛围。在进行秒杀时，主播、助播、场控需要在直播间共同配合营造抢购氛围。例如，主播说明某个产品用户只能抢购，限时限量，本场直播卖完即止，成本价出单，老板不赚钱等。这样能促进用户下单抢购。某抖音直播间主要以低价吸引粉丝关注，再用抢购方式促进下单转化，如图6-19所示。

图6-19 抖音直播间"抢购活动"

总之，抖音直播间的带货方法及技巧很多，主播要加强用户互动，也要塑造差异化的IP，形成自己的特色，吸引精准用户，增强用户黏性。

三、抖音直播DOU+投放方法

DOU+是抖音平台一款视频/直播加热工具，支持定制推广，推广人群足够精准，可以高效提升短视频或者直播间的曝光量和互动量。该工具具有操作简单、投放门槛低、互动性强、流量优质等特点。

DOU+是类似于优化千次展现出价（Optimized Cost per Mille，简称OCPM）的竞价机制，是指根据投放目标，由系统自动竞价优化的投放模式。直播DOU+，是专门为抖音直播间加热的工具，提升直播间的热度与曝光量，解决商家直播间人数少、粉丝量少和冷启动难等问题。

（一）DOU+进入方式

DOU+的入口有三处，方便主播使用。

1. 直播入口

开播前：滑动最下方菜单栏到"开直播"界面，在"开始视频直播"按钮上方就有"DOU＋上热门"按钮。可在开播前下单，待审核通过后，开播即可投放 DOU＋，如图 6-20（a）所示。

开播后：点击右下角的"　"按钮，就能找到"DOU＋上热门"按钮［如图 6-20（b）所示］，可以在直播过程中，随时根据粉丝增长和流失情况，选择合适的时机投放 DOU＋。

2. 抖音创作者中心入口

在抖音账号中依次点击"我"→点击"　"→打开"抖音创作者中心"→打开"更多功能"，在功能列表中可以找到"DOU＋个人中心"。如同 6-20（c）所示。

3. 更多功能入口

除了上述常用的两种进入 DOU＋的方式外，还可以通过抖音账号的"我"→"　"，打开"更多功能"界面，也能快速找到"DOU＋上热门"按钮。如图 6-20（d）所示。

（a）开播前直播入口进入 DOU＋　　　　（b）开播后直播入口进入 DOU＋

(c) 从抖音创作者中心进入 DOU+　　　　(d) 从更多功能入口进入 DOU+

图 6-20　进入 DOU+ 的不同方式

(二) 直播 DOU+ 投放

1. DOU+ 推广直播间的方式

DOU+的加热方式有直接加热直播间和选择视频加热直播间两种。

直接加热直播间适用于无优质短视频素材的引流，需要增加直播间人气的创作者。选择该方式时，用户可以直接在视频流中刷到直播间，点击屏幕直接进入直播间。

选择视频加热直播间适用于具备视频制作能力，视频互动率不错或者有专门的视频来引起用户互动进入直播间的创作者，此方式直接点击视频右侧头像进入直播间即可。如图 6-21 所示为视频加热直播间方式选择。

适合加热直播间的视频，至少需要满足以下五个要素。

完播率：五秒完播率达到 60% 及以上；

点赞率：一般点赞率达到5%～10%；

转发率：一般转发率在1%左右；

评论率：一般评论率在1%左右；

均播率：达到50%以上。

图6-21　视频加热直播间方式选择

2. 直播间加热方式

DOU＋加热直播间有快速加热和自定义加热两种方式的选择。如图6-22所示。

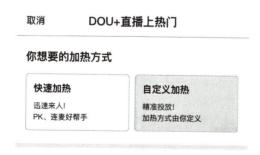

图6-22　直播间加热方式

快速加热：根据直播间标签、加入粉丝团的成员情况等，推给喜欢看这类直播内容的用户，从而快速吸引用户到直播间。快速加热是直播间在 PK、连麦过程中快速吸粉引流的重要工具。快速加热方式如图 6-23 所示。

自定义加热：自定义加热方式能够让主播通过自定义观众的性别、年龄、区域等属性，自主选择直播间推荐范围，实现精准投放。自定义加热方式中的自定义观众类型如图 6-24 所示。

图 6-23　快速加热方式　　　　图 6-24　自定义加热方式中的自定义观众类型

在直播间运营初期，不明确粉丝具体属性的前提下，直播营销团队可以选择快速加热的推荐方式，当直播间有一定粉丝基础，需要做精准营销时，可以选择自定义加热推荐方式。

一般来说，在直播过程中投放 DOU＋时，选择小金额、低时长投放，投放结束后，第一时间看结算报表和直播间的监控数据，若效果较佳，可以抓紧时间追投，若效果不佳，则及时止损。

3. 选择投放目标

在选择好要投放的视频后，接下来需要选择具体的投放目标，即更在意什么。DOU＋直播上热门的投放目标是以用户在直播间内的行为为指向的。在 DOU＋中选择自定义加热方式时，有直播间人气、直播间涨粉、观众打赏和观众互动四个目标选项。不同的目标针对的数据不同，对直播间的效果也不尽相同。选择投放目标界面如图 6-25 所示。

图 6-25 选择投放目标界面

4. 选择投放时长

DOU＋直播加热的投放时长选项是从 0—24 小时，以 0.5 小时为增长单位的。一般根据开播时长来填写曝光时长。曝光时长越长，越容易消耗账户金额，当然推荐效果会更好。选择投放时长界面如图 6-26 所示。

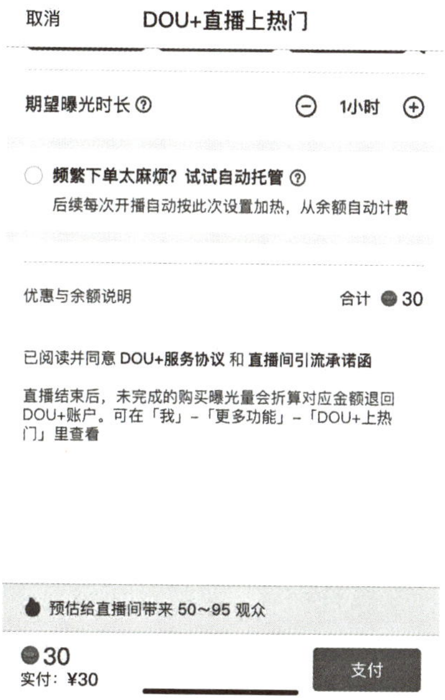

图 6-26 选择投放时长界面

5. 确认投放DOU+下单金额

在确认投放方式、加热方式、投放目标、投放时长、投放金额无误后,即可付费下单。

在下单前,需要注意:

第一,所投放的内容,本身要具备足够的吸引力,能吸引更多看到内容的用户进入到直播间。

第二,投放内容、投放目标、直播内容,三者必须要高度相关,这样才能保证用户进入直播间后有转化行为。

单元五　抖音直播数据分析

【知识准备】

数据分析是直播运营中非常关键的一个环节。直播营销团队通过数据复盘,总结出每次直播中的不足,然后在下一场直播中改进,不断优化直播的整个过程,以获得更好的直播效果。

一、抖音直播活动复盘

为了持续地提升营销效果,直播活动结束后,直播营销团队通常需要复盘,总结经验教训作为下一次直播的参考。

对一场直播活动进行复盘,重点需要从数据层面进行分析。直播数据分析包括产品、用户、目标三个方面,主要是将直播结束后的数据与直播开始前的目标数据进行分析比较。

1. 产品复盘

产品复盘是指将产品品牌口碑数据与直播目标中的产品品牌数据进行比对。看直播是否有效地传递了产品理念,让观众对产品感兴趣,对产品优势有了解。直播营销团队可以利用百度指数、新浪微指数、微信指数、头条热度指数、大众点评星级等数据,检验直播对于产品品牌与口碑产生的效果。

2. 用户复盘

用户复盘是指将目标用户比例与直播目标中的用户比例进行比对,看直播是否精准地覆盖了用户,吸引了目标用户进入直播间。直播营销中,直播间用户不是越多越好,而是目标用户越多越好。只追求用户数量而不追求精准率的直播,很有可能"叫好不叫座",收获了大量人气但是没有收获销量或提升品牌。直播营销团队可以通过自媒体互动数据分析、页面浏览数据分析、问卷抽查数据分析等方法,综合计算直播渠道数据,并分析直播推广效果。

3. 目标复盘

目标复盘是指将效果数据与直播目标中的效果数据进行比对,看直播是否实现了新品销售目标、店铺利润目标或软件下载目标等。直播转化情况根据行业特点及营销目标的不同可有区别,可以是销售数据、咨询数量、下载数量等。

数据的分析与总结只能体现直播的客观效果,而流程设置、团队协作、主播台词等主观层面内容无法用数据获取,需要直播营销团队通过自我总结、团队讨论等方式进行总结,对于超预期的直播活动,直播营销团队需要总结各个环节的经验,将有效的经验应用于下一次直播;对于未达到预期的直播活动,需要总结失误之处,思考改善方式,避免反复出现相同或类似的失误。按照"经验、教训、问题、方法"归类整理成经验手册,便于后续直播进行参考。

二、抖音直播数据分析指标

在对直播数据复盘的过程中,直播营销团队必须要进行数据分析,用数据量化的形式总结直播活动的效果。直播营销团队可以通过分析数据确定未来的发展方向,制订相应的执行方案,以优化直播数据。

抖音直播数据分析的常用指标包括用户画像数据指标、流量数据指标、互动数据指标、转化数据指标四类。

(一)用户画像数据指标

用户画像数据指标包括用户的性别分布、年龄分布、地域分布、设备分布、用户兴趣分布、活跃分布等。

通过用户性别分布、年龄分布、地域分布、设备分布等数据可以大致了解某抖音账号的用户具体情况,为有针对性地开展直播营销活动提供支撑数据。例如,图6-27中可以看出该抖音账号的关注用户以男性居多,年龄集中在1~23岁。

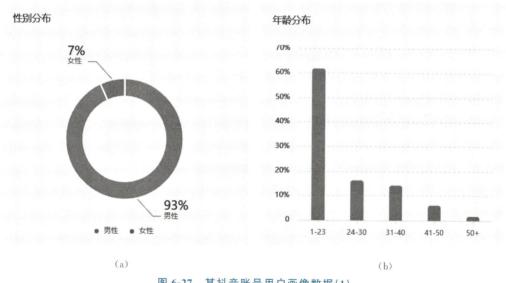

图 6-27 某抖音账号用户画像数据(1)

如图6-28所示,该抖音账号关注用户中使用苹果、华为、VIVO手机的居多,说明用户群体具备一定的消费能力。从用户兴趣分布数据可知,该抖音账号用户兴趣点主要在随拍、二次元、游戏等内容上,因此直播营销团队可以多关注此方向的内容。从用户活跃分布上看,该抖音账号的用户大部分为重度活跃用户,占整体用户数57%。说明该抖音账号活跃用户多,直播带货的效果良好。

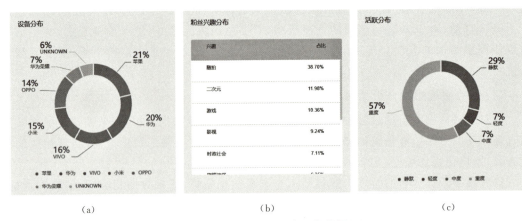

(a) (b) (c)

图 6-28 某抖音账号用户画像数据(2)

(二)流量数据指标

流量数据指标也叫人气数据指标,它包括观看人数、新增粉丝、人气峰值、"转粉"率(新增粉丝数/观看人数)、平均在线、本场点赞、本场音浪、送礼人数等方面的数据。这些数据可以通过抖音后台直接获取,新抖、灰豚、蝉妈妈等第三方数据平台也有部分数据可以提供。例如,抖音后台提供了单场直播粉丝来源数据,通过此数据,直播营销团队可以明确粉丝主要通过哪些渠道来观看直播,从而为开展直播活动推广提供思路,如图 6-29 所示。

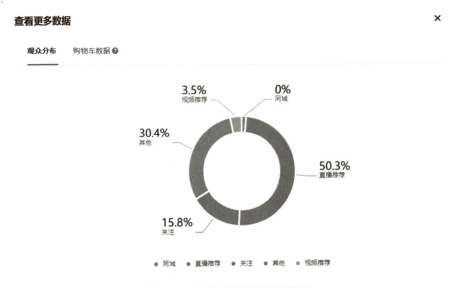

图 6-29 单场直播粉丝来源数据

一般情况下,直播营销团队通过第三方数据分析工具可以采集到较为详细的流量数据。

(三)互动数据指标

互动数据指标是指用户在直播间的互动行为数据。互动行为主要包含点赞、评论、分享和关注等。互动用户数占直播间用户访问数的比例,即为本场直播的互动率。抖音后台的互动数据一般包括评论数、评论人数和新增粉丝数,如图 6-30 所示。

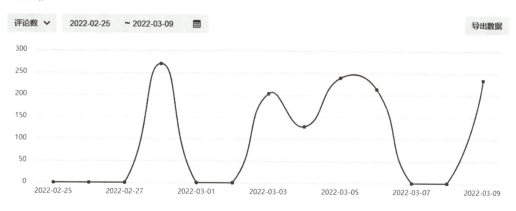

图 6-30　抖音后台互动数据示例

除了以上数据之外,直播营销团队还可以根据用户在直播间的评论内容,通过"词云生成器"制作"评论词云"等。"评论词云"是将用户评论中出现次数最多的关键词突出显示,从而让直播营销团队能够直观地看到用户互动频率最高的内容,进而据此快速进行直播运营方案的调整。例如,第三方数据分析工具灰豚数据汇总某知名主播直播间的弹幕数据,如图 6-31 所示。

图 6-31　灰豚数据汇总某知名主播直播间的弹幕数据

（四）转化数据指标

转化数据指标是指引导成交的数据。在抖音直播平台，转化数据指标主要看交易概览中的"种草"成交金额，"种草"成交金额是指用户点击直播商品并支付成功的总金额。如图 6-32 所示为抖音后台交易概览示例。

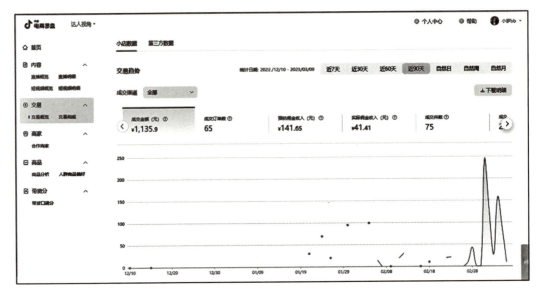

图 6-32　抖音后台交易概览示例

此外，第三方平台还会提供分钟销量产出、分钟销售额产出、千次观看成交、观看曝光转化率等更为详细的交易转化数据。其中，千次观看成交是指直播间关联商品在直播间的直接成交金额(元)×1000/直播间累计播次数。如图 6-33 所示为灰豚数据交易概览示例。

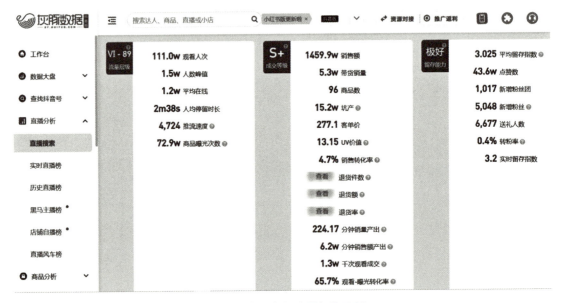

图 6-33　灰豚数据交易概览示例

如果千次观看成交金额过少，那么，直播营销团队就可以初步判断，主播推荐商品的力度或商品本身的吸引力是不足的，需要找出不足之处，积极改善推荐方法或优化商品配置。

如果商品观看或点击次数多，但"种草"成交金额少，那么，很可能是商品口碑、商品详情页或商品定价存在问题，从而影响了用户的购买决定。直播营销团队需要优化选品环节，优化直播间的商品配置。

三、分析抖音直播营销效果

要分析详细的抖音直播带货效果，除了抖音后台提供的数据外，还可以通过蝉妈妈、飞瓜、新榜新抖、灰豚数据等众多第三方数据分析平台获取详细的数据，对自己以及竞争对手的抖音直播营销效果进行精准的数据监控。下面重点介绍蝉妈妈和新榜新抖两个第三方数据平台的具体使用方法。

（一）蝉妈妈数据分析直播效果

蝉妈妈数据是厦门蝉羽网络科技有限公司旗下品牌，厦门蝉羽网络科技有限公司致力于构建基于技术创新的商业智能服务平台，以解决数字化营销难题为使命，不断推进行业的创新和发展。

在蝉妈妈平台上，收集建立有达人库、直播库、选品库、视频库和小店库，这为商家和主播达人之间建立起沟通桥梁。如图6-34所示为蝉妈妈服务内容概览。

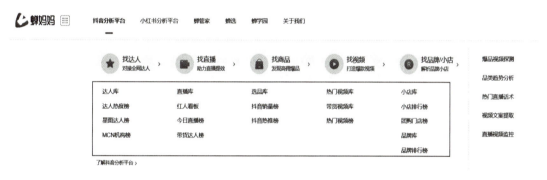

图6-34 蝉妈妈服务内容概览

蝉妈妈不仅提供观看人次、单场直播销售额、人气数据、带货数据等整体数据，还详细提供了在线流量分析、商品分析、用户分析、直播诊断等具体内容。

1. 整体数据

蝉妈妈的整体数据主要包括人气数据、带货数据、单场直播观看人次、单场直播销售额、UV价值、观众平均停留时长，蝉妈妈还对账号直播情况做出了具体的诊断评分。

人气数据方面提供了详细的观看人次、人气峰值、平均在线、发送弹幕、累计点赞、涨粉人数、转粉率。

带货数据主要提供了本场销售额、销量、客单价、上架商品数量、带货转化率和UV价值。

通过整体数据可大致了解该场直播的观看人次情况和销售额情况，如图6-35所示为蝉妈妈整体数据示例。

图 6-35 蝉妈妈整体数据示例

2. 在线流量分析

蝉妈妈的在线流量分析主要是从流量和成交两个角度展开。流量主要关注的是在线人数和进场人数，以便于直播营销团队直观地观察到不同时间段的人数变化，为更好地开展直播营销活动奠定基础。

成交主要关注的是预估销量和预估 GMV。可以让直播营销团队明确最适合促进成交的时间段，并对销量和 GMV 做出一定的预判，便于分析直播营销开展的效果。如图 6-36 所示为蝉妈妈在线流量分析示例。

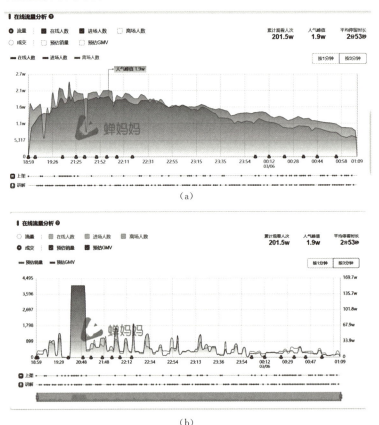

(a)

(b)

图 6-36 蝉妈妈在线流量分析示例

3. 商品分析

通过商品分析,直播营销团队可以知道竞争对手销售产品的类目和品牌,并通过成交转化率数据分析出竞争对手的产品构成,为自己的选品分析提供数据。如图 6-37 所示为蝉妈妈商品分析示例。

商品	价格	销量(件)	销售额	件/每单	转化率	累计讲解时长	上/下架时间	操作
	¥679.00	2,238 预估	152w 预估	-	17.48%	3分	03-05 20:48:56 03-06 01:09:30	
	¥489.00 规格	2,911 预估	142.3w 预估	-	11.56%	2分18秒	03-05 19:15:50 03-06 00:59:45	
	¥539.00	2,556 预估	137.8w 预估	-	23.42%	2分31秒	03-05 20:15:18 03-06 00:59:01	
	¥859.00 规格	1,599 预估	137.4w 预估	-	9.38%	5分34秒	03-05 22:25:49 03-06 00:59:45	

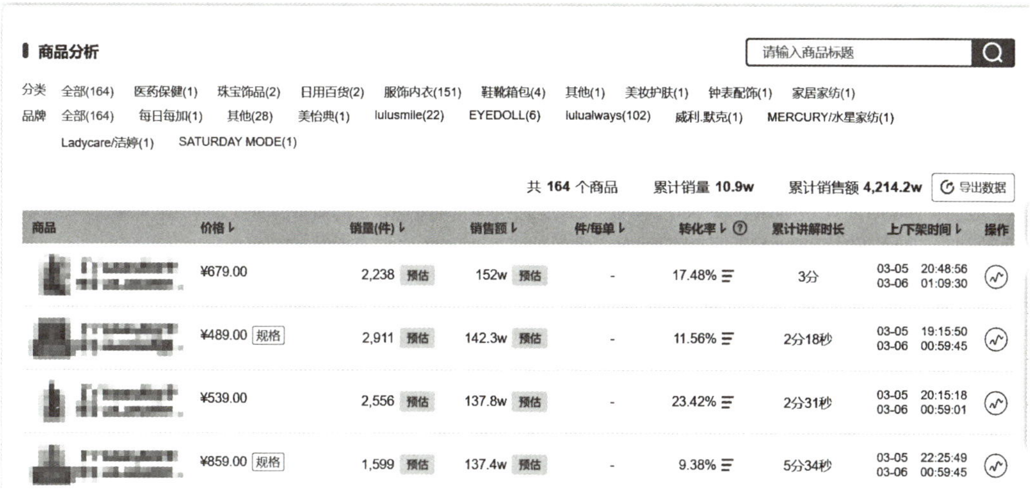

图 6-37 蝉妈妈商品分析示例

4. 用户分析

蝉妈妈平台关于用户的分析主要是粉丝趋势分析。通过粉丝团分析和涨粉分析的数据,直播营销团队可以知道当前粉丝的总量和增量情况。通过粉丝的增减情况,直播营销团队可以判断出何种形式的活动内容能吸引粉丝观看直播。粉丝趋势分析为直播营销团队维护粉丝提供数据支持。如图 6-38 所示为蝉妈妈用户分析示例。

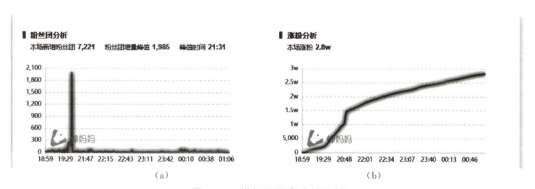

图 6-38 蝉妈妈用户分析示例

此外蝉妈妈还从性别分布、年龄分布、地域分布、弹幕热词等方面提供了直播账号的用户群体基础画像,为直播营销团队了解用户基本情况,掌握用户偏好奠定基础。

5. 直播诊断

通过直播诊断,直播营销团队能明确自己与同行业平均水平相比的具体情况,并通过销售额、商品销量、带货口碑分、客单价、带货转化率、UV 价值分析主播的带货指标,通过观看人次、互动率、转粉率、平均在线、平均停留时长、人气峰值判断人气指标。从图 6-39 中的直播诊断示例中可以看出，该主播的带货能力较为均衡，但在互动率、转粉率方面较弱，因此，该主播在未来的直播营销活动中，可以通过多元化的互动活动吸引粉丝，提升互动率和转粉率。

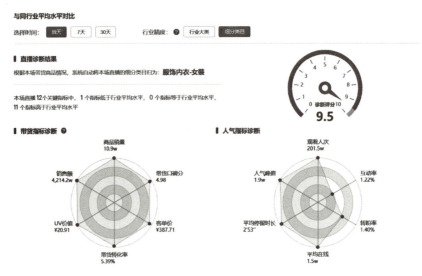

图 6-39　蝉妈妈直播诊断示例

（二）新抖数据分析直播效果

新抖是新榜研发的专门针对抖音平台的数据分析工具。针对抖音直播提供了主播搜索、主播排行榜、红人带货看板、热门直播间、直播商品、直播热门小店、品牌直播、直播概览数据、直播流量大盘、直播带货风向等数据内容。这里将通过直播概览数据、直播流量大盘和直播带货风向三个关键性数据分析直播效果。

1. 直播概览数据

直播概览主要从近 7 天监测到直播数、累计观看人次、场均在线人数峰值、场均在线人数、场均直播时长、场均点赞数、近 7 天带货直播数、直播销售额、带货直播场次占比、场均销量、场均销售额、总上架商品数等提供较为全面的直播运营数据。如图 6-40 所示为新抖音直播概览数据界面。

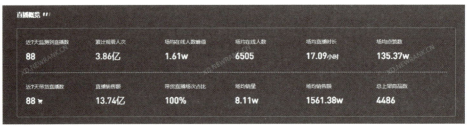

图 6-40　新抖直播概览数据界面

2. 直播流量大盘

新抖直播流量大盘是实时直播的动态数据，每 60 秒自动更新，点击链接可直接查看直播间热度等相关数据。还能直观地了解当下直播间粉丝的基础画像。如图 6-41 所示为新抖音直播流量大盘界面。

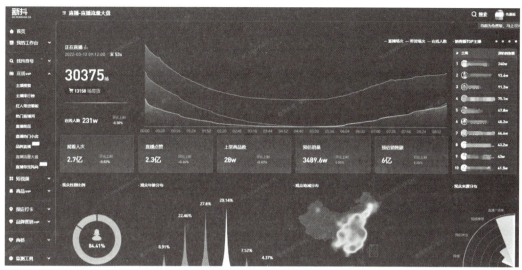

图 6-41　新抖直播流量大盘界面

3. 直播带货风向

针对选品问题,新抖提供了直播带货风向的大数据。直播营销团队可以直观地了解近 7 天、30 天、90 天的全品类商品销售情况。如图 6-42 可知,服装鞋帽类是当前直播营销的最大品类。此外,直播带货风向数据还提供了产品价格区间的销量分布、预售商品数量、销量、销售额等情况,为直播产品的定价提供思路和方向。

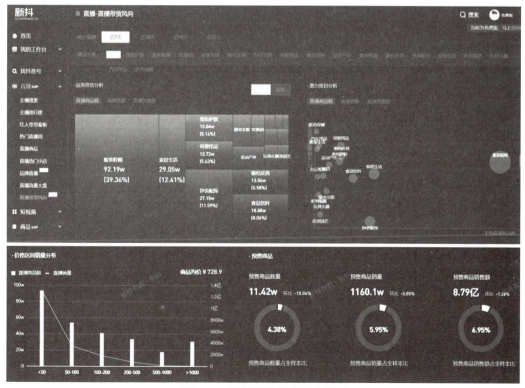

图 6-42　新抖直播带货风向界面

在供货商选择主播方面，直播带货风向数据提供了主播性别分布、年龄分布、地域分布的基本数据和主播粉丝区间销量以及热门主播排行。

直播带货风向数据还从性别分布、年龄分布和地域分布的角度，提供了整体的直播粉丝的用户画像。这为开展直播营销活动，了解用户的基本情况提供了数据。

【思政园地】

直播营销行为的 8 条红线

2021 年 4 月 23 日，国家互联网信息办公室、公安部、商务部、文化和旅游部、国家税务总局、国家市场监督管理总局、国家广播电视总局等七部门联合发布《网络直播营销管理办法（试行）》（以下简称《办法》），自 2021 年 5 月 25 日起施行。

《办法》提出"直播营销人员或者直播间运营者为自然人的，应当年满十六周岁"，要求直播间运营者、直播营销人员"遵守法律法规和国家有关规定，遵循社会公序良俗，真实、准确、全面地发布商品或服务信息"。

《办法》对直播间运营者和直播营销人员的直播营销行为划出八条红线，不得有下列行为：违反《网络信息内容生态治理规定》第六条、第七条规定的；发布虚假或者引人误解的信息，欺骗、误导用户；营销假冒伪劣、侵犯知识产权或不符合保障人身、财产安全要求的商品；虚构或者篡改交易、关注度、浏览量、点赞量等数据流量造假；知道或应当知道他人存在违法违规或高风险行为，仍为其推广、引流；骚扰、诋毁、谩骂及恐吓他人，侵害他人合法权益；传销、诈骗、赌博、贩卖违禁品及管制物品等；其他违反国家法律法规和有关规定的行为。

此外，突出直播间五个重点环节管理，对直播营销活动相关广告合规、直播营销场所、互动内容管理、商品服务供应商信息核验、消费者权益保护责任、网络虚拟形象使用提出明确要求。

《办法》还要求，直播间运营者、直播营销人员与直播营销人员服务机构开展商业合作的，应当与直播营销人员服务机构签订书面协议，明确信息安全管理、商品质量审核、消费者权益保护等义务并督促履行。

《办法》坚持立足当前与着眼长远相结合，坚持促进发展与规范管理相结合，坚持继承性与创新性相结合，充分考虑网络直播营销发展趋势、行业实际、各类参与主体特点，按照全面覆盖、分类监管的思路，一方面针对网络直播营销中的"人、货、场"，将"台前幕后"各类主体、"线上线下"各项要素纳入监管范围，另一方面明确细化直播营销平台、直播间运营者、直播营销人员、直播营销人员服务机构等参与主体各自的权责边界，进一步压实各方主体责任。

【模块六职业技能任务】

任务名称	抖音直播营销			
任务目的	通过开展抖音直播营销活动的策划与实施,学生在理解抖音直播运营规范的基础上,能够顺利开展抖音直播营销活动,并深刻领会直播行业的行为规范。			
任务提示	登录抖音平台,了解抖音平台直播的特点和运营规范。小组分工合作开展抖音直播营销活动。理解党的二十大报告中提出的"坚持全面依法治国,推进法治中国建设"的具体任务。			
第(　)组	学号			
	姓名			
任务实操	(1) 登录抖音平台,了解抖音直播规范,通过查询蝉妈妈、新抖等平台数据,小组商议直播内容和选择产品、试用样品,做好直播前期的方案策划和宣传准备工作。 (2) 以小组为单位,根据所选产品特点、价格等因素,做好产品组合搭配,布置直播间、撰写整场直播脚本,做好直播准备,开始直播前期预热。 (3) 以小组为单位,根据计划和直播脚本,开展直播营销活动的实施。 (4) 直播活动结束后,小组分工合作,复盘分析直播营销活动开展的效果。 要求:① 根据抖音后台提供的数据,从用户画像数据指标、流量数据指标、互动数据指标、转化数据指标等角度展开分析。 ② 复盘数据要有理有据,真实可信,并对下次直播有一定的指导意义。 ③ 制作汇报 PPT 进行展示汇报。 (5) 通过对"直播营销行为的 8 条红线"的解读,结合党的二十大报告提出的"全面推进科学立法、严格执法、公正司法、全民守法,全面推进国家各方面工作法治化"的理念,谈一谈新媒体营销人员在开展直播营销活动过程中,应如何做到遵守职业操守,懂法守法,自觉承担维护风清气正的网络环境。			

【模块六考核评价】

评价说明：在本次任务完成后，由任课老师主导，采用学习过程评价与学习结果评价相结合的方法，综合运用自我评价、小组评价及教师评价三种方式，由教师确定3种评价方式分别占总成绩的比例，并加权计算出学生个人本次任务的考核评价分。

模块任务完成考核评价表				
任务名称		抖音直播营销		
班级			学生姓名	
评价方式	评价内容	分值		成绩
自我评价	职业技能任务工单完成情况	70		
	对知识和技能的掌握程度	10		
	我胜任了小组内的工作	20		
	评价意见：			
小组评价	本小组的本次任务完成质量	30		
	个人本次任务完成质量	30		
	个人参与小组活动的态度	20		
	个人的合作精神和沟通能力	20		
	评价意见：			
教师评价	个人所在小组的任务完成质量	30		
	个人本次任务完成质量	30		
	个人对所在小组的参与度	20		
	个人对本次任务的贡献度	20		
	评价意见：			
总评＝自我评价×（　）％＋小组评价×（　）＋教师评价×（　）％＝				